Peter Thiesen

Werkzeugkasten
kreatives Spiel

Interaktion, Darstellen und Gestalten
in Schule, Jugend- und Erwachsenenbildung

Bibliografische Information der Deutschen Bibliothek

Die Deutsche Nationalbibliothek verzeichnet diese Publikation in der Deutschen Nationalbibliografie; detaillierte bibliografische Daten sind im Internet über http://d-nb.ddb.de abrufbar.

Alle Rechte vorbehalten
© 2012, Lambertus Verlag, Freiburg im Breisgau
Umschlaggestaltung: Nathalie Kupfermann, Bollschweil
Herstellung: Druckerei Franz X. Stückle, Ettenheim
ISBN 978-3-7841-2057-7

SPIELESAMMLUNG

VORWORT

Dieser prall gefüllte „Werkzeugkasten" möchte zu kreativem Spiel verführen und zum aktiven Handeln anregen, die Kommunikation und Interaktion in Gruppen fördern und die Lust am Ausprobieren, Darstellen, Gestalten, Fantasieren und Erfinden wecken. Mit diesem Anliegen wendet er sich an Studierende der Fach- und Fachhochschulen für Sozialpädagogik, an Erzieher(-innen), Sozialpädagogen, Lehrer, Bildungsreferenten in der Jugend- und Erwachsenenarbeit, an Animateure, Jugendgruppenleiter und Eltern.

Entstanden ist das Buch aus meiner langjährigen spielpädagogischen Arbeit mit Kinder- und Jugendgruppen, mit FH-Studenten, Studierenden an der Fachschule für Sozialpädagogik in Lübeck und mit Teilnehmern von Volkshochschulkursen und in der Familienbildung.
Die über 250 Spielvorschläge dieses „Werkzeugkastens" verstehen sich als Anregungen, die sich jederzeit variieren lassen. Nur so können Spielsituationen entstehen, die schöpferisches Verhalten fördern und zum spontanen, fantasievollen Handeln und Schaffen veranlassen.

Welche Ziele setzt sich dieses Buch?
– Es möchte die Freude an kreativen, inspirierenden und überraschenden Spielformen wecken und die spielerischen Fähigkeiten aktivieren.
– Der Leser wird erkennen, dass Kreativität ein wichtiger pädagogischer Auftrag ist und dass sich kreatives Verhalten erfolgreich fördern lässt.
– Das Buch möchte Kenntnisse über Methoden und Techniken des kreativen Spiels vermitteln und gleichzeitig das Spiel als gute Möglichkeit der Persönlichkeitsbildung und des sozialen Lernens erfahrbar machen.
– Dem Benutzer kann es helfen, sein Repertoire an Ausdrucks- und Gestaltungsspielen zu erweitern, unkonventionelle Spielformen kennenzulernen und spielen zu können.
– Es bereitet Erzieherinnen, Sozialpädagogen und Lehrer auf die Rolle des Spielleiters/der Spielleiterin vor und hilft beim Planen, Beobachten, Anregen, Leiten und Auswerten.
– Das Buch regt an, positive Spielbedingungen zu schaffen, auf Spielpartner motivierend und angemessen einzugehen und so ungeahnte Fähigkeiten und Fertigkeiten zu entfesseln und wieder zu entdecken.

Konzipiert wurde das Buch für die Arbeit mit Jugend- und Erwachsenengruppen, für das Spiel auf Seminaren, Freizeiten, Ferienmaßnahmen, in Jugendgruppen und Jugendzentren, in der Vereins-, Eltern- und Seniorenarbeit, in der Familie, für das Spiel an allgemein- und berufsbildenden Schulen, für die Planung von Spielaktionen und Spielfesten, in Theatergruppen, bei Mitarbeitertreffen und in Interaktions- und Selbsterfahrungsgruppen.

Lübeck im Frühjahr 2012

Peter Thiesen

Grundlagen

WAS IST KREATIVITÄT?

Der kreative Drang des Menschen ist eine seiner ureigenen Eigenschaften überhaupt. Er ist nicht, wie häufig missverstanden, auf Künstler, Genies und Nobelpreisträger begrenzt, sondern entsteht aus dem menschlichen Bedürfnis, die eigene Persönlichkeit zum Ausdruck zu bringen, Gedanken und Gefühle sichtbar zu machen, aus bisherigen Denkmustern auszubrechen, die Grenzen der Normalität zu sprengen und den Horizont zu erweitern.

Nach J. P. Guilford, dem Wegbereiter der Kreativitätsforschung, kann man von fast allen Menschen kreative Akte, wie schwach oder wie selten auch immer, erwarten. Dabei ist uns die Kreativität von Kindesbeinen an vertraut. Kinder spielen, kreieren, fabulieren, spielen mit imaginären Freunden und bauen sich eine fantasievolle Spielwelt auf.

Kreativ sind zum Beispiel
- das spielende Kind, das sich ein neues Spiel ausdenkt,
- eine Schülergruppe, die ein Laienspiel einübt,
- ein Koch, der einen neuen Salat kreiert,
- eine Wissenschaftlerin, die eine neue Theorie entwickelt.
- ein Schriftsteller, der seinen ersten Roman verfasst.

Der Begriff der „Kreativität" wird seit Jahrzehnten mit unzähligen Definitionen belegt, die zum Teil eher zur allgemeinen Verwirrung als zur Klärung beitrugen. Zudem wurde „Kreativität" von der Freizeitindustrie zu einem Klischee gemacht, um selbst die fragwürdigsten Spiel- und Freizeitmittel an den Verbraucher zu bringen.
Kreativ sein heißt im westlichen Sprachgebrauch, eigene schöpferische Initiative zu entwickeln, zu schaffen und zu gestalten. Voraussetzung für kreatives Handeln ist demnach das Aufgeben alter Denkgewohnheiten und Sichtweisen. Kreativität bedeutet erhöhtes Wahrnehmungsvermögen, besondere Aspekte zu erkennen, neue Zusammenhänge zu erfassen und Beobachtungen sinnvoll zu verknüpfen.

Kreativität kann sich auch in spontanen Eingebungen äußern. Der Denkpsychologe Karl Bühler schuf für diese „Gedankenblitze" die treffende Formulierung „Aha-Erlebnis." Der Philosoph Arthur Koestler verstand Kreativität als Einheit von Kunst, Entdeckung und Humor. Also als „ah", „aha!" und „haha".
Vor bald vierzig Jahren stellte der Deutsche Bildungsrat fest, dass Kreativität im Jugendalter „nicht als die Fähigkeit der Neuschöpfung, sondern als eine Art des Umgangs mit vorgefundenen Elementen zu verstehen ist." Es geht also nicht nur darum, Neues zu schaffen, zu erzeugen und zu gestalten, sondern auch stets darum, etwas zu verändern, geschehen und wachsen zu lassen.

Kreativität – mehr als eine Floskel
Im Alltag unserer hektischen Lebensumwelt drohen unsere kreativen Fähigkeiten zu verkümmern. Obwohl die Förderung der Kreativität seit Jahren als ein wichtiges Erziehungsziel zeitgemäßer Pädagogik angesehen wird, scheinen die Voraussetzungen hierfür

immer noch im Anfangsstadium zu stecken. Gerade an allgemeinbildenden Schulen führen kreative Angebote wie Theater und Musik nach wie vor ein Nischendasein.

Kreativität ist zwar eine beliebte Floskel der Alltagssprache, wird aber eigentlich nur bei denen geduldet, die dafür bezahlt werden wie Medienprofis und Werbetexter oder auch Schriftsteller und Künstler als bestimmte, von ihren Rollen her für Kreativität disponierte Gruppen. Ein Jugendlicher, der einem ihn interessierenden Thema im Einzelstudium nachgeht und dadurch die folgende Stunde versäumt, im Sportunterricht die Einübung eines Balletts anregt, nicht durch das Lehrbuch abgesicherte Versuchsanordnungen im Chemiesaal vorschlägt oder die Meinung vertritt, das Pausenzeichen der rasselnden Klingel durch die Darbietung unterschiedlicher musikalischer Themen und Motive zu ersetzen, wird schwerlich das Wohlwollen seiner Lehrer erlangen. Obwohl keine Untersuchung vorliegt, hat die These doch viel unmittelbare Evidenz (aus Erfahrung) für sich: dass Kreativität in unseren Schulen eher behindert wird.

Die moderne Psychologie sagt, dass Kreativität ein besonderes Merkmal jüngerer Menschen sei, da die schöpferischsten Leistungen meist in frühem Alter vollbracht werden. H. C. Lehmann untersuchte Tausende von Lebensläufen hervorragender Männer und Frauen über die Jahrhunderte hinweg und wies nach, dass der Höhepunkt ihrer Kreativität in der Regel zwischen dem 20. bis 35. Lebensjahr zutage trat.

Notwendigkeit der Kreativität

Im Leben werden wir stets mit Ereignissen konfrontiert, die es notwendig machen, Entscheidungen zu treffen. Um diese frei treffen zu können, müssen wir uns innerlich frei fühlen und eigene Maßstäbe anlegen, was wir nur in einem Zustand seelischen Wohlbefindens können. Die Kreativität hilft dem Einzelnen, sich den Veränderungen im Alltag und den sozialen, technischen und wirtschaftlichen Wandlungen sinnvoll anzupassen. Um dies zu erreichen, muss neben der Förderung des logischen und systematischen Denkens, das abrufbereites Wissen zum Hauptziel hat, entsprechend auch divergentes Denken gefördert werden. Kreative Menschen denken vorwiegend divergent, d. h. sie denken in verschiedenen Richtungen und suchen nach verschiedenen Lösungsmöglichkeiten, wobei das Denken fantasievoll, frei und ungeordnet ist. Beim konvergenten Denken ist eine Lösung durch systematisiertes, schrittweises Vorgehen gekennzeichnet. Das Ziel ist eindeutig festgelegt.
Beide Denkformen schließen sich nicht aus. Es gibt sehr viele Problemkreise, bei denen aus ökonomischen Gründen konvergentes Denken im Wechsel mit divergentem Denken notwendig ist.

Die Sozial- und noch mehr die Schulpädagogik müssen noch mehr darauf achten, dass bei aller Planung und Methodik – so notwendig und wichtig sie auch sind – nicht nur die Vernunft geweckt, sondern auch Fantasie und Kreativität nicht zerstört, sondern gefördert werden. Wenn unsere Bemühungen darauf hinwirken, jungen Menschen in der Entfaltung ihrer Emotionalität zu helfen, verhindern wir, dass die Rationalität ausufert und das Gemüt versickert. Dass unsere Welt so bunt, Kunst und Kulturen so vielfältig sind, verdanken wir mehr als allen anderen den Kreativen.

Kreatives Verhalten lässt sich fördern durch . . .

– Schaffung von Problembewusstsein in Gesprächen,
– Spielformen und Materialien, die die Fantasie anregen,
– Lernen, Spielen, Probleme lösen in einer für die Teilnehmer angenehmen Gruppenatmosphäre,
– gezieltes „Brainstorming", Entfesseln der Fantasie,
– Förderung der Individualität und Toleranz,
– Anregung zur Eigenaktivität und zum Selbstvertrauen in eigene Ideen,
– Förderung einer Interessenbreite mit genügend Wahlmöglichkeiten.

Was blockiert unsere Kreativität?

Es gibt recht unterschiedliche Bedingungen, die sich als blockierende und hemmende Faktoren negativ auf die Kreativität von Einzelpersonen und Gruppen auswirken. Um sie überwinden zu können, sollten sie Pädagogen und Spielleitern bekannt sein:

– Zu hohe Erwartungen lösen Stress aus. Zu hoch angesetzte Ziele und Aufgaben, die zudem unter großem Zeitdruck erfüllt werden sollen, lösen eine Ablehnungsreaktion aus, die sich in Spielunlust und Resignation äußert;
– Passivität kann sich in Stillschweigen oder Untätigkeit äußern. Hartnäckige Passivität kann selbstzerstörerisch sein. Passivität äußert sich in ziellosem Herumsuchen, Denkfaulheit, Unklarheit, Konsumdenken, Leere und Dumpfheit;
– festgefahrene Vorstellungen des Spielleiters (Erziehers) können entmutigen und die geistige Beweglichkeit und Originalität der Teilnehmer bremsen;
– eine spielfeindliche Einstellung ist tödlich für Kreativität;
– Routine und monotone Wiederholungen;
– Vorurteile, zum Beispiel dass es nur wenige, auserwählte kreative Menschen gibt;
– neue Ideen sind bedrohlich; Angst sich lächerlich oder Fehler zu machen;
– Konfliktscheu;
– mangelndes Vertrauen, Unterlegenheitsgefühl;
– Konkurrenzdenken und Rivalität fördern aggressives Verhalten;
– organisatorische und räumliche Mängel;
– dominantes, gruppenbeherrschendes Spielleiterverhalten;
– Voreingenommenheit gegenüber fremden Ideen;
– Geltungsbedürfnis, dominantes Verhalten einzelner Gruppenmitglieder;
– Wiedergeben von Klischeevorstellungen;
– schnelles Resignieren;
– ständiges überlegen, was für andere akzeptabel ist;
– Kritiklosigkeit, Scheu vor Kritik, vorschnelle und oberflächliche Kritik
– „Ideenbremser" beziehungsweise „Killerphrasen" sind Aussagen, die Negativ-Reaktionen bewirken, wie zum Beispiel „Ich habe keine Ideen", „Ich habe keine Zeit", „Wer weiß, was dabei herauskommt?", „Wohin soll das führen?", „Dazu fehlt euch der Überblick!" „Diskutieren bringt sowieso nichts weiter", „Was denken die anderen darüber?"
– Mangelndes Vertrauen in die eigene schöpferische Leistungsfähigkeit.

PERSÖNLICHKEITSENTWICKLUNG IM KREATIVEN SPIEL

Spiele sind nicht nur für Kinder, sondern für alle Altersgruppen von unschätzbarer Bedeutung. Auch das Erwachsenenleben ist von Spielmomenten durchzogen, die für eine Reihe kognitiver und kreativer Möglichkeiten kennzeichnend sind.

Das richtige Gleichgewicht zwischen spielerischer Betätigung und Arbeit ist für die seelische Gesundheit und das Wohlbefinden besonders wichtig. Sigmund Freud nannte das Spiel „ein ausgleichendes Pendel für den Alltag". Arbeit und Spiel sind Formen menschlicher Selbstverwirklichung, sie machen das aus, was wir „Kultur" nennen.
Spielen macht Spaß, weil es Kontakte ermöglicht, die immer auch Auswirkungen auf die Beteiligten und auf die Beziehung untereinander haben, die über die Dauer des Spielgeschehens hinausgehen können. Nicht zuletzt bietet das Spiel dem einzelnen Teilnehmer die Möglichkeit, seinen Mut zu erproben.

Das Spiel kann Normen durchbrechen, die uns umgeben, während es gleichzeitig Regeln setzt, an die wir uns halten müssen.
Der Jugendliche und der Erwachsene verlieren ihre Entfaltungsfähigkeit, wenn sie nicht mehr spielen. Aus dem spielunfähigen Kind wird häufig ein veränderungsunfähiger Erwachsener. Wer das Spielen verbietet, weiß nicht viel von dem, was im Leben Spaß macht, Freude bereitet und wirklichen Wert hat.

Durch kreative Spielformen, besonders durch das Darstellende Spiel, werden gerade in der Pubertät die für die Persönlichkeitsentwicklung wichtigen Prozesse der Selbstfindung intensiv unterstützt. Der Jugendliche verkörpert die verschiedensten Rollen, erlebt und erprobt sie und erweitert so die eigene Ich-Erfahrung.
Das breite Spektrum sprachlicher und mimischer Ausdrucksmöglichkeiten, der Gestik und Körperbewegung wird aktiviert; es fördert die Kommunikationsfähigkeit des Jugendlichen und lässt ihn auch außerhalb des Spiels sicherer werden.
In der Pädagogik wächst die Einsicht, dass kreative Spielformen für die Ausdrucksfähigkeit, das kognitive und soziale Lernen des Kindes und des Jugendlichen eine Schlüsselstellung innehaben. Während der Schulzeit sollten die Förderung der Spielfähigkeit, die Erweiterung des Spielrepertoires und die Anreicherung der Spielpraxis eine zentrale erzieherische Aufgabe sein und in den Lehrplänen als fester Bildungsanteil verankert werden.

Das kreative Spiel schöpft aus der produktiven Kraft des Menschen, der Lust am Erfinden, Probieren, Darstellen und Gestalten. Die spontanen Einfälle und Vorstellungen, die das Spiel durchdringen, sind dem rationalen, nüchternen Verstand in der Regel verschlossen.
Die Praxis zeigt, dass in Spielgruppen kreative Potenziale aufgedeckt und Flexibilität und Spontaneität bei den Teilnehmern „provoziert" werden.

Jeder von uns hat kreative Potenziale in sich. Unterschiedliche Eigenschaften, die geweckt werden wollen. Da gibt es Florian, den Altenpfleger, dem in seiner Freizeit als

Maler viele Ideen einfallen. Er findet für jedes bildnerisch zu gestaltende Problem die passende Lösung. Anna, die Erzieherin, kennt sich in klassischer und moderner Literatur hervorragend aus und ist eine brillante Köchin, die mit großer Raffinesse köstliche Gerichte kreiert. Felix, der Medienfachmann und Komponist liebt das Leben und die Musik. Erzählt man ihm von einer Idee, so sieht er gleich alle Möglichkeiten, sie musikalisch umzusetzen. Gunnar, der Arzt, ist gebildet und belesen. Er hat Humor, kann unzählige Texte rezitieren und hat den Blick für die richtige Dramaturgie. Peter, der Lehrer, ist ideenreich und findet im Schreiben Erfüllung. Er sieht die Welt oft anders als seine Mitmenschen, findet unkonventionelle wie funktionierende Lösungen. Sein treffsicherer Humor entfacht stets neue Ideen.

Was kennzeichnet diese kreativen Personen aus unserer Mitte? Gibt es Gemeinsamkeiten? Ja, sie sind aufgeschlossen und optimistisch und sie verfügen über eine gewisse Kombination aus Kenntnis und Weitsicht, in dem, was sie tun. Sie haben Ideen und spüren instinktiv, welche funktionieren und welche nicht. Sie interessieren sich für ihre Umwelt und für andere Menschen. Sie nähern sich Dingen aus verschiedenen Perspektiven, stellen Dinge und Situationen in Frage, entwickeln Ideen, haben den Wunsch, etwas zu erschaffen, lassen sich von einem Problem nicht lange aufhalten, sondern feilen an ihren Ideen, bis sie perfekt umgesetzt sind.

KREATIVE SPIELFORMEN

- bereichern das Denken und erhalten die geistige Beweglichkeit;
- fördern selbständiges, aktives Handeln;
- führen zu einer vertieften Erlebnisfähigkeit;
- vertiefen durch das Wecken der Wahrnehmungsfähigkeit emotionale Eindrücke;
- aktivieren durch erreichbàre Ziele zur Eigeninitiative;
- ermöglichen soziales Lernen im Umgang mit Gleichaltrigen;
- fördern die Fähigkeit zur bewussten und kritischen Auswahl von Freizeitangeboten;
- erweitern den Vorstellungs- und Erfahrungshorizont;
- steigern die Wahrscheinlichkeit, sich besser und flexibler in unvorhergesehenen Situationen verhalten zu können;
- helfen Fähigkeiten und Fertigkeiten zu entwickeln, die vorher noch nicht da beziehungsweise schwach ausgeprägt waren;
- lassen uns eine Sache von verschiedenen Seiten aus betrachten;
- vermitteln Einsichten, die eine Langzeitwirkung haben können;
- sind eine Auseinandersetzung mit der Umwelt, ohne festgelegte Leistungsnorm, jedoch mit Leistung. Dieseé wird von der Lust der Spieler getragen, den Handlungsablauf voranzutreiben, wobei der Zweck des Handelns im Spiel selbst bestimmt wird;
- bieten ungeahnte Möglichkeiten, die eigene Spiellust auszuleben und befreiendes Lachen zu erleben.

KREATIVE SPIELPROZESSE

Kreative Spielprozesse verlaufen in einer Gruppe immer dann für den einzelnen Teilnehmer besonders erfüllend und effektiv, wenn im Rahmen einer klar umrissenen Thematik jeder seine Ideen frei einbringen kann. Kreative Spielprozesse haben immer zu tun mit sozialer Interaktion, mit Inspiration, Assoziation, Querdenken, Visualisieren, Abstraktion und Diskutieren, also mit Reden, Fragen stellen, gemeinsamem Verändern und Lösen von Aufgaben und Problemen.

Der Prozess ist das zentrale Element für Kreativität. Bei der täglichen Kreativität geht es meist um den Weg und nicht immer nur um das Ziel. Das gilt auch für kreative Spielformen, in denen Aufgaben zu lösen und Probleme und Hindernisse zu überwinden sind. Für die Spielteilnehmer gilt das Gleiche wie für gestaltende und darstellende Künstler, Schriftsteller und Komponisten: Man muss einfach nur anfangen und loslegen! Viele brillante Ergebnisse schöpferischen Denkens und Handelns erwachsen aus verrückten Ideen, aus chaotischen Geistesblitzen, Sackgassen, Auseinandersetzungen und vermeintlich nutzlosen Prototypen.

Wie verrückt kreative Prozesse ablaufen können, belegt ein schönes Beispiel aus der Musik.
Es gibt einen Beatles-Song, dessen Melodie und Text fester Bestandteil unserer Musikkultur wurde: „Yesterday" von Paul McCartney. Wie jede andere kreative Arbeit auch, erfahren Songtexte zahlreiche Änderungen und Revisionen, bevor sie veröffentlicht werden. Von Paul McCartney ist bekannt, dass er eines Morgens mit der Melodie von Yesterday im Kopf aufwachte. Da er noch keinen Text zur Melodie hatte, nannte er den Song zunächst „Scrambled Eggs" (Rühreier), was wohl zum Rhythmus passte, aber bestimmt nicht aus dem Song einen Welthit gemacht hätte.

Ideen brauchen einen Grund, einen Auslöser, um in unseren Kopf zu kommen. Also begeben wir uns in neue Situationen, die zu Ideen anregen können. Inspirationen gibt es überall: Im Spiel mit anderen, in der körperlichen Bewegung, durch Beobachten, durch anregende Musik, Humor und Lachen. Kreatives Denken und Lachen gehören einfach zusammen. Wir lachen über Dinge, die nicht in unser normales Weltbild passen und amüsieren uns über die unglaublich komischen Filme, Spielszenen und Figuren eines genialen Humoristen wie Loriot. Wer sich ideenlos fühlt, müsste demnach etwas finden, was ihn zum Lachen bringt.

Die nachfolgende Darstellung gibt Aufschluss über alle notwendigen Bedingungen zur erfolgreichen Durchführung kreativer Spielprozesse.

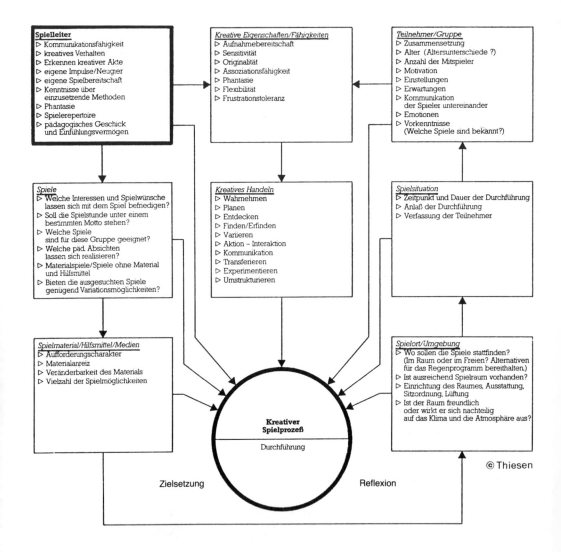

Spielleiter
- ▷ Kommunikationsfähigkeit
- ▷ kreatives Verhalten
- ▷ Erkennen kreativer Akte
- ▷ eigene Impulse/Neugier
- ▷ eigene Spielbereitschaft
- ▷ Kenntnisse über
  einzusetzende Methoden
- ▷ Phantasie
- ▷ Spielerepertoire
- ▷ pädagogisches Geschick
  und Einfühlungsvermögen

Kreative Eigenschaften/Fähigkeiten
- ▷ Aufnahmebereitschaft
- ▷ Sensitivität
- ▷ Originalität
- ▷ Assoziationsfähigkeit
- ▷ Phantasie
- ▷ Flexibilität
- ▷ Frustrationstoleranz

Teilnehmer/Gruppe
- ▷ Zusammensetzung
- ▷ Alter (Altersunterschiede ?)
- ▷ Anzahl der Mitspieler
- ▷ Motivation
- ▷ Einstellungen
- ▷ Erwartungen
- ▷ Kommunikation
  der Spieler untereinander
- ▷ Emotionen
- ▷ Vorkenntnisse
  (Welche Spiele sind bekannt?)

Spiele
- ▷ Welche Interessen und Spielwünsche
  lassen sich mit dem Spiel befriedigen?
- ▷ Soll die Spielstunde unter einem
  bestimmten Motto stehen?
- ▷ Welche Spiele
  sind für diese Gruppe geeignet?
- ▷ Welche päd. Absichten
  lassen sich realisieren?
- ▷ Materialspiele/Spiele ohne Material
  und Hilfsmittel
- ▷ Bieten die ausgesuchten Spiele
  genügend Variationsmöglichkeiten?

Kreatives Handeln
- ▷ Wahrnehmen
- ▷ Planen
- ▷ Entdecken
- ▷ Finden/Erfinden
- ▷ Variieren
- ▷ Aktion – Interaktion
- ▷ Kommunikation
- ▷ Transferieren
- ▷ Experimentieren
- ▷ Umstrukturieren

Spielsituation
- ▷ Zeitpunkt und Dauer der Durchführung
- ▷ Anlaß der Durchführung
- ▷ Verfassung der Teilnehmer

Spielmaterial/Hilfsmittel/Medien
- ▷ Aufforderungscharakter
- ▷ Materialanreiz
- ▷ Veränderbarkeit des Materials
- ▷ Vielzahl der Spielmöglichkeiten

Spielort/Umgebung
- ▷ Wo sollen die Spiele stattfinden?
  (Im Raum oder im Freien? Alternativen
  für das Regenprogramm bereithalten.)
- ▷ Ist ausreichend Spielraum vorhanden?
- ▷ Einrichtung des Raumes, Ausstattung,
  Sitzordnung, Lüftung
- ▷ Ist der Raum freundlich
  oder wirkt er sich nachteilig
  auf das Klima und die Atmosphäre aus?

**Kreativer
Spielprozeß**

Durchführung

Zielsetzung

Reflexion

© Thiesen

KREATIVITÄT FÖRDERN DURCH SCHULSPIEL – DRAMATISCHES GESTALTEN

Theater und kreatives Handeln sind nicht voneinander zu trennen. Für die Akteure ist es Herausforderung und Freude zugleich. Träume, Wünsche und Sehnsüchte können hier zur Entfaltung kommen. Immer mehr Schüler und Lehrer interessieren sich für das Fach „Darstellendes Spiel" beziehungsweise „Dramatisches Gestalten". Sie haben erkannt, dass es in besonderer Weise die Kreativität fördert und die für die Persönlichkeitsentwicklung wichtigen Prozesse der Selbstfindung intensiv unterstützt.

Bisher bieten Bayern, Hamburg und Berlin das Schulspiel („Darstellendes Spiel" bzw. „Dramatisches Gestalten") als eigenes Wahlfach an. Baden-Württemberg und Nordrhein-Westfalen berücksichtigen das Darstellende Spiel im Rahmen von Literaturkursen. In Schleswig-Holstein kann das Darstellende Spiel in freiwilligen Unterrichtsveranstaltungen ohne Bewertung angeboten werden. Bremen, Niedersachsen und Hessen haben bisher keine verbindlichen Grundlagen oder Richtlinien erarbeitet.

Der Bundesverband Theater in Schulen (BV.TS) – früher Bundesverband für das Darstellende Spiel e.V. – mit Sitz in Frankfurt/M., engagiert sich als Dachverband und in den jeweiligen Landesverbänden für schulische Theaterangebote in allen Schulstufen. Die letzte Großveranstaltung des BV.TS fand im September 2011 in Düsseldorf statt, auf Schultheatergruppen aus dem gesamten Bundesgebiet mit Elan und Freude ihr Können unter Beweis stellten.

In Bayern ist das Schulspiel/Dramatisches Gestalten im Rahmen der geltenden Stundentafeln aller allgemeinbildenden Schulen ein Wahlfach oder eine Arbeitsgemeinschaft in den Jahrgangsstufen 5 bis 11; in der Kollegstufe ist es ein frei wählbarer Grundkurs des Ergänzungsprogramms.

Die nachstehenden, in Auszügen wiedergegebenen Richtlinien des „Bayerischen Staatsministeriums für Unterricht und Kultus" verstehen sich als Empfehlungen, die der Lehrer bei seiner Unterrichtsarbeit beachten soll:

1 Das Fach Schulspiel/Dramatisches Gestalten

Schulspiel/Dramatisches Gestalten umfasst das Darstellende Spiel in den Bereichen personalen, figuralen und technisch-medialen Spiels.

Der Unterricht vermittelt Kenntnisse über die jeweiligen Eigengesetzlichkeiten der Spielmedien und deren Ausdrucksmöglichkeiten sowie Fertigkeiten in den jeweiligen Techniken der Gestaltung.

Darstellendes Spiel verlangt vom einzelnen Spieler Arbeit an sich selbst und Arbeit mit anderen; es fordert und fördert kooperatives Verhalten und dient damit der Formung der Persönlichkeit und der Entwicklung der Fähigkeit zur Einordnung in die Gemeinschaft.

Die Arbeit im Fach Schulspiel/Dramatisches Gestalten muss auf sorgfältiger Planung beruhen. Voraussetzung des Darstellenden Spiels ist die Beherrschung von Körper und Sprache als Träger menschlichen Ausdrucks. Hier ist zuerst Grundlagenarbeit zu leisten. Größere und komplexere Vorhaben sollten nur auf solchen Grundlagen aufgebaut werden. Darstellendes Spiel bedarf ferner der Fähigkeit, vorhandene Spielvorlagen und

Texte in ihrem Sinngehalt zu erfassen beziehungsweise eigene Spielideen zu entwickeln. Ein weiterer Schritt ist es, diese zu verarbeiten. Dies kann entweder durch unmittelbare Aufbereitung in Spielhandlungen geschehen oder durch Umwandlung in Entwürfe, die diese Spielideen in betrachtbare und hörbare Formen umsetzen. Höhepunkt unterrichtlicher Arbeit ist die Darbietung des Spielvorhabens vor einem Publikum, die die geleistete Grundlagenarbeit sowie die Fähigkeit zum Zusammenwirken einer Spielgruppe sichtbar werden lässt.

2 Richtziele

Richtziele für den Unterricht sind
1. Freude am Spiel,
2. Fähigkeit, im Spiel Kreativität und Gestaltungskraft zu entwickeln,
3. Fähigkeit, im Spiel Einsichten zu gewinnen und auf eigene Lebensbereiche zu übertragen,
4. Fähigkeit, auf die Spielpartner einzugehen und in der Gruppe zu arbeiten,
5. Beherrschung von Technik, Gestik, Mimik und Sprache als Träger menschlichen Ausdrucks,
6. Fertigkeit in spielspezifischen Arbeitstechniken,
7. Kenntnis verschiedener Ausdrucksmöglichkeiten des Theaters und der AV-Medien.

3 Das personale Spiel

Voraussetzungen für das Spiel sind die Aktivierung der spielerischen Fähigkeiten und die Sensibilisierung des einzelnen Spielers sowohl für seine persönlichen Ausdrucksmöglichkeiten als auch für die Wirkung, die sein Spiel auf die Partner (Mitspieler, Gruppe) und auf das Publikum (Leiter, Zuschauer) hat. Die Grundlagen des Spiels sollen konzentrisch aufbauend im Wechsel von Einzel- und Gruppenübungen vermittelt und eingeübt werden. Zur Einstimmung dienen Übungen zur Darstellung bestimmter Verhaltensweisen; sie sind, wo immer möglich, mit Spielansätzen zu verbinden, die das individuelle Ausdrucksrepertoire sichtbar werden lassen.

Kleine Spielaufträge als Improvisationsübungen geben den altersgemäßen Anreiz. Ihr Ziel ist es, Erfahrungen von individuellen Ausdrucksmöglichkeiten in den Bereichen Bewegung, Mimik, Gestik und Sprache zu vermitteln. Diese Fähigkeiten sind durch genaues Beobachten, Variieren und Entfalten in immer neuen Spielsituationen weiter zu entwickeln. Folgende Reihenfolge empfiehlt sich: Spielen, Beobachten, Verbessern, Einüben, Variieren. Alle diese Tätigkeiten erfolgen unter Beobachtung und Reflexion der Gruppe...

4 Das figurale Spiel

Ausgangspunkt des figuralen Spiels ist die jeweilige Spielfigur: Puppe, Schattenfigur, Maske und andere Spielobjekte. Von der Hand als unmittelbarem Ausdrucksmittel bis zur komplizierten Fadenpuppe (Marionette) ergeben sich je nach Material und Gestaltung die unterschiedlichsten Spielmöglichkeiten. Der Charakter und die Aussagefähigkeit der Figuren werden vor allem durch Größe, Form und Mechanismus bestimmt...

Durch Spielversuche werden die Darstellungsmöglichkeiten, die eine Figur in sich birgt, erkundet. Erst dann kann der Schüler über die Spielfigur verfügen und sie seinen Intentionen entsprechend einsetzen...

Das Figurenspiel kann sich bei der Inszenierungsarbeit von der Probe bis zur Aufführung weitgehend am personellen Spiel orientieren...

5 Das technisch-mediale Spiel

Das technisch-mediale Spiel hat zwei Komponenten:

- das personale Spiel als Handlungsträger (die Personen, ihre Mimik, Gestik, Bewegung und Sprache),
- die Gestaltungsmöglichkeiten des jeweils verwendeten audiovisuellen Systems (Camcorder, CD-Player, PC, Beamer).

Seit 2002 gibt es in Niedersachsen, dank der Kooperation von fünf Hochschulen und Universitäten in Hannover, Braunschweig und Hildesheim ein bundesweit einmaliges und innovatives Studienangebot. Es entstand der Studiengang „Darstellendes Spiel", der nach sechs Semestern mit dem Bachelor abschließt. Der Abschluss befähigt, als Theaterpädagoge/Theaterpädagogin in der Jugend- und Erwachsenenbildung, an Theatern und in kulturellen und sozialen Bereichen tätig zu werden. Im anschließenden zweijährigen Masterstudium wird die Befähigung zur Aufnahme eines Referendariates für das höhere Lehramt an Gymnasien erworben.

19

Spielpädagogische Hinweise

DER SPIELLEITER: IMPULSGEBER, BEOBACHTER UND MITSPIELER

WIE KANN DER SPIELLEITER KREATIVES DENKEN FÖRDERN?

SELBSTREFLEXION

SPIELSTUNDEN MIT SCHÜLERN, JUGENDLICHEN UND ERWACHSENEN

TEILNEHMER/GRUPPE

SPIELAUSWAHL

MATERIAL/HILFSMITTEL

ZEIT, SPIELDAUER UND SPIELSITUATION

SPIELORT UND RÄUMLICHE UMGEBUNG

REFLEXION NACH DER SPIELSTUNDE

DER SPIELLEITER: IMPULSGEBER, BEOBACHTER UND MITSPIELER

Bei den ersten Treffen vieler Gruppen gibt es immer wieder das gleiche Problem: Man kennt sich noch nicht und hat noch keine gemeinsamen Erlebnisse, an die man anknüpfen kann.

Auf der einen Seite gibt es bei jedem Einzelnen zwar den Wunsch, dazuzugehören, auf der anderen Seite bestehen noch versteckte Ängste, nicht anzukommen. Dem Spielleiter fällt hier eine sehr wichtige Aufgabe zu. An seinem Einfühlungsvermögen und seinen Vorkenntnissen liegt es, Kontakte untereinander zu vermitteln und eine angstfreie Atmosphäre zu schaffen, die es dem einzelnen Teilnehmer ermöglichen, mit mehr Selbstvertrauen in neue Situationen zu gehen. Am Beginn einer Spielphase mit Jugendlichen und Erwachsenen werden vom Spielleiter besondere Impulse erwartet. Er nimmt die Erwartungen und möglichen Schwellenängste der Teilnehmer auf. Bekräftigungen und Entgegenkommen lösen Kontakt- und Beteiligungsbereitschaft aus. Impulse, Ermutigungen und Anstöße fördern die Eigenaktivität des einzelnen Spielers und schaffen ein freundliches Klima, das die Möglichkeit zur offenen und freien Entfaltung bietet. Das eigene Spielverhalten des Spielleiters kann sich langfristig positiv auf die Teilnehmer auswirken.

Verhaltensmerkmale wie Höflichkeit, Toleranz, Geduld, Einfühlungsvermögen und Zuneigung sind Voraussetzungen, die der Spielleiter mitbringen sollte. Diese, sich in Wertschätzung äußernden Verhaltensmerkmale mindern Unsicherheiten und Ängste, führen zu positiven Gefühlen und erhöhen das Selbstvertrauen. Die freundliche Zuwendung des Spielleiters befriedigt das menschliche Grundbedürfnis nach positiven zwischenmenschlichen Beziehungen. Nicht der „Leitbild"- oder „Tugend"-Pädagoge, der sich selbst zum Maßstab aller Dinge macht, ist als Spielleiter gefragt, sondern das glaubhafte, begeisterungsfähige Vorbild, das selbst spielen kann und mitspielt.

In der Rolle des Beobachters lernt der Spielleiter, Spielhemmungen zu erkennen und zu überwinden. Er weiß, dass Lockerungs- und Bewegungsspiele den Einstieg erleichtern und räumt Spielunerfahrenen genügend Zeit zum Mitmachen ein. Er ermutigt die Spieler, ihre Darstellungs- und Ausdrucksfähigkeit zu entwickeln und weckt Begeisterung, eigene, latent vorhandene Fähigkeiten zu entdecken und zu entfalten.

Der Spielleiter soll Spielbedürfnisse erkennen, zum Spiel motivieren, Denkanstöße geben und positive Spielbedingungen schaffen. Zu seinen Aufgaben gehören auch die Festlegung der Thematik und die sorgfältige Planung von Spielstunden, die Abgrenzung des Spielrahmens und die Festlegung des Zeitraums. Der Spielleiter sollte über ein umfangreiches Spielerrepertoire verfügen, Spielideen aufgreifen, Variationen entwickeln können und Alternativangebote bereithalten. Er legt selbst eine Spiele-Kartei an, in der Spiele nach verschiedenen Spielformen für Kinder, Jugendliche und Erwachsene zusammengefasst sind. Er sorgt für notwendiges Material und legt rechtzeitig Hilfsmittel bereit.

WIE KANN DER SPIELLEITER KREATIVES DENKEN FÖRDERN?

Werden Sie als Spielleiter/in nicht gleich mutlos, wenn ihre Gruppe nicht sofort den Stil des selbsterprobenden und bestimmenden Spiels praktiziert. Der Übergang von der Konsumhaltung im Lernen (wie in der Schule) zur Produktionshaltung erfordert etwas Geduld. Alte Lerngewohnheiten (Schweigen, Zurückhalten der eigenen Meinung, Unterschätzung der eigenen Fähigkeiten) müssen erst abgebaut werden.

Kreatives Denken kann der Spielleiter fördern, indem er
- die Interessen, Neigungen und Fähigkeiten seiner Mitspieler herausfindet,
- anregt, selbst Spielideen zu entwickeln,
- die Einfälle der Spieler respektiert,
- die Spieler spüren lässt, dass ihre Ideen Wert haben,
- die Spieler proben und experimentieren lässt, ohne dass sie befürchten müssen, beurteilt zu werden,
- die Spieler ernst nimmt,
- keine Spiele einsetzt, bei denen einzelne Mitspieler in für sie unerfreuliche Situationen gebracht werden,
- Ziele setzt,
- genügend Spielanreize und Materialien zur Verfügung stellt,
- bewusstes, intensives Genießen (Wahrnehmen, Aufnehmen, Empfinden) und außergewöhnliches Erleben, zum Beispiel durch den Einsatz von Interaktionsspielen, ermöglicht,
- misserfolgsfrustrierte Spieler ermutigt, um ihnen die Furcht vor Misserfolg zu nehmen,
- kurzfristige Motivationen (z. B. durch einen Spielabend mit darstellenden Spielformen) auffängt und gemeinsam mit den Spielern zu langfristigen Zielvorstellungen und Erwartungen (z. B. Gründung einer Theatergruppe) entwickelt,
- aktiviert, animiert, appelliert, diskutiert, experimentiert, fabriziert, illustriert, improvisiert, inspiriert, inszeniert, konstruiert, mobilisiert, organisiert, fantasiert, probiert, produziert, realisiert, reflektiert, riskiert, studiert, zitiert.

SELBSTREFLEXION

Wer als Spielleiter/in andere begeistern und Kontakte herstellen will, muss selbst frei sein von Spielhemmungen. Die kritische Selbstreflexion kann dem Spielleiter hilfreiche Aufschlüsse über sein Verhalten und dessen Wirkung auf die Spieler und den Spielverlauf geben.

Was bringe ich als Spielleiter in die Spielsituation (abgesehen von meinen Kenntnissen) ein?
- Wie gehe ich auf die Gruppe zu (freundlich/schulmeisternd)?
- Wie fühle ich mich in der Gruppe (akzeptiert/zurückgewiesen)?

- Wo liegen meine Stärken/Schwächen?
- Wie steht es um meine eigene Motivation? Habe ich vor bestimmten Spielen Ängste, die mich vor der Gruppe blockieren?
- Kann ich eigene Bedürfnisse zurückstellen?
- Wie werde ich mit unvorhergesehenen Situationen fertig?
- Bin ich mir bewusst, dass ein kreativer Spielprozess Fertigkeiten und Einfühlungsvermögen für zwischenmenschliche Beziehungen erfordert?
- Was tue ich, um Rückmeldung von der Gruppe zu erhalten?
- War ich „Beteiligter" oder vorrangig „Anleiter"? Weshalb?

Der Spielleiter muss über mögliche Wirkungen des Spiels systematisch nachdenken und wissen, dass Spiele Verhaltensweisen hervorrufen und soziale, kognitive und motivabhängige Ziele haben.

SPIELSTUNDEN MIT SCHÜLERN, JUGENDLICHEN UND ERWACHSENEN

Für das Planen kreativer Spielfolgen und Freizeitaktivitäten gilt der Grundsatz: Planen heißt nicht, den Einzelnen zu verplanen. Eine programmierte Spontaneität gibt es nicht. Eine zu eng gefasste, wenig flexible Vorbereitung der beabsichtigten Spielstunden wird leicht zum starren Schema und fördert nicht die Aktivität der einzelnen Mitspieler. Planen heißt, Bedürfnisse richtig einzuschätzen.

Ein Spielverhalten gibt es grundsätzlich in jeder Altersgruppe. Während es bei Kindern relativ einfach ist, sie zum Mitspielen zu motivieren[1], wird mit zunehmendem Alter das Spielverhalten differenzierter. Es bestehen unterschiedliche Niveaus, die von der durchlaufenen Sozialisation der einzelnen Spieler mitbestimmt werden.

Der Spielleiter, der mit Jugendlichen und Erwachsenen spielt, muss in der Lage sein, unter Berücksichtigung der altersspezifischen Charakteristika und Bedürfnisse der Spieler, entsprechende Spielangebote zusammenzustellen und durchzuführen.

Die beste Spielleitung ist eine unmerkliche, eher indirekte. Die Gruppe sollte dahin gebracht werden, dass aus ihr heraus selbst − auch ohne Spielleiter − das Spiel fortgeführt werden kann.

Bei der Planung von Spielstunden und Spielfolgen sollte von folgenden Vor-Überlegungen ausgegangen werden:

TEILNEHMER/GRUPPE (SPEZIFISCHE VORAUSSETZUNGEN)

- Wie setzt sich die Spielgruppe zusammen?
- Mit welcher Altersgruppe soll gespielt werden?
- Welche Altersunterschiede bestehen?
- Wie viele Personen spielen mit?
- Bestehen Vorkenntnisse? Welche Spiele sind bekannt?

---

1 (siehe auch: Thiesen: Arbeitsbuch Spiel; Bildungsverlag Eins, Köln 6. Aufl. 2009)

– Welche Erwartungen haben die Teilnehmer? Mit welcher Motivation und Einstellung ist zu rechnen?
– Sind Gegensätze, Probleme oder Kommunikationsstörungen vorhanden?
– Welche Kontakte und Emotionen bestehen innerhalb der Spielgruppe?

Einige Kenntnisse über die altersspezifischen Charakteristika der Mitspieler können für die Planung von Spielstunden hilfreich sein.

Jugendalter[2]

ca. 12-Jährige:
Vorpubertäre Phase:
Bei Jungen aktive Auflehnung mit Ansätzen zur Selbstüberschätzung; sie sind ständig in Bewegung, kraft- und energiegeladen; haben große Freude an Sinneseindrücken; kritische Phase für die Entwicklung des Selbstwertgefühls. Bei Mädchen tritt die Vorpubertät ein bis zwei Jahre früher ein. Sie verhalten sich eher passiv, ausgesprochener Rede- und Bewegungsdrang. Das Gespräch wird gesucht. Weitere Bedürfnisse sind Musikhören, engere persönliche Beziehungen, das Bedürfnis nach Verständnis und das Nachgehen von Hobbys. Eltern, Erzieher und Lehrer können Betätigungsmöglichkeiten eröffnen (Spiel, Sport, Gestalten, Musizieren), ohne dabei zu drängen. Die Vorbildwirkung spielt jetzt eine besondere Rolle.

ca. 13 bis 15-Jährige:
In diesem Alter (Pubertätsphase) kommt es zur Ich-Identitätssuche, Auseinandersetzung mit Tradition oder einfachen Übernahme von Statussymbolen Erwachsener. Besonders auffällig ist der Selbständigkeitsanspruch in diesem Altersabschnitt. Manchmal kommen uns die Pubertierenden vor wie Wesen vom anderen Stern. Ihr Hirn ist wie eine große Baustelle, wie ein großes Streckennetz, das es zu entschlüsseln gilt, um zur Fertigstellung beziehungsweise ans nächste Ziel zu gelangen.
Mögliche Fehlentwicklungen können sein: Flucht in die Isolierung oder Subkultur (z. B. Punks, Jugendbanden).

ca. 16/17-Jährige:
Zwischen dem 16. und 17. Lebensjahr fällt eine Labilisierung und Isolierung auf. Emotionale Instabilität. Man will kein Kind mehr sein, aber fühlt sich auch noch nicht als Erwachsener. Es gibt zum Beispiel Schul- und Ausbildungsprobleme, z. T. als Reaktion auf Zwänge.
Für die Erzieher ist es in dieser Altersstufe wichtig, das Bildungs- und Kulturbedürfnis des Jugendlichen zu wecken und zu fördern. In diesem Abschnitt müssen Erziehende die Gespräche, Informationen und Beratung (z. B. über Partnerschaften, Sexualität, Schule, Ausbildung, Alkohol, Drogen usw.) fortführen.

---

2 Die altersspezifische Charakteristika im Jugendalter können sich um 1 bis 2 Jahre nach oben bzw. unten verschieben.

Ab ca. 17 Jahre:

Ab dem 17. Lebensjahr (Adoleszenz) kommt es zunehmend zur Stabilisierung; es wird selbständig geplant, entschieden und gehandelt. Partnerbeziehungen bestehen, Bedürfnis nach Geselligkeit und „Gammeln". Als mögliche Fehlentwicklungen lassen sich passive Haltung, Planlosigkeit und Kontaktstörungen beobachten. Es kommt zur Identifikation mit Idolen (Pop- und Punk-Stars).

In diesem Abschnitt benötigt der Jugendliche Raum für Entscheidungen und die eigene Bewährung (Ich-Identität).

Erwachsenenalter ab ca. 18/20 Jahre:

Der junge Erwachsene löst sich in der Regel vom Elternhaus. In diesem Alter ist er besonders kreativ und produktiv. Es kommt zum Aufbau und zur Festlegung eigener Lebensanschauungen.

Als mögliche Probleme lassen sich nennen: Unselbständigkeit durch die starke Anbindung an die Elternautorität, totale Konsumhaltung, labile oder fehlende Orientierung (Ziellosigkeit), Unfähigkeit zur Partnerschaft und Dissozialität.

In diesem Altersabschnitt hat eine endgültige Ablösung der Fremderziehung durch die Selbsterziehung stattgefunden, abgesehen von „erzieherischen" (besser: verhaltensändernden) Einflüssen, die unmittelbar von einer Partnerschaft, von der Schul- oder Berufsausbildung oder vom Arbeitsplatz ausgehen.

Ab ca. 36 Jahre:

Etwa mit dem 36. Lebensjahr stehen wir heute vor der so genannten „Lebenswende".

Ab ca. 60 Jahre:

Mit dem 60. Lebensjahr kommt es allmählich zum Nachlassen der Vitalität. Für Ruheständler, wenn sie sich keine Aufgabe (Hobbys, Freizeitbeschäftigung) gesucht haben, kann es zum „Ruhestandsproblem" kommen, das sich zum einen im Gefühl von Einengung und Isolierung, zum anderen in der Depression äußert. Um eine Vereinsamung des alten Menschen zu verhindern, muss man ihm soweit irgend möglich Aufgaben belassen oder geben. Die seelische Hilfe, das Gefühl gebraucht und geliebt zu werden, helfen ihm, in Würde älter zu werden. Das Gespräch, Bücher, Hobby und in besonderer Weise das kreative Spiel helfen, die geistige Beweglichkeit, Aufmerksamkeit und Initiative zu erhalten.

Spielleiter/innen haben es im Wesentlichen mit drei Typen von Spielteilnehmern zu tun, die im Hinblick auf Einfühlungsvermögen, Geschick und Spielrepertoire besondere Anforderungen stellen:

–   Spielunfähige, die Spielangebote nicht annehmen, schnell die Geduld verlieren, sich nicht an Gesprächen beteiligen;
–   Spielungeübte mit fehlenden Spielerfahrungen, die Spielstrategien (anfänglich) nur schwer durchschauen;
–   Spielgehemmte Jugendliche und Erwachsene, die zum Beispiel Angst haben, sich vor anderen zu blamieren, sich nicht vor der Gruppe produzieren mögen.

Die Ursachen können sozialisationsbedingte Faktoren, emotionale Belastungen (Bedrückung/Depression) und körperliche Einschränkungen sein. Nicht zuletzt ist das Spielverhalten altersspezifisch.

Zu Beginn bestehende Unsicherheiten und Spielhemmungen können in den meisten Fällen durch gezielte Interaktionsspiele behoben werden, die es den Teilnehmern ermöglichen, sich erst einmal näher kennenzulernen.

In der Regel kann sich auch der Spielentwöhnte oder -gehemmte der Anziehungskraft, die durch eine gelöste Spielatmosphäre hervorgerufen wird, auf Dauer nicht entziehen.

SPIELAUSWAHL

- Welche Interessen und Spielwünsche lassen sich mit dem Spiel befriedigen?
- Soll die Spielstunde unter einem bestimmten Motto stehen?
- Welche Spiele sind für eine bestimmte Gruppe geeignet?
- Welche pädagogischen Absichten lassen sich realisieren?
- Bieten die ausgesuchten Spiele genügend Variationsmöglichkeiten?
- Für welche Spiele werden Materialien und Hilfsmittel benötigt?
- Welche Spiele sind als Einstiegs-, Lockerungs- und Schlussspiel geeignet?
- Worauf ist beim Spiel besonders zu achten? (Z. B. genaues Beobachten bei Interaktionsspielen für die anschließende Reflexion)
- Wie kann das Spiel an die Teilnehmer herangebracht werden?
- Müssen Spielregeln im Hinblick auf die Teilnehmer verändert werden?
- Werden bestimmte Fähigkeiten vorausgesetzt?
- Welche Spieldynamik geht vom Spiel aus? Handelt es sich um ein kooperatives Spiel oder um Spiele, bei denen zwei Spieler gegeneinander, einer gegen die Gruppe oder Gruppen gegen Gruppen antreten?

Spiele, die kreatives Handeln ermöglichen sollen, dürfen in ihrer Spielstruktur den Handlungsspielraum nicht auf ein Minimum reduzieren, wie dies durch eine zu starre Regelgebung geschieht. Durch Schematisierung kommt es zu standardisierten Kommunikationsabläufen.

Die Spiele sollten über einen klaren Aufbau verfügen, leicht verständliche, variierbare Regeln besitzen und in ihrer Beschreibung ohne Schwierigkeiten nachvollziehbar sein. Zeitraubende, unverständliche Beschreibungen beeinträchtigen die Spielbereitschaft der Teilnehmer.

Für die Durchführung eines Spiel-Programms ist es wichtig, einen Plan aufzustellen, aus dem die Reihenfolge und Dauer der Spiele hervorgeht. Die Spiele sollten so zusammengestellt werden, dass Höhepunkte geboten werden und dass es zu einem sinnvollen Wechsel zwischen Anspannung und Entspannung kommt. Die Dauer der Spiele richtet sich im Wesentlichen nach dem Wunsch der Spieler.

MATERIAL/HILFSMITTEL

- Welche Materialien werden benötigt? In welcher Menge?
- Sind bestimmte Materialien erst noch anzufertigen?
- Hat das Material Aufforderungscharakter?
- Regt das Material zu schöpferischem Tun an?
- Ist das Material veränderbar?
- Regt das Material zum Experimentieren an?
- Müssen Werkzeuge besorgt werden?
- Sind für den Einsatz bestimmter Materialien und Hilfsmittel Veränderungen innerhalb der Räumlichkeiten vorzunehmen?

Es empfiehlt sich, die benötigten Materialien und Hilfsmittel in einer Checkliste aufzuführen und ggf. eine Material- und Requisitenkiste anzulegen.

Das Thema „Spiel" ist selbst verführerisch, weil man im Spiel den Rest der Welt vergisst.

Johan Huizinga

ZEIT, SPIELDAUER UND SPIELSITUATION

- Zu welchem Zeitpunkt (nachmittags, abends, an einem Wochenende) soll gespielt werden?
- Wie lange soll gespielt werden? Ein Spielnachmittag dauert in der Regel zweieinhalb Stunden.
- Aus welchem Anlass wird gespielt? Einen Anlass, mit anderen zu spielen, gibt es – Ideen, Zeit, nette Mitspieler und Spielraum vorausgesetzt – eigentlich immer.
- Wie ist die Verfassung der Teilnehmer?

Bestimmte Situationen erschweren die Planung:
- Interesselosigkeit einzelner Spieler,
- Spiele, die nicht „ankommen",
- gedrückte Stimmung Einzelner, die unterschiedliche Ursachen haben kann.

Hier kommt es auf das richtige Verhalten des Spielleiters an, indem er sich angemessen auf unvorhergesehene Situationen einstellt, zum Beispiel durch ein entsprechend vielfältiges Spielerepertoire, das ihm ermöglicht, vom geplanten abzuweichen und auf Bedürfnisse der Spielteilnehmer einzugehen.

SPIELORT UND RÄUMLICHE UMGEBUNG

- Sollen die Spiele im Haus oder im Freien stattfinden? Alternativen bereithalten, zum Beispiel Angebote für ein „Regenprogramm".
- Sind die Räumlichkeiten für die Durchführung der beabsichtigten Spiele geeignet? Ist ausreichend Spielraum vorhanden?
- Wie ist der Raum ausgestattet (Einrichtung, Sitzordnung, Lüftung)?
- Ist der Raum freundlich oder wirkt er sich nachteilig auf die Atmosphäre aus?

Die Art des Spiel-Programms bestimmt auch den Spielort. Das Entstehen und Verwirklichen von Spielideen und die Spielhandlung selbst sind in besonderem Maße von der räumlichen Umgebung abhängig.

REFLEXION NACH DER SPIELSTUNDE

Die Reflexion nach einer Spielstunde gibt dem Spielleiter wichtige Hinweise für die Planung künftiger Spielangebote:

- Wie war die Resonanz der Teilnehmer? Sichtbare Reaktionen auf eine Spielstunde können Lachen, Fröhlichkeit, Zustimmung, Gelöstheit und Kontaktbereitschaft sein.
- Hatten die Spiele die (vom Spielleiter) beabsichtigte Wirkung?
- Was waren die Ursachen für Lust und Unlust?
- Was würde ich als Spielleiter das nächste Mal anders machen?

Spielesammlung

ZUR HANDHABUNG DER SPIELESAMMLUNG

1 INTERAKTIONSSPIELE

2 DARSTELLENDE SPIELE

3 GESTALTENDES SPIEL

4 MITSPIELAKTIONEN

1 INTERAKTIONSSPIELE
Definition und Funktion
Spielformen:
Spiele zur Lockerung
Spiele zur Sensibilisierung
Spiele zur Kooperation
Spiele für den Ausdruck

2 DARSTELLENDE SPIELE
Definition und Funktion
Spielformen:
Spontane Spiele mit Sprache, Mimik und Gestik
Pantomime
Scharaden
Dialogisches Rollenspiel
Stegreifspiel
Planspiel
Handpuppenspiel
Schattenspiel
Technisch – mediales Spielen

3 GESTALTENDES SPIEL
Definition und Funktion
Spielformen:
Schreibspiele – Dichten, Reimen, Parodieren
Spiele mit Papier und Zeichenstift
Materialspiele und Materialaktionen
Brettspiele variieren und neu erfinden

4 MITSPIELAKTIONEN
Definition und Funktion
Spielformen:
Freizeittheater
Spielfeste und Spielaktionen
Bunte Feste und Programme
Quiz
Stadt- und Orientierungsspiele
Ideen sammeln – Kreativ-Party

ZUR HANDHABUNG DER SPIELESAMMLUNG

Neben der Spielbeschreibung und den entsprechenden didaktisch-methodischen Hinweisen werden Angaben zum Spielort, zur Altersgruppe, der Teilnehmerzahl, zur Zeit (Spieldauer), zu Variationsmöglichkeiten und Materialien gemacht.
Unter dem Stichwort „Spielintention" erhält der Benutzer kurze Hinweise auf die Zielsetzung und Bedeutung des Spiels für die Teilnehmer.
Nach den meisten Interaktionsspielen sollte über den Verlauf, über Gefühle, Eindrücke, Probleme und Verhaltensweisen gesprochen werden. Dies gilt besonders dann, wenn sich die Gruppenmitglieder bereits näher kennen. Unter dem Stichwort „Reflexion" werden Gesprächsimpulse und Denkanstöße gegeben.

Zeichenerklärung

 Spiele im Haus (Zimmer, Gruppenraum, Klassenzimmer, Turnhalle)

 Spiele im Freien (Garten, Wiese, Park, Sportplatz)

A	
T	
Z	

A = Altersgruppe (Kinder/Jugendliche/Erwachsene/alle)[1]

T = Teilnehmerzahl[2]

Z = Zeit (Spieldauer)[3]

---

1   Die für jedes Spiel aufgeführte Angabe versteht sich als Leitwert. Je nach Zusammensetzung der Gruppe kann ihre obere und untere Grenze verschoben werden. Eine Altersgrenze nach oben gibt es bei den meisten Spielen nicht.
2   Die Angaben zur Teilnehmerzahl sind Erfahrungswerte.
3   Die Zeitangaben (Spieldauer) sind ebenfalls Leitwerte, die von der Zusammensetzung und Größe der Gruppe und von der Situation abhängig sind.

1 INTERAKTIONSSPIELE

Definition und Funktion

Ohne soziale Interaktion ist menschliches Zusammenleben nicht denkbar, d. h. ohne Anerkennung durch seine Mitmenschen entwickelt der Mensch kein Selbstwertgefühl. Unter sozialer Interaktion wird die durch Kommunikation vermittelte, wechselseitige Beeinflussung von Individuen oder Gruppen hinsichtlich ihres Handelns verstanden. Der Begriff „Kommunikation" beschreibt die Verständigung beziehungsweise den Informationsaustausch zwischen Menschen. Er geschieht durch Sprache, Mimik, Gestik, bildliche Darstellungen, Schriftzeichen und Symbole.

Interaktionsspiele

- sind ein gutes Übungsfeld zur Erweiterung der Handlungsfähigkeit und der sozialen Kompetenz (Fähigkeit zum Rollenverhalten),
- führen zu einer Verbesserung der Sensibilität des einzelnen Teilnehmers,
- geben die Möglichkeit, festgelegte Verhaltensweisen an sich selbst festzustellen und zu ändern,
- ermöglichen das Verbalisieren von Gefühlen,
- bieten ein hohes Maß an individueller Wertschätzung und Selbstbestätigung,
- erleichtern das Kennenlernen, fördern die Kooperationsbereitschaft,
- versuchen, die Frustrationstoleranz zu erweitern, d. h. Bedürfnisspannungen und belastende Situationen werden im zwischenmenschlichen Bereich leichter ertragen.

Interaktionsspiele, die sich auf Ängstlichkeit und Befangenheit beziehen, und dabei deren mögliche Ursachen verdeutlichen, können bei der Entwicklung von Selbstvertrauen sehr hilfreich sein. Sie machen den Einzelnenn produktiver und können zur Befreiung von alltäglicher Beengung beitragen.

Interaktionsspiele sind eine sinnvolle und notwendige Vorstufe zur Durchführung des darstellenden Spiels. Nahezu alle Spiel- und Arbeitsformen, die ein öffentliches Auftreten erfordern, können bei Zuhilfenahme von Interaktionsspielen produktiver und schöpferischer gestaltet werden. Auch für das bildnerische Gestalten, den schöpferischen Ausdruck beim Schreiben und beim Musizieren können Interaktionsspiele ein ausgezeichneter Anreiz sein.

Die folgenden Spielangebote lassen sich in jeder aufgeschlossenen Spielgruppe durchführen, insbesondere die gruppendynamischen Spielformen, bei denen es um Lockerung, Kennenlernen und Förderung der Kommunikation geht.

Der Interaktionsprozess lässt sich im Wesentlichen als ein Netz von wechselseitig aufeinander bezogenen Handlungen innerhalb der Spielgruppe beschreiben.

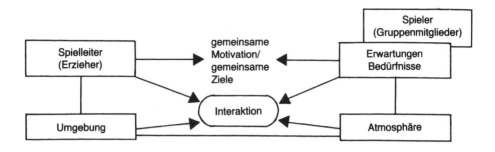

Der zentrale Punkt des Gruppengeschehens ist die Interaktion. Die Erwartungen und Bedürfnisse der Teilnehmer bestimmen die Ziele und Absichten der Interaktion.

Interaktionstraining

Viele der hier beschriebenen Interaktionsspiele können Bestandteil eines Spielabends sein, der verschiedene kreative Spielformen beinhaltet. Teilnehmer, die über einen längeren Zeitraum Interaktionsspiele durchführen möchten, um mehr über sich und die anderen zu erfahren, können Spiele der verschiedenen Bereiche zu einem „Interaktionstraining" zusammenstellen.

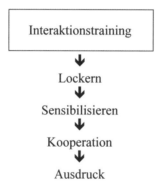

Bei einem Vortreffen sollte die Interaktions-Gruppe dabei folgende Überlegungen anstellen:

– Ort und Zeit einer Spielsequenz werden mit den Teilnehmern abgesprochen.
– Der Raum sollte so groß sein, dass sich in ihm eine Gruppe von ca. 15 Personen für etwa zweieinhalb Stunden ungestört aufhalten und bewegen kann. Auch die Möglichkeit mehrere Untergruppen zu bilden, die sich ungestört unterhalten können, sollte gegeben sein.
– Die Teilnehmer erhalten vom Spielleiter Hinweise zur Funktion und Intention der Interaktionsspiele. Um die Spontaneität der Teilnehmer nicht zu beschneiden, sollten jedoch auf keinen Fall Spielergebnisse der einzelnen Spiele vorweggenommen werden.

- Je nach Anzahl der Mitspieler nimmt der Spielleiter an den Spielen teil; ansonsten übernimmt er die Rolle des Beobachters.
- Für das freie Gruppengespräch, das Anfangs- und Schlussgespräch ist der Stuhlkreis besonders geeignet. Für Interaktionsspiele, bei denen Materialien eingesetzt werden, empfiehlt sich die Sitzordnung um den Tisch herum.
- Notwendiges Material (Papier, Schreibzeug, CD-Player und Musikaufnahmen usw.) muss bereitliegen.
- Alle Teilnehmer einigen sich darauf, an allen vereinbarten Gruppenstunden teilzunehmen und pünktlich zu erscheinen.

Teilnehmer

Wer sich an Interaktionsspielen beteiligen möchte, muss bereit sein, neue Erfahrungen zu machen und sich auf Ruhe und Nachdenken einzulassen. Die Teilnehmer sollen versuchen, die Erwartungen und Bedürfnisse der jeweils anderen wahrzunehmen und zu verstehen und sich in den anderen hineinzuversetzen.

Bei den meisten Spielen und Übungen ist eine Teilnehmerzahl von 14 bis 16 Personen optimal. Die Gruppe ist damit groß genug, um möglichst verschiedene Menschen zu umfassen und klein genug für vielseitige Kontaktaufnahmen. Bei mehr als 20 Teilnehmern werden die Kontakte oberflächlicher und zerstreuter. In größeren Spielgruppen sollten deshalb Untergruppen gebildet werden. So wird es jedem Einzelnen ermöglicht, direkten und gleichzeitigen Kontakt mit einigen wenigen suchen zu können.

Übereinkunft

Vor Beginn eines Interaktionstrainings sollten sich die Teilnehmer auf acht wichtige Kommunikationsregeln einigen, die Hilfen zur Verbesserung der eigenen sozialen Lernfähigkeit geben:

1. Sage „ich" statt „man" oder „wir".
2. Wenn du den Wunsch hast, bitte andere um eine kurze Rückmeldung.
3. Gib anderen Rückmeldung.
4. Äußere deine eigene Meinung.
5. Höre ruhig zu, wenn du eine Rückmeldung erhältst.
6. Schau den anderen an, wenn du mit ihm sprichst.
7. Probiere dein Verhalten aus und experimentiere mit dir.
8. Störungen haben stets Vorrang. Über sie wird in der Gruppe gesprochen.

Rückmeldung („Feedback")

Da häufig ein und dasselbe Verhalten auf verschiedene Spieler (Kommunikationspartner) sehr unterschiedlich wirkt, ist das verarbeitende Gespräch (Reflexion) nach einem Spiel und am Ende einer Spieleinheit von großer Wichtigkeit. Im Gespräch soll sich der einzelne Spieler seiner Verhaltensweisen, Gefühle und Wahrnehmungen bewusst werden. Nicht selten sind Interaktionsspiele auf diese Weise ein positives Mittel, zu einem vertiefenden Gespräch in der Gruppe zu kommen.

SPIELFORMEN

SPIELE ZUR LOCKERUNG

In jeder sich neu bildenden Gruppe besteht das Bedürfnis, Kontakte aufzunehmen und sich besser kennenzulernen. Lockerungsspiele setzen den Gruppenprozess in Gang, helfen in der Kennenlernphase, beängstigende Situationen zu umgehen und Schwellenängste abzubauen. Durch die Spiele entsteht eine vertraute Atmosphäre, in der sich die einzelnen Gruppenmitglieder wohl fühlen können.

Spielvorschläge:

1   MEIN NAME

Die Namen der Teilnehmer in neuen Gruppen lassen sich auf kleine Schilder schreiben, die angesteckt werden; auch Krepp-Band kann beschriftet und dann leicht an der Kleidung angebracht werden.
Etwas lustiger geht es zu, wenn der eigene Name mit einem Schminkstift auf das Gesicht gemalt wird. Die Gruppenmitglieder finden so schneller zusammen.
Der Name kann auch versteckt angebracht werden; zum Beispiel auf dem Arm oder unten am Fuß. Jetzt heißt es: Suchen, entdecken, Gespräche führen.

A	alle
T	18 – 20
Z	10 Min.

Spielintention:
Erste Kontaktaufnahme, Klärung der Anredeform

Material:
Kleine Zettel, Stecknadeln, Schreibstifte, Tesakrepp-Band, Schminkstifte

2   SICH VORSTELLEN

Jeder Teilnehmer wird gebeten, sich aus der Spielgruppe einen Partner zu suchen, den er noch nicht kennt. Beide setzen sich zusammen und sprechen zum Beispiel über ihre
- Erwartungen an die Spielgruppe
- schulische und berufliche Tätigkeit
- Interessen
- Zukunftspläne usw.

Die Spieler haben 15 Minuten Zeit für ihr Gespräch. Im Stuhlkreis stellt anschließend jeder seinen Partner den anderen vor.

A	Jugendliche Erwachsene
T	8 – 16
Z	30 Min.

Variationen:

Die Erwartungen, Vorstellungen und mögliche Befürchtungen können als Ergebnis auch auf einer Wandzeitung (Tapetenrolle) festgehalten werden.

Spielintention:

Erleichterung der Kontaktaufnahme

Material:

Tapetenrolle, Filzstift

3   INTERAKTIONSBLOCK

A	Jugendliche Erwachsene
T	10 – 20
Z	30 Min.

Dieser aus vielen Einzelaktivitäten bestehende Spielblock ist besonders zum Lockern und „Auftauen" geeignet. In einem Raum, der genügend Bewegungsfläche bietet, werden alle Stühle und Tische zur Seite gestellt.

Der Spielleiter gibt nun Anweisungen, die von der Gruppe ausgeführt werden sollen. Alle 30 bis 60 Sekunden erfolgt eine neue Anweisung. Die hier genannten Beispiele können beliebig erweitert werden.

Der Spielleiter:

- Wir gehen gelöst durch den Raum, ohne uns dabei anzustoßen. Achtet auf euch selbst. Schaut euch jetzt die anderen Gesichter an.
- Wir haben im Lotto gewonnen und hüpfen/springen vor Freude durch den Raum.
- Wir gehen ruhig durch den Raum. Probiert jetzt verschiedene Gangarten aus (z. B. gelöst, gehemmt, rhythmisch).
- Unser Passagierschiff ist untergegangen. Wir konnten uns auf ein kleines Floß retten. Alle finden sich auf dem Floß ein. Es ist sehr eng hier.
- In zwei Ecken des Raumes werden Gruppen gebildet. Jede Gruppe versucht, die Mitglieder der anderen zu sich zu holen. Wie ihr dabei vorgeht, ist euch überlassen.
- Wir sind in einem fremden Land und begrüßen uns auf eine völlig neue Art.
- Wir gehen gelöst durch den Raum.
- Jeder geht jetzt mit einem Stapel sehr kostbarer Porzellanteller durch den Raum.
- Wir gehen wie Roboter.
- Wir haben Gummiglieder.
- Wir sind Tiere auf einem Bauernhof.
- Wir sind ein Orchester bei der Probe.
- Jeweils 4 bis 5 Personen bilden eine Maschine, die auch Geräusche von sich gibt.

- Wir gehen müde durch den Raum.
- Zu zweit wird ein Zeitlupen-Boxkampf durchgeführt.
- Es regnet stark. Jeweils 2 Personen gehen unter einem recht kleinen Regenschirm.
- Wir gehen ruhig durch den Raum.
- Ihr befindet euch jetzt in einer Gegend, in der das Gehen verboten ist. Erfindet andere Arten der Fortbewegung.
- Versetzt euch in einen Zwerg und geht als Zwerg weiter.
- Bewegt euch als Riese weiter.
- Wir gehen durch sehr hohes Gras.
- Ihr habt es sehr eilig und müsst an einer Ampel warten.
- Alle gehen ruhig durch den Raum.
- Wir nehmen an einem großen Empfang teil und schütteln Hände, viele Hände, immer mehr Hände...
- Wir befinden uns jetzt in Afrika auf Löwenjagd:
  - aufstehen
  - gehen
  - Löwe gesehen
  - Löwe kommt   Die Bewegungen werden
  - laufen   ausgeführt, ohne sich
  - Berg hoch laufen   von der Stelle zu be-
  - Berg hinunter laufen   wegen.
  - über einen Bach springen
  - Löwe ist abgehängt
- Tragt zu zweit eine große Glasscheibe. Vorsicht! Nicht mit den anderen zusammenstoßen.
- Wir bilden eine Eimer-Kette zum Feuerlöschen.
- Ruhig im Raum umhergehen.
- Wir begrüßen alte Freunde, die wir seit einem Jahr nicht mehr gesehen haben.
- Wir gehen ruhig durch den Raum.
- Die Gruppe ist ein Luftballon. Wir bilden einen Kreis, wir gehen in die Hocke und fassen uns an den Händen. Langsam wird der Ballon aufgeblasen (alle pusten, gehen langsam höher) bis er platzt.
- Wir gehen durch den Raum. Je 2 Teilnehmer verabschieden sich für lange Zeit.

Spielintention:

Ungezwungene Kontaktaufnahme, körperlicher Ausdruck

Reflexion:

Wie wurden die einzelnen Aktivitäten erlebt?
Wie habe ich mich gefühlt? Welche Spiele haben mir nicht gefallen? Warum?

4   DREI GEGENSTÄNDE

A	Jugendliche Erwachsene
T	6 – 12
Z	30 Min.

Die Spieler teilen sich in Zweiergruppen auf. Sie nehmen gegenüber an Tischen Platz, ohne miteinander zu sprechen. Sie haben ein gemeinsames Blatt Papier und einen Stift vor sich liegen.
Der Spielleiter gibt die Anweisung, den Stift gemeinsam in die Hand zu nehmen und gemeinsam drei beliebige Gegenstände zu zeichnen. Danach soll das Bild – ebenfalls ohne miteinander zu sprechen – gemeinsam mit einem Titel versehen werden. In der Gesamtgruppe werden die Bilder anschließend betrachtet und besprochen.

Spielintention:
Einfühlungsfähigkeit

Reflexion:
Was wurde gezeichnet? Wer hat geführt? Wie fand das gemeinsame Führen des Stiftes statt? Gab es Verspannungen?

Material:
Papier (DIN A 4 oder DIN A 2), Filzstifte

5   KON-TAKTE

A	Alle
T	10 – 20
Z	10 Min.

Der Spielleiter sorgt für Musik (CD-Player) und bittet die einzelnen Teilnehmer, im Takt durch den Raum zu gehen. Sie sollen sich einen oder mehrere Partner suchen und gemeinsam im Rhythmus der Musik weitergehen.
Wird die Musik abgebrochen, bleiben die Spieler unbeweglich stehen. Spielt sie weiter, werden neue Aufgaben von den Paaren beziehungsweise Kleingruppen ausgeführt (z. B. Geht auf Zehenspitzen! – Setzt euch hin! – Legt euch schnell auf den Boden! – Kauert euch eng zusammen! – Stellt euch auf einen Stuhl!).

Spielqualität:
Entwicklung von Kontakt und Zutrauen zur Gruppe

Material:
CD-Player mit Musikaufnahmen oder Musikinstrument

6   ZUBLINZELN

Bei diesem Klassiker sitzt die Hälfte der Spieler im Kreis auf Stühlen. Hinter jedem Stuhl steht ein weiterer Mitspieler, die Hände hinter dem eigenen Rücken. Ein Stuhl bleibt frei. Der hinter dem freien Stuhl stehende Spieler blinzelt nun einem der sitzenden Spieler zu. Dieser muss sehr schnell versuchen, seinem Hintermann zu entwischen und sich auf den freien Stuhl zu setzen.
Der Spielleiter sollte sich an dem Spiel beteiligen und darauf achten, dass alle Mitspieler im Sitzkreis einmal an die Reihe kommen.

A	Alle
T	16 – 30
Z	20 Min.

Spielintention:
Blickkontakte, Bewegung, Reaktion, Zuneigung zeigen

Hilfsmittel:
Stühle

7   SELBSTPORTRAIT

Jeder Spieler erhält ein Blatt Papier und einen Filzstift, um innerhalb von 5 Minuten ein Selbstportrait zu zeichnen. Die Blätter werden geknickt und eingesammelt.
Nun zieht jeder Teilnehmer ein Blatt und versucht, den Zeichner des Selbstportraits zu ermitteln.

A	Jugendliche Erwachsene
T	6 – 12
Z	10 Min.

Spielintention:
Kontaktanbahnung, Beobachtung, Zuordnung

Material:
Papier und Filzstifte

8   KINDERBILDER

Der Spielleiter bittet die Mitspieler für das nächste Treffen ein Kinderbild mitzubringen. Die Kinderbilder werden gemischt, die Mädchen- und Jungenbilder für sich. Jetzt ziehen die weiblichen Teilnehmer ein Jungenbild und die männlichen ein Mädchenbild.
Durch dieses Spiel können zum Beispiel Spiel- oder Tanzpartner für eine erste Runde gefunden werden.
Zuvor jedoch muss erst einmal die schwierige Aufgabe gelöst werden, den Partner unter den Jugendlichen beziehungsweise Erwachsenen wiederzuerkennen.

A	Jugendliche Erwachsene
T	10 – 30
Z	30 Min.

Spielintention:
Gelöste Stimmung, Wahrnehmung

Material:
Kinderbilder der Teilnehmer

9   TANZ AUF DEM TRAUMSCHIFF

A	Jugendliche Erwachsene
T	12 – 30
Z	10 Min.

Der Spielleiter hat einen CD-Player mitgebracht und teilt mit, dass man gemeinsam eine Schifffahrt mache. Es ist 23.00 Uhr und wir tanzen jeweils mit einem Partner (Partnerin) in der Diskothek des Schiffes. Plötzlich ertönt über Lautsprecher die Stimme des Kapitäns: „Liebe Passagiere, wir haben eine kleine Panne, doch sie wird bald behoben sein. Tanzen Sie bitte weiter, Anweisungen, die ich über Lautsprecher gebe, müssen sofort ausgeführt werden."
Alle tanzen weiter. Plötzlich ertönt die Stimme des Kapitäns:

1. Damit der Boden des Schiffes nicht so belastet ist, dürfen alle Herren nur noch auf dem linken Fuß weiter tanzen.
2. Die Damen strecken die rechte Hand hoch in die Luft, um das Gleichgewicht des Schiffes zu halten.
3. Die Herren tanzen jetzt in der Hocke.
4. Dem Partner jetzt unbedingt die Hände auf die Schulter legen.
5. Es ist etwas Wasser ins Schiff eingedrungen. Die Hosenbeine werden hochgekrempelt.
6. Die Partnerin wird auf den Arm genommen.

Während dieser „feucht-musikalischen" Dampferfahrt können auch Ideen der Teilnehmer aufgegriffen werden.
Der Spielleiter muss versuchen, den Mitspielern möglichst originelle Anweisungen zu geben.

Spielintention:
Lockerung, Kontakt, Kennenlernen

Material:
Flotte Musik, CD-Player, CDs

SPIELE ZUR SENSIBILISIERUNG

Im psychologischen Sinn verstehen wir unter „Sensibilität", Empathie, Empfindsamkeit und Feinfühligkeit. Sensibilität ist auch die Fähigkeit, Gefühls- und Sinnesreize aufnehmen und verarbeiten zu können.

Spiele zur Sensibilisierung können helfen, die Standpunkte, Gefühle und Bedürfnisse anderer Menschen besser wahrzunehmen, einzuschätzen und darauf einzugehen.

Gleichzeitig lernen die Spieler, wie sie sich selbst geben und wie andere auf sie reagieren.

Über das Spiel und das sich anschließende Gespräch können starre Reaktionsschemata (z. B. Gewohnheiten) anderen Menschen gegenüber evtl. abgebaut und soziale Empfindsamkeit aufgebaut werden

SPIELVORSCHLÄGE:

10   SCHNECKENHAUS

Bei diesem Spiel müssen die Teilnehmer behutsam miteinander umgehen.

Jeder Teilnehmer sucht sich einen Partner, zu dem er Vertrauen hat. Der eine ist jetzt eine Schnecke und nimmt eine festgeschlossene Körperhaltung am Boden ein. Der andere soll die Schnecke aus ihrem imaginären Schneckenhaus herauslocken, ohne sich dabei der Sprache zu bedienen.

Um sich möglichst intensiv in die Schnecke hineindenken zu können, erhalten die Teilnehmer vom Spielleiter dafür genügend Zeit. Die Paare entscheiden selbst das Ende ihres Spiels und tauschen dann ihre Rollen.

A	*Jugendliche Erwachsene*
T	8 – 16
Z	20 Min.

Variation:
Die Spielpartner können mehrmals gewechselt werden.

Spielintention:
Sensibilität füreinander, sich ohne Sprache mitteilen; spontane, einfühlsame Reaktion, Bewegungsimprovisation.

Reflexion:
Wie schwer war es, sich abzukapseln? Wodurch ließ sich die Schnecke locken? Auf welche Impulse wurde reagiert? War der Partner einfühlsam? Wie hast du dich als Schnecke gefühlt?

Material:
Eventuell CD-Player mit ruhiger Musik

11 — HÄNDE

A	Jugendliche Erwachsene
T	8 – 16
Z	15 Min.

Je 2 Teilnehmer sitzen sich gegenüber und schauen sich schweigend an. Der Spielleiter: „Hebt die Hände etwa in Augenhöhe und berührt die Hände des Partners ... Während ihr euch weiterhin in die Augen seht, richtet ihr die Aufmerksamkeit auf die Hände, die nun eine Beziehung zum Partner aufnehmen sollen..."
Auf diese Art „unterhalten" sich still für etwa 3 Minuten die Augen und Hände.
Die „Unterhaltung" wird langsam beendet, die Partner schließen für kurze Zeit die Augen und sprechen dann über das Spiel.

Spielintention:
Sensibilisierung, Wahrnehmung

Reflexion:
Gespräch über Gefühle und Eindrücke bei der „Unterhaltung" und beim Abschied

12 — HANDY-GESPRÄCH

A	Jugendliche Erwachsene
T	8 – 16
Z	15 Min.

Je 2 Spieler sitzen Rücken an Rücken im Raum verteilt auf dem Fußboden. Die Augen sind geschlossen.
Der Spielleiter bittet die Paare, sich zu unterhalten. Das Gespräch wird von einem der beiden Partner bestimmt.

Spielintention:
Erlebnis, ein Gespräch ohne Blickkontakt zu führen („Handy-Effekt")

Reflexion:
Worüber wurde gesprochen? Wie wurde die Situation erlebt? Fiel es leichter, bestimmte Mitteilungen zu machen? Wer war im Gespräch der dominierende Partner?

13 — SENSORENSPIEL

A	Jugendliche Erwachsene
T	10 – 20
Z	5 Min.

Die Teilnehmer stehen verteilt im Raum. Sie übernehmen die Funktion von empfindlichen Sensoren, die ein Summgeräusch von sich geben. Einem Mitspieler werden die Augen verbunden. Er hat die Aufgabe von einer Seite des Raumes auf die andere zu gelangen, ohne mit einem der Sensoren in Berührung zu kommen. Die Lautstärke der Sensoren steigert sich, je näher ihnen der „blinde" Spieler kommt.

Spielintention:
Orientierung, Konzentration, Reaktion, Sensibilisierung

Reflexion:
Was haben die „blinden" Spieler empfunden? Wie wurden die Geräusche erlebt?

Hinweis:
Teilnehmer mit Kreislaufbeschwerden sollten sich nicht die Augen für längere Zeit verbinden lassen!

14 BLINDER SPAZIERGANG

Die Spielgruppe teilt sich in Paare auf. Ein Partner übernimmt die Rolle des Führenden, der andere die des Geführten, der die Augen geschlossen hält.
Aufgabe des Führers ist es, seinen Partner behutsam am Handgelenk durch den Raum zu führen und ihm die Umwelt erfahrbar zu machen. Der Blindenführer vermeidet möglichst verbalen Kontakt und lässt den Geführten Dinge ertasten, riechen und erlauschen. Das Spiel ist auch gut im Freien durchzuführen. Nach einem anfänglichen Gefühl der Unsicherheit gewinnt der Geführte Vertrauen und wird es genießen, sich auf seinen Partner verlassen zu können.
Nach etwa 5 Minuten haben die Partner Gelegenheit, über ihre Erlebnisse und Gefühle miteinander zu sprechen. Dann werden die Rollen getauscht. In der Gesamtgruppe wird das Spiel abschließend gemeinsam besprochen.

A	Jugendliche Erwachsene
T	8 – 16
Z	20 Min.

Spielintention:
Überwindung von Ängsten, Wahrnehmung von Gegenständen und Personen, Kontaktaufnahme, Vertrauensübung

Reflexion:
Wie wurde das Blindsein erlebt? Wie wurde geführt? Welche Erfahrungen wurden beim Erfühlen gemacht? Wie wurde der Körperkontakt empfunden?

Material:
Evtl. CD-Player mit beruhigender, entspannender Musik

15 WIRKUNGSKRAFT

Je zwei Spieler stellen sich gegenüber, legen die Handflächen aneinander und schließen die Augen für einige Sekunden. Dann lassen sie die Hände sinken, drehen sich dreimal langsam im Kreis herum und versuchen jetzt, mit geschlossenen Augen die Hände des Partners wieder zu finden.

A	Alle
T	6 – 20
Z	3 Min.

Spielintention:
Entspannung, Einfühlungsvermögen

16   BLICKKONTAKT

A	Jugendliche Erwachsene
T	8 – 16
Z	20 Min.

Jeweils 2 Teilnehmer setzen sich gegenüber und sehen sich schweigend an. Der Spielleiter gibt die Anweisung: „Betrachtet einige Zeit eure Gesichter und versucht, den anderen wirklich zu sehen. Es soll kein gegenseitiges Anstarren sein. Schaut bitte euren Partner an und nehmt alle Einzelheiten seines Gesichts wahr – die Farben, Formen, Linien; seht, ob sein Gesicht bewegt ist oder nicht. Nehmt den anderen wirklich wahr!"

Nach ca. 5 Minuten erfolgt ein Zweier-Gespräch über die soeben gemachten Wahrnehmungen; danach kurze gemeinsame Besprechung in der Gruppe.

Spielintention:
Aufmerksame Wahrnehmung des Partners

Reflexion:
Welche Empfindungen gingen in mir vor? Was machte es mir schwer, den Partner mit voller Aufmerksamkeit zu betrachten? Wie reagierte ich auf den intensiven Blickkontakt?

Material:
Evtl. CD-Player mit entspannender Musik

17   MEIN GESICHT

A	Jugendliche Erwachsene
T	8 – 16
Z	10 Min.

Die Gruppe sitzt im Stuhlkreis. Jeder Teilnehmer sitzt mit leicht nach hinten fallen gelassenem Kopf auf einem Stuhl. Die Hände liegen locker auf den Oberschenkeln. Der Spielleiter spricht mit ruhiger Stimme und lässt den Teilnehmern genügend Zeit, ihr Gesicht zu spüren und zu erleben. Während er die Gruppenmitglieder beobachtet, gibt er seine Anweisungen:

– Schließt eure Augen,
– hebt langsam eure Arme und streicht mit den Fingerspitzen über eure Stirn,
– geht langsam über eure Augenbrauen, Augenlider und Wimpern zu eurer Nasenwurzel,
– jetzt über die Nase und die Wangen langsam über die Lippen zum Kinn,
– es geht weiter zu den Ohren. Wie fühlen sie sich an? Ihr fühlt eure Ohrmuscheln und die Ohrläppchen,
– langsam geht es am Hinterkopf hinauf zu den Haaren. Erlebt, wie sie sich anfühlen.

Spielintention:

Bewusstmachen des eigenen Körpers – hier des Gesichtes; Hautwahrnehmung

Reflexion:

Wie habe ich die einzelnen Berührungen empfunden? Wie hat die Übung auf mich gewirkt?

Hinweis:

Brillenträger sollten vor Beginn des Spiels ihre Brille ablegen.

MEDITIEREN

Der Begriff „Meditation" kommt unter anderem vom Lateinischen meditari – nachsinnen oder mederi – heilen. Meditation hat ihren Ursprung in der indischen buddhistischen Tradition. Es gibt passive und aktive Meditation. Die passiven Meditationsarten geschehen im stillen Sitzen, entweder in völliger Aufmerksamkeit auf Körper und Geist im gegenwärtigen Moment oder in Konzentration auf einen Gegenstand, ein Mantra, ein Bild, lautes Rezitieren.
Aktive Meditation geschieht während körperlicher Aktivität, zum Beispiel Zen im Gehen, Bogenschießen, Ikebana, Malen von Mandalas etc.

A	*Jugendliche Erwachsene*
T	*1 – 16*

Äußere und innere Bedingungen für eine Meditation sind
 – ein ruhiger Raum,
 – Teppichbodenbelag beziehungsweise Wolldecken,
 – Papier und Schreibunterlagen,
 – Konzentration, Geduld, Ausdauer.

Der Sitz sollte bequem sein, wichtig ist die aufgerichtete Wirbelsäule. Üblich sind Sitzen im Schneidersitz (Gesäß auf einem Kissen) oder auf einem harten Stuhl. Die Hände liegen entspannt auf den Knien.

Spielintention:

Sensibilisierung, Konzentration, Entspannung

18 BILD- UND KUNSTMEDITATION

Die Teilnehmer sitzen auf dem Fußboden. Es herrscht Ruhe. Als Meditationsgegenstand kann jedes zum vertiefenden Nachdenken geeignete Bild dienen; zum Beispiel eine alltägliche Fotografie oder ein Landschaftsbild (Meer, Naturereignis, Sonnenuntergang); auch eine Skulptur oder Plastik können zum Meditieren anregen.

Z	*20 Min.*

19   SYMBOLMEDITATION

Z	15 Min.

Es gibt eine Vielzahl von Symbolen mit besonderer Bedeutung. Sie eignen sich zur meditativen Betrachtung.

Beispiele:
- Stern   - Wappen   - Kreis   - Licht
- Kreuz   - Baum   - Dreieck   - Sonne

20   METAPHERMEDITATION

A	Jugendliche Erwachsene
T	8 – 16
Z	30 Min.

Eine Metapher ist ein bildhafter Vergleich beziehungsweise Ausdruck für einen Gegenstand, eine Person, ein Geschehen oder für einen abstrakten Begriff.
Metaphern, die in Einzelbesinnung gebildet werden, sind die Grundlage für einen vertieften Gedankenaustausch in der Gruppe.

Zum Vorgehen:
Die Spielgruppe wird gebeten zum Beispiel Metaphern zum Thema „Friede ist ..." zu erdenken. Jeder Teilnehmer schreibt jetzt für sich bildhafte Vergleiche auf, die ihm hierzu einfallen. Nach 10 Minuten werden die anonym geschriebenen Zettel eingesammelt und die Metaphern in der Gruppe vorgelesen. Es entwickelt sich ein Gespräch darüber.
Einige Beispiele, die in einer Gruppe 16 bis 18-Jähriger erdacht und besprochen wurden:

„Friede ist ..."
- ein Lächeln, ein Händedruck, ein Schulterklopfen
- wie ein sonnendurchfluteter Wald
- die Stille am Sonntagmorgen
- eine Welt ohne Stacheldrahtverhau
- eine Welt ohne Folter
- wie die Haut eines Luftballons
- ein blauer Himmel
- das Vogelgezwitscher im Park.

Oder:

„Zukunft ist ..."
- ein Buch mit sieben Siegeln
- wie ein Überschallflug ins Ungewisse
- der Motor und Antrieb für unser Sein
- das Lachen des Säuglings
- mal ein bewölkter, mal ein klarer Himmel.

Da das bewusste Denken in Bildern für viele ungewohnt ist, sollte den Teilnehmern zu Beginn einer Metapher-Meditation genügend Zeit gegeben werden, ihre Gedanken zu Papier zu bringen. Jeder sollte so viele bildhafte Vergleiche aufschreiben, wie ihm einfallen. Die Metaphern werden vom Spielleiter vorgelesen. Über diejenigen, die in der Gruppe besondere Zustimmung oder Ablehnung erhalten, wird gesprochen.

Jedes Wort mit einem seelisch tieferen Gehalt kann zu neuen Gedanken und Einsichten führen und neue Erkenntnisse aufzeigen, zum Beispiel:

Licht − Liebe − Wärme − Freude − Vertrauen − Demut − Geborgenheit − Freunde − Leben − Blume − Berg − Stille − Brot − Trauer − Musik − Einsamkeit − Jugend.

Spielintention:
Fantasie, bildhaftes Denken, Einfühlungsvermögen, sprachlicher Ausdruck

Reflexion:
Auswertung der Metaphern in der Gruppe

SPIELE ZUR KOOPERATION

Wenn wir von einer Gruppe sprechen, dann muss bei den Mitgliedern der Gruppe ein Mindestmaß von Hingezogensein zur Gruppe bestehen. Der Gruppenzusammenhalt (Kohäsion) ist eine der wichtigsten Dimensionen sozialer Gruppen. Er beruht auf der Befriedigung zwischenmenschlicher Bedürfnisse und von Bedürfnissen, die in Zusammenhang mit einer Aufgabe stehen, die gelöst werden soll. So wie sich Mitglieder zur Gruppe hingezogen fühlen, wenn sie in ihr Anerkennung finden, erzeugt auch gemeinsamer Erfolg bei Gruppenaufgaben den Zusammenhalt.

In kooperativen Gruppen kommunizieren die Mitglieder intensiv miteinander, sie koordinieren ihre Anstrengungen, sind stärker motiviert und freundlicher zueinander.

Unter kooperativen Gruppenbedingungen, wie sie durch Interaktionsspiele hergestellt werden können, sind die Beziehungen zwischen den Gruppenmitgliedern vertrauensvoller und positiver, weil die Mitglieder füreinander Belohnungswert haben, d. h. die Bemühungen eines Teilnehmers, das gemeinsame Ziel zu erreichen, trägt auch direkt zur Befriedigung der anderen bei.

SPIELVORSCHLÄGE:

21   MENSCHLICHE MASCHINE

A	Jugendliche Erwachsene
T	12 – 20
Z	10 Min.

Es werden Kleingruppen von maximal 6 Spielern gebildet. Je ein „Konstrukteur" soll aus den übrigen Spielern eine menschliche Maschine zusammenbauen. Die einzelnen „Maschinenteile" sollen sich dabei an den Händen, Hüften, Knien oder Füßen berühren und Töne von sich geben. Gelingt es nicht, die fertige Konstruktion in Bewegung zu setzen, muss der Konstrukteur versuchen, den beziehungsweise die Fehler zu beseitigen. Um die „Maschine" in einen bestimmten Rhythmus zu bringen, können wir Musik einsetzen.

Die menschliche Maschine, sie kann zum Beispiel eine Druckerpresse, Waschmaschine, Schreibmaschine oder einen Fernsehapparat darstellen, soll etwa 4 Minuten reibungslos funktionieren.

Variationen:
1. Anstatt mit Hilfe eines Konstrukteurs organisiert sich die „Maschine" selbst.
2. Jede Gruppe stellt ein beliebiges Tier, zum Beispiel Elefant, Kuh oder Affe dar.

Spielintention:
Kooperation, Kontakte mit anderen, Einfallsreichtum. Wie wurde geplant und organisiert?

Reflexion:
Wie verhielten sich die „Einzelteile" beim Zusammenfügen der Maschine? In welchem Maß fühlte sich der Einzelne eingeengt?

22   SCHLANGE

A	Jugendliche Erwachsene
T	10 – 20
Z	5 Min.

Durch Anfassen an den Schultern oder Händen bilden die Gruppenmitglieder eine Schlange. Nur der erste in der Schlange (in Anfangsphasen der Spielleiter) lässt die Augen geöffnet und führt die Schlange über vorhandene oder imaginäre Hindernisse, über Treppen, um Gegenstände herum, in engen Schleifen, auf Zehenspitzen, in der Hocke, unter Gegenständen hindurch. Es dürfen nur durch Berührung Signale weitergegeben werden!

Spielintention:
Sensibilität, Vertrauensbildung, Kooperation

Reflexion:
Wie wurde geführt? Wie wurden die Signale weitergegeben und aufgenommen? Wie sicher fühlten sich die Geführten?

23 TURMBAU

Die Spielgruppe wird in drei gleich starke Untergruppen mit 4 bis 6 Mitspielern eingeteilt. Jede Gruppe soll einen Turm bauen und bekommt hierfür vom Spielleiter einen großen Bogen Konstruktionspapier, ein Lineal, eine Schere, eine Tube Klebstoff und ein Blatt Papier für Entwürfe. Innerhalb einer festgelegten Zeitspanne (ca. 45 Minuten – bei Bedarf länger) soll aus dem Konstruktionspapier ein möglichst hoher und origineller Turm gebaut werden.
Es sind folgende Bedingungen zu erfüllen:

A	*Jugendliche Erwachsene*
T	*18 – 20*
Z	*60 Min.*

1. Die einzelnen Papierstücke, aus denen der Turm gefertigt wird, dürfen nicht größer als 3 x 30 cm sein.
2. Der Turm muss stabil sein, also vom Standplatz zu einem ca. 3 Meter entfernten Tisch getragen werden können.
3. Der Turm muss die in der Gruppe verwendete Schere tragen. Die Gesamtgruppe als Jury entscheidet zum Schluss nach drei Kriterien: 1. Höhe, 2. Originalität, 3. Standfestigkeit.

Variation:
Der Turm wird von der Gesamtgruppe gebaut. Sie findet gemeinsam für das Gebilde einen Namen.

Spielintention:
Förderung der Zusammenarbeit in der Gruppe, sich an bestimmte Regeln beziehungsweise Bedingungen halten; Fantasie und Kreativität

Reflexion:
Wer zeigte sich beim Turmbau besonders dominant? Wie wurde geplant und vorgegangen? Orientierten sich die Gruppen aneinander?

Material:
Pro Gruppe ein großer Bogen Konstruktionspapier (DIN A 2), ein mindestens 30 cm langes Lineal, eine Schere, eine Tube (bzw. Flasche) Klebstoff, 1 Blatt Papier und ein Schreibstift für Entwürfe

24 VERTRAUENSKREIS

Bei diesem klassischen Interaktionsspiel geht es darum, einem in der Kreismitte stehenden Mitspieler das Erlebnis von Vertrauen zu vermitteln. Deshalb wird mit ihm nicht grob umgegangen; es wird nicht gesprochen und nicht gelacht.
Es werden Gruppen von 7 bis 8 etwa gleich großen Mitgliedern gebildet, die sich im Kreis aufstellen. Ein Teilnehmer stellt sich möglichst entspannt in die Mitte, schließt die Augen und hält den Körper gerade.

A	*Jugendliche Erwachsene*
T	*8 – 20*
Z	*15 Min.*

Seine Füße stehen dicht nebeneinander. Der in der Mitte Stehende soll nun nach einer Seite schwingen und ein Mitspieler aus dem Kreis soll ihn sanft auffangen. In Pendelbewegungen schwingt das Gruppenmitglied in der Gruppe hin und her. Das Spiel endet, wenn der in der Mitte stehende Spieler die Augen öffnet.

Wichtiger Hinweis: Um Teilnehmern ein Gefühl der Sicherheit zu geben, muss der Kreis eng sein! Mit wachsendem Zutrauen kann der Kreis erweitert werden.

Spielintention:
Förderung des Vertrauens des Einzelnen zur Gruppe

Reflexion:
Was wurde beobachtet? War ich entspannt? War die Gruppe fürsorglich? Warum war ich unsicher?

25
WEITERREICHEN

A	Jugendliche Erwachsene
T	15 – 30
Z	10 Min.

Die Spieler stellen sich nebeneinander in einer Doppelreihe mit dem Gesicht nach vorn auf und rücken ganz dicht aneinander.

Einer der beiden vordersten Spieler lehnt sich zurück, wird emporgehoben und vorsichtig von vielen Händen über die Köpfe der Doppelreihe hinweggetragen. Da viele Hände die Arbeit erleichtern, wird der „Höhenflug" nicht nur für den jeweils Getragenen, sondern für die Gesamtgruppe zu einem schönen Gemeinschaftserlebnis.

Variation:
Es wird eine Doppelreihe gebildet, bei der sich die Spieler frontal gegenüberstehen. Sie halten sich jeweils zu zweit an ihren überkreuzten Händen fest. Ein Mitspieler wird durch die Spielreihe hindurchgewippt. Brillen sollten bei diesem Spiel abgenommen werden.

Spielintention:
Vertrauen

WEITERE KOOPERATIONSSPIELE

Spiel Nr. 216 „Gordischer Knoten"
       Nr. 217 „Aufstand"
       Nr. 218 „Schoßsitz-Spiel"

SPIELE FÜR DEN AUSDRUCK

„Ausdruck" steht für eine Fülle unterschiedlicher Vorgänge, wie Lachen, Weinen, Blicke, Gebärden, Bewegungen, Sprechen und Handschrift.
Gefühlszustände wie Freude, Zorn, Ärger und Zuneigung lassen sich deutlich ausdrücken. Jeder Mensch ist von sich aus in der Lage, diese Ausdrucksformen zu zeigen. Häufig werden sie jedoch durch äußere Zwänge, die Selbstbeherrschung verlangen, unterdrückt. Oberflächliche, höfliche Floskeln verdecken, was innerlich empfunden wird.
Durch diese Versachlichung im Umgang miteinander geht ein großer Teil an Menschlichkeit verloren. Der Erzieher muss wissen, dass von einer emotionslosen Sachlichkeit auch Langeweile ausgehen kann. Da jeder Mensch Emotionen hat, soll ihm die Möglichkeit gegeben werden, sie auch auszudrücken.
Bei Interaktionsspielen, die sich mit den Ausdrucksmöglichkeiten des Menschen befassen, werden spielend Wirkungen geübt und erfahren. Im Wechselspiel dieser Aus- und Eindrücke lernen wir eigene und fremde Verhaltensweisen besser kennen und verstehen.

SPIELVORSCHLÄGE:

26   STUMME BEGRÜSSUNG

Die Spieler werden gebeten, im Raum umherzugehen und sich zu begrüßen, aber hierbei weder die Stimme noch die Hände einzusetzen.

A	Alle
T	10 – 20
Z	5 Min.

Spielintention:
Erleben fehlender Ausdrucksmöglichkeiten, Entwickeln alternativer Begrüßungsformen

Reflexion:
Gespräch über Begrüßungsformen und gewohnheitsmäßiges Verhalten. Was erlebte der einzelne Spieler bei den Begrüßungs-Kontakten?

27   SPIEGELBILD

Die Spieler stehen sich paarweise im Abstand von ca. 1 Meter frontal gegenüber. Einer der beiden Partner stellt einen Spiegel dar, der andere benützt den Spiegel und umgekehrt. Der „Spiegel" muss dabei die Bewegungen des Spiegelbenützers nachmachen. Dabei ist zu beachten, dass der Spiegel ein virtuelles Bild erzeugt, bei dem rechts und

A	Alle
T	8 – 20
Z	10 Min.

links vertauscht sind. Die Bewegungen sollen in Zeitlupe ablaufen und die Spieler Augenkontakt zum Partner halten.

Spielintention:
Genaues Beobachten, einfühlsames Verhalten, mimischer Ausdruck

28   STATUENSPIEL

A	Jugendliche Erwachsene
T	8 – 20
Z	10 Min.

Ein oder mehrere Spieler stellen sich als „verformbarer Ton" zur Verfügung.
Mit Gefühl formen die anderen Mitspieler aus dem „Material" Statuen, indem einzelne Körperteile (Kopf, Arme, Beine) entsprechend in Posen und Stellungen gebracht werden.
Die geformten Statuen können Assoziationen hervorrufen. Für die entstandenen Werke lassen sich Titel finden.

Spielintention:
Ideen realisieren, körperlicher Ausdruck, Spielbereitschaft wecken

Material:
Evtl. Musik vom CD-Player

29   WIE SEHE ICH MICH?

A	Jugendliche Erwachsene
T	8 – 20
Z	45 Min.

Der Spielleiter hat einen Stapel Zeitschriften mitgebracht. Jeder Spieler nimmt eine Zeitschrift, aus der er Bilder herausschneiden soll, die Situationen zeigen

a) in der er sich wieder findet,
b) in die er nicht kommen möchte,
c) in denen er sich selbst gern sehen möchte.

Die Bilder werden auf festes Papier geklebt und in der Gruppe gemeinsam besprochen.

Spielintention:
Sich der Gruppe mitteilen

Material:
Für jeden Spieler ein/zwei Zeitschriften, Tapetenrolle oder Packpapier, Schere, Klebstoff

30   ZEHN WORTE

Je 2 Spieler setzen sich zusammen. Einer der beiden wählt 10 Wörter, von denen er meint, dass sie für seinen Mitspieler von Bedeutung sind und in dessen Leben eine Rolle spielen.
Der Spieler, dem die 10 Wörter zugedacht sind, soll in etwa 10 bis 15 Minuten daraus eine Geschichte schreiben und dann dem Partner vorlesen. Hierauf werden die Rollen vertauscht.

A	Jugendliche Erwachsene
T	8 – 20
Z	30 Min.

Spielintention:
Stimulation, auf den anderen einzugehen, Anregung zum Schreiben

Reflexion:
Welchen Eindruck macht die Geschichte jeweils auf den anderen?

Material:
Papier und Schreibstift

31   TRAUMBILDER

In der Antike galten Träume als transpersonale Botschaften, entweder von Göttern oder Geistern beziehungsweise Dämonen. Für den Psychoanalytiker Sigmund Freund waren Trauminhalte unverarbeitete und verdrängte Gefühle und Bedürfnisse des Träumers. Seine Traumdeutung wurde zu einer zentralen Methode der von ihm begründeten Psychoanalyse.
Nachdem sich jeder mit Material versorgt hat, zieht er sich in eine Ecke des Raumes zurück und beginnt zu malen. Nach etwa 20 Minuten schauen sich die Teilnehmer die Bilder jeweils zu zweit an.
Wenn der Wunsch nach einem Gruppengespräch besteht, kommen alle im Sitzkreis zusammen.

A	Jugendliche Erwachsene
T	8 – 20
Z	30 Min.

Spielintention:
Sich Hineinversetzen, bildliche Darstellung von Empfindungen und Gefühlen

Reflexion:
Was habe ich beim Malen erlebt? Wie sehe ich selbst den erinnerten Traum?

Material:
Farben, Pinsel, Wasser, Papier, Unterlage zum Malen

32   VERTAUSCHTE ROLLEN

A	Jugendliche Erwachsene
T	8 – 20
Z	45 Min.

Für Teilnehmer, die sich schon etwas länger kennen, kann dieses Spiel recht aufschlussreich und amüsant sein. Jeder Teilnehmer schreibt seinen Namen auf einen Zettel. Diese werden eingesammelt und gemischt, und jeder Mitspieler zieht einen Namen. Jeder versucht nun, etwas über „sich" zu erzählen, d. h. über denjenigen, dessen Namenzettel er gezogen hat. Die anderen versuchen jeweils zu erraten, wer gemeint ist.

Spielintention:
Einfühlungsvermögen, eine andere Rolle übernehmen, Beobachtung, Wahrnehmung

Reflexion:
Was teilt uns jeder über den anderen mit? Was erschien ihm dabei wichtig? Wie wird dies vom Betroffenen aufgenommen?

Material:
Zettel und Schreibzeug

33   FEUER

A	Jugendliche Erwachsene
T	8 – 20
Z	10 Min.

Die Spieler liegen im Raum verteilt auf dem Boden. Sie sollen bei passender Musik (evtl. auch Beleuchtung) mit ihren Körpern die Erscheinungsformen des Feuers darstellen.
Zuerst entstehen nur kleine Flammen, die wieder in sich zusammenfallen. Der Musik entsprechend werden die Flammen größer. Sie vereinigen sich mit anderen, werden immer größer und gewaltiger. Alles Brennbare wird verzehrt. Dann verlöschen die Flammen wieder allmählich.

Spielintention:
Körperlicher Ausdruck, Sensibilisierung

Reflexion:
Wie leicht beziehungsweise schwer fiel mir die Darstellung des Feuers?

Material:
CD-Player, CDs

34 PARTNERANZEIGE

Bei diesem Spiel muss sich die Gruppe bereits etwas kennen. Durch Ziehen von Namenzetteln erhält jeder den Namen eines Mitspielers, für den er eine Anzeige zwecks Suche eines Partners formulieren soll. Nach etwa 10 Minuten werden die Anzeigen eingesammelt, gemischt und nacheinander in der Gruppe vorgelesen. Sowohl der Schreiber der Anzeige als auch der Beschriebene sind zu erraten.

A	Jugendliche Erwachsene
T	8 – 20
Z	20 Min.

Variation:
Jeder Spieler formuliert eine Anzeige für sich selbst. Die Inserenten müssen dann erraten werden.

Spielintention:
Wahrnehmung, Beobachtung, Einfühlungsvermögen

Reflexion:
Was und wie wird geschrieben? Wie wird die Partneranzeige aufgenommen?

Material:
Papier und Schreibzeug

35 VERTAUSCHTES SPRACHVERHALTEN

Bei diesem Spiel eignet sich jeder Teilnehmer ein bestimmtes Sprachverhalten an, wozu der Spielleiter vorbereitete Zettel ziehen lässt, mittels derer jedem Mitspieler ein bestimmtes Sprachverhalten vorgegeben wird:

A	Jugendliche Erwachsene
T	8 – 20
Z	20 Min.

- schüchtern
- aggressiv
- überheblich
- zerstreut
- ironisch
- albern, überbetont, lustig
- weinerlich

- nervös, hektisch
- betont vornehm
- im Stil eines Marktschreiers
- viele Kraftausdrücke benutzend
- markig, zackig
- sehr gelangweilt
- gewöhnlich

Die Teilnehmer einigen sich auf ein Diskussionsthema (zum Beispiel „Heiraten ja oder nein?" oder „Wie sollte mein Jahresurlaub aussehen?"), über das sie für ca. 10 Minuten miteinander sprechen – und zwar jeder in dem ihm vorgegebenen Sprachverhalten.

Spielintention:
Sich einstellen auf eine ungewohnte Sprachrolle und Situation, Erleben sprachlichen Ausdrucks

Reflexion:
Wie habe ich meine Sprachrolle erlebt? Wie habe ich auf die anderen gewirkt? Wie verlief die Diskussion?

Material:
Entsprechend vorbereitete Zettel

36 HÄNDETANZ

A	*Jugendliche Erwachsene*
T	*6 – 16*
Z	*10 Min.*

Je zwei Spieler sitzen mit geschlossenen Augen einander gegenüber, sodass sich ihre Hände berühren können. In Entsprechung zur Musik versuchen sie nun gemeinsam mit den Händen Bewegungen auszudrücken.

Spielintention:
Sensibilisierung, Kooperation

Reflexion:
Welche Empfindungen wurden ausgedrückt?

Material:
Musik vom CD-Player

37 ELTERN-ROLLE

A	*Jugendliche Erwachsene*
T	*6 – 16*
Z	*30 Min.*

Der Spielleiter bittet die Teilnehmer, in die Rolle ihrer Eltern zu schlüpfen (Vater- und Mutterrolle) und sich nun über ihr Kind – d. h. über sie selbst zu unterhalten. Jeder Spieler spricht also so über sich, wie er glaubt, dass seine Eltern über ihn sprechen würden.
Das Gespräch soll mindestens 5 Minuten dauern, es kann auch wiederholt werden, indem die Spieler die Rolle des anderen Elternteils übernehmen.

Spielintention:
Aufarbeitung und Bewusstmachung von Beziehungen

Reflexion:
Habe ich meine eigenen Eltern in mir entdeckt? Was habe ich beim Rollentausch empfunden?

38 VERSTÄNDIGUNG MIT HÄNDEN

Die Spieler sitzen in Kleingruppen zu jeweils 4 bis 5 Personen kreisförmig beisammen.

Der Spielleiter bittet die Teilnehmer die Augen zu schließen, sich ganz auf sich selbst zu konzentrieren, nicht während des Spielverlaufs zu sprechen und die Augen geschlossen zu halten. Mit ruhiger Stimme sagt er dann:

„Fasst euch bitte an den Händen und versucht, mit eurer rechten Hand die linke Hand eures rechten Nachbarn und mit der linken Hand die rechte Hand eures linken Nachbarn zu erkunden."

Nach etwa 3 Minuten werden die Teilnehmer gebeten, mit ihren Händen „Neugier" auszudrücken. Alle 3 Minuten nennt der Spielleiter ein neues Gefühl, das mit den Händen ausgedrückt werden soll:

A	*Jugendliche Erwachsene*
T	*8 – 20*
Z	*20 Min.*

- – Unsicherheit, Verwirrung
- – Angst
- – Arroganz
- – Freude, Beglückung
- – Trauer
- – Zärtlichkeit

Zum Schluss verabschieden sich die Hände voneinander, und zwar mit der Gewissheit, dass sie sich nie wieder treffen werden. Die Teilnehmer öffnen die Augen.

Spielintention:
Gefühle ohne Worte ausdrücken, Erleben der Ausdruckswirkung der Hände

Reflexion:
Wie habe ich die Spielrunde erlebt? Wie bin ich auf die Hände eingegangen? Welche Gefühle lassen sich mit Händen ausdrücken?

39 MIT UND OHNE WORTE

Je 2 Spieler sitzen sich gegenüber und schauen einander an. Jeder sagt dem anderen, was er an ihm wahrnimmt. Der Spielleiter gibt die Anweisungen:

A	*Jugendliche Erwachsene*
T	*6 – 20*
Z	*15 Min.*

1. Drückt die Wahrnehmung in einzelnen Wörtern aus ... (1 Min.)
2. Keine Wörter mehr, nur noch Laute ... (1 Min.)
3. Nur noch mimisch ... (1 Min.)
4. Wieder einzelne Wörter ... (1 Min.)
5. Vollständige Sätze ... (1 Min.)

Die Spielpaare sprechen über die erlebten Eindrücke.

Spielintention:
Erleben verschiedener Kommunikationsmöglichkeiten

Reflexion:
Wie wurden die verschiedenen Ausdrucksweisen wahrgenommen und empfunden?

40 RUNDGESPRÄCH

A	Jugendliche Erwachsene
T	10 – 20
Z	30 Min.

Die Spielgruppe sollte sich bereits etwas kennen. Der Spielleiter teilt in 2 gleich große Gruppen auf: Eine aktive Innengruppe, die über ein frei gewähltes Thema diskutieren soll und eine beobachtende Außengruppe.

Während sich der Innenkreis auf ein Thema einigt, erhalten die Mitspieler in der Beobachterrolle in einem anderen Raum genaue Instruktionen:

1. Jeder Beobachter beobachtet unauffällig nur einen Diskussionsteilnehmer. (Genau absprechen, wer wen beobachtet.)
2. Beobachtet werden Sprachverhalten, Mimik, Gestik, Dominanz, Zurückhaltung.

Die Diskussion beginnt. Sie soll etwa 10 Minuten dauern, dann geben die Beobachter ihre Rückmeldung im Zweiergespräch. Nach etwa weiteren 10 Minuten kommt die gesamte Gruppe im Stuhlkreis zum Gespräch zusammen.

Spielintention:
Beobachtung, Sensibilisierung.

Reflexion:
Siehe oben!

41 DURCHSETZUNGSSPIEL

A	Jugendliche Erwachsene
T	8 – 20
Z	45 Min.

„Kann ich mich durchsetzen?" Wer hat sich diese Frage nicht schon einmal gestellt!

Für dieses Spiel bilden die Teilnehmer einen Stuhlhalbkreis. Jeweils 2 Spieler stellen im Rollenspiel eine Situation dar, in der es darum geht, sich zu behaupten.

Beispiele:

- Ein Kunde entdeckt beim Abholen seines Wagens aus der Werkstatt Kratzer im Lack.
- Ein Kunde möchte ein getragenes, mängelbehaftetes Kleidungsstück umtauschen.

- Ein Angestellter soll wieder einmal Vertretungsstunden übernehmen.
- Das Essen im Restaurant hat nicht geschmeckt.
- Eine Kundin drängt sich an der Kasse vor.
- Ein Kunde macht einem aufdringlichen Verkäufer (Vertreter) klar, dass er nichts kaufen möchte.
- Ein Hausbewohner fühlt sich ständig durch das zu laute Radio seines Nachbarn belästigt.

Jede Szene wird einzeln ausgewertet.

Spielintention:
Sich behaupten und in entscheidenden Situationen durchsetzen können.

Reflexion:
Wie setzten sich die Spieler durch? Wie wurde gesprochen? Welche Lösungen wurden gefunden?

42   INSELBEWOHNER

Sicherlich hat schon jeder einmal davon geträumt, auf einer einsamen, aber schönen Insel zu leben – und zwar freiwillig. Bei diesem Spiel gehen wir davon aus, dass jeder Mitspieler dazu gezwungen ist, den Rest seines Lebens auf einer einsamen Insel zu verbringen. Der Spielleiter stellt 2 Fragen:

A	*Jugendliche Erwachsene*
T	*6 – 16*
Z	*30 Min.*

1. Was würdest du mitnehmen? (Bis zu 6 verschiedene Dinge, die über den elementaren Lebensbedarf hinausgehen, dürfen genannt werden.)
2. Wen würdest du mitnehmen? (Es sind 4 Personen mitzunehmen. Nicht mehr und nicht weniger!) Es können beliebige Personen (auch von außerhalb der Gruppe) genannt werden.

Im Anschluss an das Spiel, das in Gruppen von 4 bis 8 Teilnehmern durchgeführt wird, können die Spieler in ihren Kleingruppen oder vor der Gesamtgruppe über ihre Empfindungen sprechen.

Spielintention:
Entscheidungen fällen, Sympathie ausdrücken

Reflexion:
Wie begründe ich meine Entscheidung?

43   PARTY-ANZEIGE

A	*Jugendliche Erwachsene*
T	*8 – 20*
Z	*20 Min.*

Für dieses Spiel sollten sich die Teilnehmer bereits etwas länger kennen.
Wir wollen eine Party feiern. Das Problem ist nur, dass alle Freunde und Bekannte, die man hierzu einladen könnte, verhindert sind. Jeder Spieler gibt deshalb eine „Zeitungsanzeige" auf, in der er sich als Gastgeber vorstellt und seine Wünsche bezüglich der einzuladenden Gäste äußert. Dabei sollen die Spieler nicht für sich selbst, sondern für einen beliebigen Mitspieler aus der Gruppe eine Annonce aufgeben, die diesen möglichst genau charakterisiert und seine Wünsche wiedergibt. Sind alle Teilnehmer fertig, werden die „Zeitungsanzeigen" vom Spielleiter eingesammelt und vorgelesen. Der Beschriebene soll versuchen, sich zu erkennen und dieses der Gruppe mitzuteilen, wobei er gleichzeitig den Verfasser der Party-Anzeige nennen soll.

Spielintention:
Wahrnehmung des anderen, Fremdeinschätzung und Selbsteinschätzung

Reflexion:
Erkenne ich mich in der Anzeige wieder? Was hat den Verfasser der Party-Anzeige zu seinen Aussagen bewegt?

Material:
Papier und Schreibstift

44   WAS MICH BEWEGT

A	*Jugendliche Erwachsene*
T	*8 – 20*
Z	*30 Min.*

Die Spieler werden gebeten, in Form einer Zeichnung darzustellen, was sie im Augenblick besonders beschäftigt.
Jeder sucht sich einen Platz im Raum und malt ca. 15 Minuten für sich. Danach kommen alle Mitspieler im Stuhlkreis zusammen. Wer möchte, legt sein Bild in die Mitte und äußert sich dazu.

Hinweis: Die Spieler sollten schon einige Zeit zusammen gewesen sein. Es ist nicht Aufgabe des Spiels, die Bilder der anderen Teilnehmer zu interpretieren oder zu bewerten!

Spielintention:
Sich mitteilen, eine Botschaft an die Mitspieler geben, sich einer Situation bewusst werden

Material:
Zeichenpapier und Filzstifte

45   KREA-SENSI-TIV

Bei diesem kreativen wie auch sensitiven Spiel sitzen die Teilnehmer im Kreis. In seiner Mitte liegt ein gemischter, umgedrehter Kartenstoß mit Instruktionen. Der Spielleiter hat auch Papier und Schreibzeug bereitgelegt.

Im Uhrzeigersinn nimmt jeder Spieler nacheinander eine Karte ab, liest die Anweisung laut vor und führt sie sogleich aus. Für jeden Teilnehmer sollten 5 bis 7 Karten im Spiel sein.

Vor Spielbeginn einigen sich die Teilnehmer auf folgende Regeln:

A	*Jugendliche Erwachsene*
T	*5 – 10*
Z	*90 Min.*

1. Das Spiel ermöglicht jedem Spieler Selbsterfahrungen. Es ist jedoch kein Ersatz für eine systematisch betriebene Gruppendynamik.
2. Jeder Spieler erhält für seine Spielausführung eine ehrliche und offene Rückmeldung von der Gruppe. Der Ausführende äußert sich zu den Beiträgen der Mitspieler.
3. Möchte ein Spieler eine Aufgabe nicht durchführen, so hat er das Recht, sie abzulehnen.

Hier nun 55 Instruktions-Vorschläge, die auf Kärtchen (DIN-A 7) geschrieben und als Spielmaterial eingesetzt werden können:

- Halte eine kurze, festliche Ansprache. Stelle eine „Checkliste" für einen Besuch beim Bundespräsidenten auf. Formuliere für dich selbst eine Annonce als Bewerbung für deinen „Traumberuf".
- Erzähle etwas über dich und schneide dabei kräftig auf.
- Entnimm einer beliebigen Zeitungsseite eine Begebenheit und versuche sie pantomimisch zu imitieren.
- Stelle dir vor, du wärest ein ganz winziges Teilchen und könntest deinen eigenen Blutkreislauf durchfahren. Welche „Erlebnisse" hast du dabei. Beschreibe sie.
- Stelle pantomimisch das Aufgehen einer Blüte dar.
- Welche Dinge machen dich nervös?
- Schlage mit Stichworten eine Gedankenverbindung zwischen „Unterseeboot" und „Goldhamster".
- Parodiere zwei Mitspieler auf eine lustige Weise.
- Wie würdest du dich verhalten, wenn man dich in einem Kaufhaus irrtümlich als Dieb entlarven will?
- Du hast jetzt die Möglichkeit, jedem Mitspieler offen und ehrlich zu sagen, was du am liebsten mit ihm tätest.
- Imitiere die typischen Bewegungen eines Schornsteinfegers und eines Chirurgen.
- Parodiere einen bekannten Fernseh-Showmaster.

- Gewähre jedem Mitspieler eine Frage, die du ausweichend beantwortest.
- Was würdest du tun, wenn du die Zukunft anderer Menschen voraussehen könntest?
- Beschreibe eine imaginäre Begegnung mit Napoleon.
- Welche Rolle spielt die Einsamkeit in deinem Leben?
- Du bist Opernstar und trällerst in entsprechender Pose eine „Fantasie-Arie".
- Schreib einen Vierzeiler auf und lies ihn in fünf Minuten vor.
- Skizziere auf einem Papierbogen dein Traumhaus und stelle es in 5 Minuten vor.
- Wie sollte der Mensch beschaffen sein, mit dem du für 3 Jahre auf einer einsamen Südsee-Insel leben möchtest?
- Beschreibe den Geruch deiner Lieblingsblume. Welche Bilder und Stimmungen löst er in dir aus?
- Wenn man Begabungen kaufen könnte – für welche würdest du 500.000 Euro ausgeben?
- Stört es dich, wenn du in einem Restaurant allein am Tisch sitzt und jemand ein Gespräch anfangen will?
- Du sitzt a) einem Fotografen, b) einem Kunstmaler Modell.
- In welchem Jahrhundert würdest du gern leben? Begründung.
- Was ist für dich bei einer Freundschaft besonders wichtig?
- Stelle 3 Körperhaltungen dar, die gelöste Selbstzufriedenheit ausdrücken.
- Gibt es eine Charaktereigenschaft, die dir schon einmal sehr geschadet hat?
- Parodiere einen Meister-Friseur beim Kreieren einer neuen Frisur.
- Wie würdest du das Wesen eines „typischen" a) Chinesen, b) Amerikaners, c) Spaniers pantomimisch darstellen?
- Sage jedem Mitspieler, was du besonders an ihm magst.
- Halte pantomimisch eine Rede vor einer Versammlung der Imker-Vereinigung.
- Sage jedem Mitspieler etwas, von dem du annimmst, dass es ihn überrascht.
- Nenne 3 Argumente, die für die Großfamilie sprechen.
- Nenne 3 Argumente, die für Bekanntschaften beziehungsweise gegen Bekanntschaften mit „Freunden" in Facebook sprechen.
- Worüber hättest du gern mit Michael Jackson sprechen mögen, wenn ein Gespräch möglich gewesen wäre?
- Welche pantomimischen Möglichkeiten hast du um zu signalisieren: „Ich möchte nicht mehr allein sein"?
- Nenne 3 Argumente, die gegen die Großfamilie sprechen.
- Was hältst du vom Weinen in Gegenwart anderer?

- Stelle eine verwandtschaftliche Beziehung zwischen dir und Dieter Bohlen dar.
- Äußere einem Mitspieler gegenüber einen erfüllbaren und einen unerfüllbaren Wunsch.
- Imitiere 3 deiner ehemaligen Lehrer.
- Worin unterscheidest du dich von Karl Lagerfeld beziehungsweise von Lady Gaga?
- Du kandidierst für eine Partei. Stelle mit einigen Sätzen dich und dein Programm vor.
- Schreibe für jeden Spieler einen Fantasienamen auf, der sein Wesen zum Ausdruck bringt. In 5 Minuten werden die Namen vorgelesen.
- Interpretiere 3 beliebige Verkehrszeichen als Ratschläge für den Umgang mit deinen Mitmenschen.
- Stelle die Redegesten von zwei Politikern dar, die erraten werden sollen.
- Spiele pantomimisch einen selbstgewählten Werbespot.
- Zeichne 3 Gegenstände auf einen Papierbogen, aus denen ein von dir gewählter Spieler eine Kurzgeschichte entwickeln soll.
- Beschreibe deine Kleidung, die du in 20 Jahren tragen wirst.
- Was findest du besonders liebenswert an dir?

Selbstverständlich kann die Spielgruppe eigene Instruktionen (Anweisungen) erfinden und ins Spiel bringen. Der Schwierigkeitsgrad der einzelnen Aufgaben ist unterschiedlich. Vor Spielbeginn können die Karten vom Spielleiter zusammengestellt werden.

Spielintention:
Abbau von Hemmungen, Selbstdarstellung, sprachlicher und mimisch-gestischer Ausdruck, Kommunikation, Kritik äußern und annehmen, Ideen ausdrücken.

Reflexion:
Auf Wunsch des einzelnen Spielers nach seiner Spielausführung.

Material:
Pro Spieler 5 bis 7 vorbereitete Spielkarten; Schreib- und Zeichenpapier, Filzstifte, Zeitungen.

Spiel-Tipp:
Psycho Kick – Das reflexive Interaktionsspiel von Peter Thiesen; Lambertus, Freiburg 2012

2 DARSTELLENDE SPIELE

Definition und Funktion

Im darstellenden Spiel werden sprachliche und körperliche Ausdrucksmöglichkeiten ebenso angesprochen wie der Gefühlsbereich, die Spontaneität und Fantasie der Spieler. Im gemeinsamen Spiel, in der Begegnung mit anderen werden soziale Kontakte ermöglicht und gefestigt.

Zu den Formen des darstellenden Spiels gehören Pantomime und Scharade ebenso wie Stegreif- und Laienspiel, Rollen- und Planspiel; aber auch Kleinspielformen, bei denen Sprache, Mimik und Gestik eingesetzt werden.

Darstellendes Spiel ist ein ausgezeichnetes Kommunikationstraining. Es versteht sich als

- Ausdruckstraining (nicht-verbales Spiel)
  Gestik und Mimik werden erprobt. Die Vielfalt körperlicher Ausdrucksmöglichkeiten wird erfahren (Pantomime, Scharade, Nachahmungsspiele).
  Nachahmungsspiele erfordern eine genaue Beobachtung von Geschehnissen und Personen, um das Gesehene reproduzieren zu können.
  Durch die Nachahmung von Personen wird unwillkürlich die Aufmerksamkeit stärker auf das Verhalten der Mitmenschen gelenkt. Zum einen kann es dabei zur Typisierung kommen, indem bestimmte Verhaltensweisen überspitzt dargestellt werden, zum anderen wird die Differenzierungsfähigkeit trainiert. Beides ist erforderlich, um Verallgemeinerungen und Vorurteile abzubauen.
- Sprachtraining (verbales Spiel)
  Umgang mit der Sprache: Erfahren von Lautstärke, Tonfall (hoch und tief), Artikulation, Betonung, Sprechgeschwindigkeit und Sprechpausen; Wortschatzerweiterung.
  Das Kennenlernen der Ausdrucks- und Modulationsfähigkeit der Stimme ist eine wichtige Selbsterfahrung.
  In Diskussionen, Gesprächen oder Konfliktsituationen kann die Modulationsfähigkeit der Stimme bewusst und gezielt eingesetzt werden.
  Das Erkennen der eigenen sprachlichen Ausdrucksmöglichkeiten fördert zum Beispiel im problemorientierten Rollenspiel die individuelle Differenzierungsfähigkeit und die Fähigkeit des Zuhörens, die für ein sinnvolles Kommunizieren unumgänglich sind. Darstellende Spiele als Sprachtraining zeigen auch Möglichkeiten auf, sich vor sprachlichen Manipulationen zu schützen.

Im verbalen Spiel wird die Vielfalt sprachlicher Ausdrucks-
möglichkeiten erlebt:
- Emotionen werden sprachlich (und mimisch) sichtbar
  gemacht (Freude, Zuneigung, Ärger, Trauer, Zorn,
  Aufregung usw.),
- intensives Sprechen,
- Lautstärke (Eindringlichkeit),
- spannendes Erzählen,
- Flüstern,
- Wortschatzerweiterung und Verbalisierung der Gefühle
  (jeweils abhängig von der durchlaufenen Sozialisation in
  Elternhaus und Schule).

- Training sozialen Handelns
  Im problemorientierten Rollenspiel wird den Spielern
  ermöglicht, erlebte Konflikte und Probleme zu analysieren
  und verschiedene Wege der Konfliktlösung zu erproben.
  Die Reflexion einer fiktiven beziehungsweise konkreten
  Situation hilft, Aufschlüsse über eigenes Verhalten und
  Reaktionen der Umwelt zu erfassen und zu erkennen.
  Durch Rollentausch, der vom Spielleiter angeregt wird,
  können stereotype Rollenauffassungen aufgebrochen werden.
  Rollenspiel wird somit nicht zum Selbstzweck, sondern
  eröffnet konkrete Erfahrungen im Umgang mit Konflikten
  und möglichen Lösungsformen innerhalb der unmittelbaren
  Umwelt. Das problemorientierte Rollenspiel kann dem
  Erzieher verdeutlichen, wie die Mitglieder seiner Gruppe
  (Kinder, Jugendliche, Erwachsene) ihre Konflikte erleben und
  bewältigen.

Mit einfachen Spielformen beginnen
Um unsichere, noch etwas gehemmte Spieler zu motivieren und für
die Übernahme einer Rolle zu gewinnen, ist es besonders wichtig, sie
an der Wahl der Spielinhalte und Spielformen zu beteiligen.
Die Thematik muss für die Spieler bedeutsam sein und ihrem Darstellungsvermögen entsprechen. Die Umsetzung eines Themas in ein darstellendes Spiel ist ein kreativer Prozess, an dem alle – Spieler und
Spielleiter – in gleicher Weise beteiligt sind.
Darstellende Spiele lassen sich frei oder gebunden spielen. Beim frei-
en Spiel ist der Fantasie der Akteure keine Grenze gesetzt. Beim ge-
bundenen Spiel (z.B. mit vorgegebenem Text) bestehen Regeln, die
den Spielrahmen bestimmen.
Es empfiehlt sich, mit leichten Kleinspielformen und geselligen
Spielszenen zu beginnen, bei denen auch „geblödelt" und experimentiert werden darf.

Allgemeine Lernziele des darstellenden Spiels

- Freude und Vergnügen erleben,
- Fantasie entwickeln und freisetzen,
- Denkfähigkeit und Wissenserweiterung fördern,
- Selbstsicherheit gewinnen und Selbstbeherrschung üben,
- Kommunikationsschulung und Förderung der Kooperationsfähigkeit,
- Förderung körperlicher und sprachlicher Fähigkeiten durch das Kennenlernen verschiedener Ausdrucksmittel,
- Einfühlungsvermögen wecken und vertiefen,
- Trainieren der Beobachtungs- und Kombinationsfähigkeit und des Reaktionsvermögens,
- Beziehungen mit anderen aufnehmen; Miteinander-Umgehen (Geduld und Rücksichtnahme),
- selbst in Aktion treten, Selbsttätigkeit erfahren,
- therapeutische Funktion des Spiels (z. B. beim Rollenspiel).

Spielformen

Spontane Spiele mit Sprache, Mimik und Gestik
Kleinspielformen sind besonders geeignet, das „Eis zu brechen", d. h. in spielungeübten Gruppen die Atmosphäre aufzulockern und die Spielbereitschaft zu fördern.

SPIELVORSCHLÄGE:

46

PROMI-TREFF

A	Jugendliche Erwachsene
T	10 – 20
Z	15 Min.

Bei diesem Spiel, das sich besonders als Eröffnungsspiel eignet, treffen sich sehr prominente Persönlichkeiten.

Ludwig van Beethoven kann ebenso dabei sein wie Albert Einstein, Angela Merkel, Jonny Depp oder Königin Elisabeth II. So können Karl Lagerfeld und Donald Duck aufeinander treffen oder sich Udo Lindenberg, Helge Schneider, Julius Cäsar und Paris Hilton unterhalten. Zu Beginn heftet der Spielleiter jedem Mitspieler mit einer Stecknadel eine Karte (ca. 7x10 cm), die den Namen einer bekannten Persönlichkeit trägt, auf den Rücken. Der Spieler selbst weiß nicht, wer er ist. Haben alle einen Namen erhalten, suchen sie sich Gesprächspartner, um zu erfahren, in wessen „Haut" sie gesteckt wurden. Durch einen Blick auf den Rücken seines Gegenübers, weiß der Spieler, mit wem er es zu tun hat.

Gegenseitig stellt und beantwortet man sich jetzt Fragen, die Hinweise auf die „eigene" Identität geben (z. B. Bin ich ein Politiker? Bin ich eine Frau? Lebe ich noch? Handelt es sich bei mir um eine fiktive Figur? usw.).

Das Spiel endet, wenn sich alle Spieler selbst erkannt haben. Sollte es für einzelne „Prominente" zu schwierig werden, sich zu erkennen, kann der Spielleiter kleine Hilfestellungen geben. Der Schwierigkeitsgrad der zu ratenden Persönlichkeiten, d. h. ihre Bekanntheit sollte auf die Gruppe abgestimmt sein.

Spielintention:
Kontaktaufnahme wird gefördert, Anregung zum Gespräch

Material:
Stecknadeln, vorbereitete Karten

47   FOTOTHEATER

Die Spieler sitzen im Kreis. In der Mitte liegen Abbildungen ausgebreitet, die miteinander sprechende Menschen zeigen. Je zwei Spieler einigen sich auf ein Bild und verabreden außerhalb des Spielkreises ein dazu passendes Gespräch. Nach einer Vorbereitungszeit von etwa 3 Minuten führen die Paare ihre Gespräche vor, während die anderen die Aufgabe haben, das entsprechende Foto herauszufinden.

A	*Jugendliche Erwachsene*	
T	*8 – 20*	
Z	*60 Min.*	

Spielintention:
Genaues Beobachten, Einfühlungsvermögen, Ausdrucksfähigkeit

Material:
15 bis 20 aus Illustrierten ausgeschnittene Fotos, die Menschen im Gespräch zeigen.

48   KAMERA LÄUFT!

Bei diesem Spiel geht es recht lebhaft zu. Der Spielleiter muss sich besonders gut vorbereiten, um als Regisseur „Filmaufnahmen" zu arrangieren. Von seinem „Drehbuch" hängt das Gelingen ab. Alle spielen mit. Es soll eine Szene aufgenommen werden, für die der Regisseur viele Darsteller, ein Kamerateam und andere Mitarbeiter (z. B. Techniker) benötigt. Damit das Spiel allen Spaß macht und die Szene gelingt, muss der Regisseur recht streng mit seinen Darstellern umgehen.
Der Regisseur baut die Szene auf, ein Historienspektakel: „Ritterfilm, 4. Szene. Wald – wir benötigen einige Requisiten, zum Beispiel einige Bäume, die sich im Wind biegen. Wir brauchen einen König, mehrere Ritter, Pferde, Hunde, Burgfräuleins . . ." Es liegt am Regisseur, welche Personen noch benötigt werden. Alle Anwesenden werden mit einbezogen. Die etwas zaghaften Mitspieler können zum Beispiel als „Geräuschemeister" fungieren und für einen kräftigen Wind (Donner/ Gewitter usw.) sorgen, sobald solche Geräusche für die Szene benötigt

A	*Jugendliche Erwachsene*	
T	*10 – 25*	
Z	*30 Min.*	

werden. Nacheinander wird nun mit den einzelnen Darstellergruppen geprobt, bis die Szene filmreif im „Kasten" ist. Sofern der „Ton" nicht geklappt hat, die Beleuchtung oder eine Kamera (keinen Film eingelegt) nicht funktionierte, muss die Szene noch einmal gespielt werden. Wie gesagt: Es liegt am Geschick des Regisseurs, ob aus einer Krimi-, Abenteuer- oder Science-Fiction-Szene ein Spielspaß für alle wird.

Spielintention:
Improvisation, Situationskomik, Spontaneität, Ausdrucksfähigkeit

49

NONSENS-RUNDE

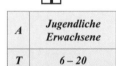

A	*Jugendliche Erwachsene*
T	*6 – 20*
Z	*20 Min.*

Nonsens-Gespräche, d. h. sinnlose und törichte Gespräche können besonderes Vergnügen bereiten. Wenn sie einen Sinn haben, so den, verrückte Ideen zu produzieren, die freie Rede zu üben und Spaß zu machen.

Es können Rollen verteilt und Parteien gebildet werden. Ebenso kommt es vor, dass die Spieler ihre Rollen erst im Spiel suchen. Themen für Nonsens-Gespräche können zum Beispiel sein:

- Schleswig-Holstein erhält ein Gebirge.
- Welche Vorteile bringt die Überdachung der Ostsee?
- Was würden Sie zu Ihrem Fernseher sagen, wenn er auf einem freien Wochenende bestünde?
- Hat der Erfinder des „Handkäs mit Musik" oder Donald Duck der Menschheit einen größeren Dienst erwiesen?
- Was passiert, wenn die Uhr ins Laub fällt?

Lassen Sie sich weitere „unmögliche" Themen einfallen und „nonsensieren" Sie drauflos.

Variation:
Ein Nonsens-Thema kann auch als „Expertenvortrag" gehalten werden. Am Ende seines Vortrages bittet der Redner das Publikum Fragen zu stellen, auf die er mit „überlegener Sicherheit" eingeht.

Spielintention:
Redegewandtheit, Schlagfertigkeit, Humor

50   RADIO

Wie beim Schattenspiel wird zwischen Publikum und Akteuren ein Tuch gespannt (z. B. in eine geöffnete Tür). Eine Gruppe von Teilnehmern führt nun der anderen Geräusche einer kurzen Handlung vor, die von den „Radiohörern" erraten werden müssen.
Beispiele: In einer Hotelküche, beim Friseur, auf dem Bahnhof, beim Masseur, usw.
Die Hörer machen sich Notizen. Wurden die einzelnen „Sendungen" erkannt?

A	Alle
T	8 – 30
Z	10 Min.

Spielintention:
Vorstellungsvermögen

Material:
Ein Laken oder eine Stellwand, Papier und Schreibzeug

51   STANDBILDER

Die Spielgruppe wird in mehrere Kleingruppen aufgeteilt. Jede von ihnen soll statisch eine Szene aus einem Film oder ein Ereignis, zum Beispiel aus der Weltgeschichte, Literatur oder Politik darstellen. Die Akteure spielen nicht, sondern bauen sich zu einer Szene auf, wie wir sie vom Wachsfigurenkabinett her kennen (z. B. Wilhelm Tells Apfelschuss). So verharren sie bewegungslos. Der Szenenausschnitt wird erraten oder erhält einen Titel. Die das Bild stellenden Personen antworten auf Fragen der anderen Teilnehmer.

A	Jugendliche Erwachsene
T	5 – 20
Z	10 Min.

Spielintention:
Darstellungs- und Beobachtungsfähigkeit

52   MÜNCHHAUSEN-CLUB

Karl Friedrich Hieronymus Freiherr von Münchhausen (1720–1797) kennen wir als Urheber höchst unglaublicher, anekdotisch gefasster Abenteuergeschichten, die ihm den Beinamen „Lügenbaron" einbrachten. Nach nahezu 220 Jahren gibt es zumindest einen Club auf der Welt, dessen Mitglieder sich in regelmäßigen Abständen treffen, um sich Lügengeschichten zu erzählen.
Versuchen Sie es selbst einmal. Ein gemütlicher Gruppenabend, er kann schon rechtzeitig als Münchhausen-Abend angekündigt werden, bringt Erzählern wie Hörern gleichermaßen Spaß. Wer kann am besten flunkern und erzählt mit möglichst wenigen Sätzen und überzeugendem Minenspiel die unglaublichste Lügengeschichte?

A	Jugendliche Erwachsene
T	4 – 20
Z	120 Min.

Spielintention:
Fantasie haben, Ideen entwickeln, Erzählen können, Redegewandtheit

53   INSEL-EXPEDITION

A	Jugendliche Erwachsene
T	9 – 15
Z	45 Min.

Die Spielgruppe ist mit einem Schiff an einer Insel, fern von jeglicher Zivilisation, gestrandet. Mehrere Kleingruppen (3 Spieler) verlassen das Schiff (und somit den Spielraum), um Beweise zu sammeln, dass hier ein menschliches Leben möglich (Variation: nicht möglich) ist. Die Beweise müssen mitgebracht und erklärt werden. Für die Expedition stehen jeder Gruppe 5 Minuten zur Verfügung.

Spielintention:
Originelle Einfälle äußern

54   UNSICHTBARE MASSE

A	Alle
T	6 – 20
Z	15 Min.

Der Spielleiter gibt im Stuhlkreis eine unsichtbare, verformbare Masse herum. Jeder Mitspieler formt daraus irgendeinen Gegenstand, verwendet ihn entsprechend, knetet dann die Masse wieder zusammen und reicht sie dem Nächsten.

Variation:
Alle Spieler stellen ein Musikinstrument her, das anschließend im „Orchester" (mit oder ohne Geräusch) gespielt wird.

Spielintention:
Originelle Ideen umsetzen

55   MARIONETTE

A	Alle
T	8 – 20
Z	10 Min.

Eine Marionette ist eine durch Drähte und Schnüre von oben her zu bewegende Gliederpuppe.
Für dieses Spiel sitzen die Teilnehmer zu Paaren im Raum verteilt. Ein Partner ist die Marionette, die vom anderen bewegt wird. Arme, Beine und Rumpf werden gelenkt. Beide Spieler sollten versuchen, sich intensiv aufeinander einzustellen. Nach etwa 3 Minuten erfolgt ein Rollenwechsel.
Das „Marionettenspiel" kann musikalisch untermalt werden.

Spielintention:
Kooperation, Kontakt zum Mitspieler

Material:
CD-Player/Plattenspieler

56 — SCHMUGGLER-AUSREDEN

Der Spielleiter informiert die Teilnehmer: „Wir befinden uns am Flughafen-Zoll, durch den schon sehr oft Schmuggler gingen. Meist wurden diese jedoch von aufmerksamen Zöllnern ertappt." So soll es auch diesmal sein.

Der Spielleiter lässt zu Beginn des Spiels Gegenstände einsammeln, die „nicht ausgeführt werden dürfen". Die ertappten Schmuggler versuchen nun, sich möglichst originell aus ihrer Situation herauszureden, um ungeschoren durch den Zoll zu kommen.

Falls es die Spielgruppe wünscht, kann eine Jury entscheiden, ob der jeweilige Schmuggler passieren darf.

A	Jugendliche Erwachsene
T	8 – 20
Z	20 Min.

Spielintention:
Schlagfertigkeit, Redegewandtheit

Material:
Beliebige Gegenstände (Armbanduhr, Vase, Kugelschreiber, Feuerzeug, usw.)

57 — GRIMASSEN

Ein uraltes Spiel, das vom Akteur viel Selbstbeherrschung verlangt. Ein Spieler zieht eine Grimasse und streicht dann mit der Hand von oben nach unten über sein Gesicht (es kann auch ein Stück Pappe benutzt werden), als würde er eine Maske abnehmen. Die Grimasse ist gelöscht. Nun deutet er auf einen anderen Spieler, der eine neue Grimasse schneidet.

A	Alle
T	3 – 20
Z	10 Min.

Variation:
Die Grimassen werden vorher thematisch festgelegt; zum Beispiel Übermut, Freude, Angst, Zorn, Wut, Wehmut.

Spielintention:
Selbstbeherrschung, mimischer Ausdruck

58 — GUMMI-FRATZEN

Hinreißende Fratzen werden geschnitten, wenn jeder Teilnehmer einen Gummiring erhält, den er so über den Kopf streift, dass er vorne auf der Nasenspitze und hinten im Nacken liegt. Ohne die Hände zu benutzen – nur durch Grimassen – soll nun jeder Spieler den Gummiring von der Nase bis zum Hals herunter arbeiten. Ein Mitspieler könnte auf Wunsch aller sogar die originellsten Fratzen-Gesichter mit der Kamera für die Nachwelt erhalten.

A	Alle
T	2 – 20
Z	5 Min.

Spielintention:
Geschicklichkeit, Auflockerung

Material:
Pro Spieler ein Gummiring

59 VEREINSMEIER

A	Jugendliche Erwachsene
T	10 – 20
Z	15 Min.

Bei diesem Spiel kommt es darauf an, dass einige Spieler möglichst verschlüsselt einen Verein darstellen, der von den Mitspielern zu erraten ist. Dazu wird die Gruppe in mehrere Kleingruppen aufgeteilt, die einen „Vereinsvorstand" darstellen, indem sie sich miteinander unterhalten (ca. 3 Minuten), es den Ratenden dabei jedoch nicht zu leicht machen.

Spielintention:
Freies Sprechen, genaues Zuhören

60 WER RUFT AN?

A	Jugendliche Erwachsene
T	8 – 20
Z	15 Min.

Zwei Mitspieler verlassen den Raum. Draußen verabreden beide ein „Telefonat", bei dem jeder eine prominente Persönlichkeit darstellen soll. Es ist gleichgültig, ob diese Persönlichkeiten in ihrem wirklichen Leben jemals Kontakt miteinander hatten. So können zum Beispiel Michelle Hunziker mit Prinz Charles oder Boris Becker mit dem Dalai Lama telefonieren, Helmut Kohl mit VOX-Blondine Daniela Katzenberger, Helge Schneider mit Napoleon oder Udo Lindenberg mit Erich Honecker. Die beiden Spieler betreten nach etwa 3 Minuten den Raum. Sie beginnen ihr Gespräch. Je nach Temperament der dargestellten Persönlichkeiten kann das Gespräch durch Gesten und Mimik untermalt werden. Um die Spannung möglichst lange zu erhalten, sollten die beiden Anrufer es den Mithörern nicht zu einfach machen und das Spiel langsam steigern.

Spielintention:
Spannung, Spaß

Material:
Kindertelefon beziehungsweise Dose oder Schuh (als Telefon)

61 STUMME UND TAUBE

Aus dem Teilnehmerkreis werden 2 gleich große Mannschaften gebildet. Sie setzen sich einander gegenüber. Da aber gibt es ein Problem! Die eine Mannschaft kann zwar hören, jedoch nicht sprechen; die andere kann sprechen, dafür nichts hören. Die „Tauben" stellen aus diesem Grund an die gegenübersitzenden Mitspieler eine Frage, die diese nun pantomimisch beantworten müssen. Fragt zum Beispiel ein Tauber einen Stummen: „Wie hast du gestern deine Freizeit verbracht?", so deutet der Befragte einen Kinobesuch an. Er zeigt seinen Gang ins Kino, das Lösen der Eintrittskarte, das bequeme Hinsetzen, interessiert auf die Leinwand blickend, mitgehend, vielleicht noch ein Bonbon aus der Tüte nehmend. Es gibt zahlreiche Situationen, die sich für dieses Mannschaftsspiel eignen.
Nach einem Durchgang werden die Rollen gewechselt.

A	Alle
T	8 – 20
Z	15 Min.

Spielintention:
Genaues Beobachten

62 NACHRICHTENSPRECHER-CASTING

Das Fernsehen sucht Nachwuchskräfte. Eine wichtige Voraussetzung für Moderatoren ist fehlerfreies Sprechen.
Mehrere Kandidaten aus der Gruppe stellen sich dem Wettbewerb. Jeder Spieler erhält einen vorbereiteten Text. Dabei kann es sich um aktuelle Nachrichten aus der Tageszeitung handeln oder um einen Zettel, der Schnellsprechsätze („Zungenbrecher") wie diese beinhaltet

A	Alle
T	6 – 15
Z	20 Min.

- Sieben Schneeschaufler schaufeln sieben Schaufeln Schnee.
- Eine Diplom-Bibliothekarin ist eine Bibliothekarin mit Diplom, eine Bibliothekarin mit Diplom ist eine Diplom-Bibliothekarin.
- Der Potsdamer Postkutscher putzt den Potsdamer Postkutschenkasten.
- Die Schleifer schleifen wohlgeschliffene Schleifenscheite. Wohlgeschliffene Scheite schleifen die Scheitschleifer.
- Der fließende Fluss voll Flöße mit flößenden Fischern.
- Sechsundsechzig sechskantige Sechseckschlüsselschränke.

Die Fehler werden festgehalten. Durch Aufzeichnung und Abspielen mit einem Kassettenrecorder erhält das Spiel zusätzlichen Reiz.

Spielintention:
Freies Sprechen, Konzentration

Material:
Kassettenrecorder, evtl. Camcorder

63   TÜTEN-STORY

A	Alle
T	6 – 20
Z	10 Min.

Sitzkreis. Der Spielleiter reicht eine Tüte herum mit der Bitte, einen Gegenstand hineinzulegen. Die möglichst gut gefüllte Tüte kommt nach diesem Rundgang zum Spielleiter zurück. Jeder Spieler greift nun der Reihe nach ein Stück aus der Tüte. Dazu soll eine Geschichte erzählt werden, bei der alle bereits im Spiel befindlichen Gegenstände eine Rolle spielen. Nach zwei bis drei Sätzen wird das Wort an den Nebenmann abgegeben.

Variation:

Es können auch für jeden Gegenstand Schlagzeilen gefunden werden (z. B. für „Schlüssel": „Elektronische Signale ersetzen künftig den Schlüssel – Ein kleines Gerät macht es den Einbrechern schwer").

Spielintention:

Kombinieren, Sprachgewandtheit

Material:

Eine Plastiktüte (oder Beutel), verschiedene Gegenstände

64   STRASSENHÄNDLER

A	Alle
T	6 – 20
Z	10 Min.

Einen Marktschreier hat jeder schon einmal erlebt. Sein Metier ist es, ein Produkt möglichst wortgewandt an den Mann oder die Frau zu bringen. Vor Spielbeginn lässt der Spielleiter im Teilnehmerkreis beliebige Gegenstände einsammeln. Aus ihnen können sich 2 Spieler je einen Gegenstand aussuchen, den sie nun der geschätzten Käuferschar anpreisen. Dass der angebotene Gegenstand ganz besondere Vorzüge hat, versteht sich wohl von selbst.
Wer erweist sich als besonders ausdauernder Anpreiser seiner Ware? Welcher Händler muss zuerst lachen?

Spielintention:

Wortgewandtheit, Selbstbeherrschung

Material:

Beliebige Gegenstände wie Kugelschreiber, Kamm, Portemonnaie, Radiergummi, Handschuh, Aschenbecher, Gurkenreibe, Heizdecke

65 KOMISCHE OPER

Die Teilnehmer ziehen Zettel, auf denen eine kurze Handlung skizziert ist, die nachgespielt werden soll und zwar in Form einer Opern- oder Operettenszene. Natürlich wird dabei gesungen. So versucht zum Beispiel ein Vertreter an der Haustür einer Hausfrau einen Staubsauger zu verkaufen oder ein Arzt teilt seinem Patienten die Diagnose mit.
Die Fragen werden im schnellen Wechsel hoch oder tief, fröhlich oder traurig, schnell oder langsam gesungen und mit pathetischen Bewegungen unterstrichen.
Der Spielleiter sollte genügend Zettel mit kleinen Handlungen für 2 bis 3 Personen vorbereiten.

A	Jugendliche Erwachsene
T	8 – 20
Z	10 Min.

Spielintention:
Originalität, Ausdruck

Material:
vorbereitete Zettel mit kurzen Handlungen

66 VERSTECKTE EIGENSCHAFTEN

Ein Mitspieler wird nach draußen geschickt. Die anderen Spieler suchen sich gemeinsam ein Eigenschaftswort, das der wieder hereingeholte Spieler durch Fragen erraten soll. Die Mitspieler müssen dabei in einer Art antworten, die bezeichnend für das gesuchte Wort ist. Hat sich zum Beispiel die Spielrunde auf das Wort „nervös" geeinigt, würden die Mitspieler ihre Antworten unkonzentriert, unruhig, eben nervös geben.
Andere Wörter können zum Beispiel „schnell", „unhöflich", „überheblich", „zurückhaltend" oder „vornehm" sein.

A	Alle
T	6 – 20
Z	5 Min.

Spielintention:
Ausdrucksfähigkeit, Selbstbeherrschung, Beobachtungsfähigkeit

67 DREI WÜNSCHE

Die berühmten drei Wünsche, die eine gute Fee freigibt, stehen im Mittelpunkt einer Spielrunde, die gemütlich im Stuhlkreis stattfindet. Jeder Teilnehmer kann erzählen − und dabei träumen und fantasieren, was er tun würde, wenn er
1. Eine Million gewinnen würde,
2. die Gedanken anderer lesen könnte,
3. sich aussuchen dürfte, als was, wo und wann er nochmals auf die Welt kommen könne.

A	Jugendliche Erwachsene
T	6 – 15
Z	20 Min.

Spielintention:
Wünsche und Bedürfnisse äußern können.

68   ZWEI IN EINEM

A	Jugendliche Erwachsene
T	6 – 20
Z	15 Min.

Ein „Moderator" erhält 2 Themen, die möglichst nichts miteinander zu tun haben. Er hat nun die Aufgabe, innerhalb einer festgelegten Zeit (z. B. in 2 Minuten) eine sinnvolle Überleitung von dem einen zum anderen Thema zu finden.

Beispiel: Der Redner erhält die Themen „Mit dem Elektro-Roller ins Jahr 2030" und „Schlank durch Trennkost".

Es empfiehlt sich, an mehrere Spieler gleichzeitig vorbereitete Themenzettel auszuteilen.

Spielintention:

Kombinationsgabe, Sprachgewandtheit

Material:

vorbereitete Zettel mit verschiedenen Themen

69   GEFRIERTANZ

A	Alle
T	10 – 30
Z	5 Min.

Die Spieler stehen einzeln im Raum verteilt. Der Spielleiter sagt ihnen, dass ihre Körperteile „eingefroren" sind und erst allmählich wieder aufgetaut werden.

Zu einer rhythmusbetonten Musik werden vom Spielleiter durch Ansage die einzelnen Körperteile in Abständen von ca. 10–15 Sekunden „aufgetaut"

Vorschlag für die Reihenfolge: Stirn – Kopf – Finger – Hände – Schultern – Oberkörper – Hüften – Beine – ganzer Körper.

Die Spieler bewegen schließlich ihren ganzen Körper.

Nun erfahren sie, dass sie wieder „eingefroren" werden. Es erfolgt die Rücknahme der Bewegungen: ... Beine – Hüften – Oberkörper...

Spielintention:

Erleben der körperlichen Bewegungsmöglichkeiten; Erfahren der Spannung, sich nicht bewegen zu dürfen, Körperbeherrschung.

Reflexion:

Wie habe ich das Spiel erlebt? Wie habe ich die Musik erfahren?

Material:

CD-Player mit rhythmusbetonter Musik

70   VERSTEINERUNGSTANZ

Es werden Tanzpaare gebildet, die sich zu einer flotten Musik möglichst figurenreich bewegen. Setzt die Musik plötzlich aus, so müssen die Paare in der jeweiligen Stellung bewegungslos verharren. Wer sich bewegt, scheidet aus. Die Musik setzt nun wieder ein, usw... Unterschiedliche zeitliche Abstände zwischen den einzelnen Musikstücken steigern den Überraschungseffekt. Ausgeschiedene Mitspieler können als „Schiedsrichter" mithelfen.
Da für dieses Spiel keine besonderen Fähigkeiten als Tänzer vorausgesetzt werden, ist die Gefahr, sich beim Ausscheiden blamiert zu fühlen, sehr gering.

A	*Alle*
T	*10 – 30*
Z	*5 Min.*

Spielintention:
Reaktionsvermögen, Überraschungseffekt

Material:
CD-Player mit flotter Musik

71   DEM KROKODIL DIE ZÄHNE PUTZEN

Der Spielleiter gibt Zettel und Schreibzeug aus. Die Teilnehmer sollen lustige Ideen aufschreiben, die sich pantomimisch darstellen lassen. Nach dem Einsammeln der Zettel zieht jeder Spieler einen solchen und stellt die entsprechende Situation dar. Die anderen raten, worum es sich handelt.

A	*Alle*
T	*8 – 20*
Z	*10 Min.*

Beispiele:

- Sich über einen mit Alarmdrähten überzogenen Boden schleichen,
- in einem Porzellanladen dem Angriff einer Wespe ausweichen,
- einem Pferd die Hufe beschlagen,
- einem Elefanten die Ohren säubern,
- jemanden aus einem Sumpf ziehen,
- einem Krokodil die Zähne putzen.

Spielintention:
Pantomimischer Ausdruck

72   GESCHICHTE AUS DEM KARTON

A	Alle
T	12 – 20
Z	20 Min.

Der Spielkreis wird in mehrere Gruppen zu je 4 bis 6 Spielern aufgeteilt. Der Spielleiter stellt einen Karton auf, in dem sich eine Fülle zusammengetragener Gegenstände befinden (z. B. Kugelschreiber, Halstuch, Gabel, Hühnerei, Kerze usw.). Ein Mitglied jeder Gruppe sucht nun blind 3 Gegenstände als Requisiten heraus. Zusätzlich zieht jede Gruppe beim Spielleiter einen Zettel, auf dem eine bestimmte Spielform vorgegeben wird (z. B. Komödie, Kriminalstück, Ritterspiel, Wildweststory, Märchenspiel, Drama, Liebesgeschichte).

Aufgabe jeder Gruppe ist es nun, mit Hilfe der Requisiten und der vorgegebenen Spielform innerhalb von 5 bis 10 Minuten ein Stegreifspiel zu improvisieren.

Nach Ablauf der Vorbereitungszeit kommen die Gruppen wieder zusammen und führen ihre Stücke vor.

Spielintention:
Ideen entwickeln

Material:
Ein Karton, beliebige Gegenstände, vorbereitete Zettel mit Spielformen

73   PLAY-BACK-KARAOKE

A	Alle
T	8 – 30
Z	15 Min.

Beim Fernsehen erleben wir täglich, dass Sänger nicht „live", sondern zur „Konserve" beziehungsweise zum Play-back singen. Bei diesem Parodie-Spiel, für das wir freiwillige Spieler benötigen, wird ein CD-Player oder Tonbandgerät mit verschiedenen Gesangsstücken (Opernarie, Schlagerschnulze, Punk usw.) eingesetzt.

Je ein großer Star (es können auch Fantasienamen gewählt werden) wird von einem Moderator angekündigt. Er betritt in der ihm eigenen Art die (improvisierte) Bühne. Die Musik ertönt. Der „Künstler" öffnet den Mund und bemüht sich, durch Mimik und Gestik das Publikum von seiner Kunst zu überzeugen.

Spielintention:
Situationskomik

Material:
CD-Player, Musik-CDs, evtl. Karaoke-DVD mit Schlager- und Pop-Musik

74   POLIT-RHETORIK

Auf der anderen Seite der Weltkugel, in „Spinneranda", soll das Staatsoberhaupt gewählt werden. Der Wahlkampf hier ist ebenso merkwürdig wie das Land selbst.

Es werden zwei Redner gesucht, und zwar für die „X"- und für die „Y"-Partei.

Das merkwürdige an der Wahlrede ist nun, dass Redner X den Vertreter der Y-Partei lobt, während Herr Y seinen vermeintlichen Kontrahenten X lobt.

Mit zweideutigen Wendungen wird nun der geschickte Redner versuchen, den Gegner zu packen, ohne dass sich jedoch etwas Negatives in die Rede einschleichen darf. Zu Beginn wird für jeden Parteienvertreter eine Vorbereitungszeit von etwa 3 Minuten gegeben und eine Redezeit von ca. 2 bis 3 Minuten festgelegt.

Die Zuhörer achten darauf, dass keine negativen Äußerungen fallen. Wer geht besonders geschickt vor?

A	Jugendliche Erwachsene
T	8 – 20
Z	10 Min.

Spielintention:
Einfühlungsvermögen, Redegewandtheit

Hilfsmittel:
Uhr

75   KETTENGESCHICHTE

Die Spieler sitzen im Stuhlkreis. Einer beginnt zum Beispiel mit: „Als ich letzte Woche abends zum Briefkasten ging, hörte ich hinter mir immer lauter werdende Schritte. Eine Gestalt kam auf mich zu. Dann passierte …". Jeder erzählt zwei, drei Sätze, an den vorhergehenden Erzähler anknüpfend, und schließt jeweils mit „... dann passierte …"

A	Alle
T	8 – 20
Z	10 Min.

Spielintention:
Fantasie

76   BLICK IN DIE ZUKUNFT

Welche Vorstellungen haben wir von unserer persönlichen Zukunft? Pläne, Wünsche, Träume und Fähigkeiten sind der Ausgangspunkt für dieses kleine Gedankenspiel, bei dem man sich am Schluss vielleicht fragen wird: Wie fühle ich mich nach diesen Aufzeichnungen? Wie ernst nehme ich mich angesichts dieser zeitlichen Dimensionen?

Die Teilnehmer erhalten vom Spielleiter dazu einen Zettel mit 10 „Denkanstößen".

A	Jugendliche Erwachsene
T	6 – 15
Z	30 Min.

> 1. Beschreibe deine private Situation im Jahre 2025.
> 2. Beschreibe deine berufliche Tätigkeit im Jahre 2018.
> 3. Beschreibe deine Interessen und Wünsche im Jahre 2030.
> 4. Beschreibe deinen Arbeitsplatz im Jahre 2035.
> 5. Beschreibe deine Wohnung im Jahre 2020.
> 6. Beschreibe deine Urlaubsreise im Jahre 2016.
> 7. Beschreibe deine Freizeitinteressen im Jahre 2024.
> 8. Beschreibe dein Verkehrsmittel im Jahre 2025.
> 9. Beschreibe eine Party mit Freunden im Jahre 2020.
> 10. Beschreibe ein Wochenende im Jahre 2018.

Nachdem alle Teilnehmer ihre „Zukunftsberichte" aufgeschrieben haben, kommen sie im Stuhlkreis zusammen. Jeder liest vor, was er zu den einzelnen Punkten notierte.

Spielintention:
Auseinandersetzung mit neuen Ideen, Besinnung, Anregung des Vorstellungsvermögens

Material:
Papier, Schreibstifte, vorbereitete Zettel (siehe oben)

77   ASSOZIATIONEN

A	*Alle*
T	*8 – 20*
Z	*10 Min.*

Unter „Assoziationen" wird eine Verknüpfung von Vorstellungen verstanden, von denen eine die andere hervorruft.
Die Spieler sitzen im Stuhlkreis. Einer nennt ein Hauptwort; der nächste Mitspieler nennt ein Haupt-, Tätigkeits- oder Eigenschaftswort, das seiner Meinung nach zu diesem Begriff passt, bis ein Teilnehmer nicht mehr weiter weiß und ausscheidet.

Beispiel:
Schauspieler Film Produzent ... Ein Spieler weiß nicht weiter und scheidet aus. Der nächste knüpft an: Konsument ◗ Werbung ◗ Waschmittel ◗ mittellos ◗ Losverkäufer...

Spielintention:
Kombinationsfähigkeit

78   WAS WÄRE, WENN...

Dieses hoch-kreative Spiel eignet sich besonders für einen erzählfreudigen, gemütlichen Gesprächskreis.
Ein Teilnehmer gibt eine „Was wäre, wenn ...“-Überlegung vor, zu der alle Beteiligten weitere Überlegungen beisteuern.

A	Alle
T	6 – 20
Z	30 Min.

Hier einige Beispiele:
- Was wäre, wenn es ab morgen keine Handys mehr gäbe?
- Was wäre, wenn der Himmel grün wäre?
- Was wäre, wenn es ab morgen keine Musik mehr gäbe?
- Was wäre, wenn unsere Lebenserwartung um 100 Jahre verlängert würde?
- Was wäre, wenn ab 2016 die Welt für 3 Jahre ohne Sonnenlicht auskommen müsste?
- Was wäre, wenn Menschen sich unsichtbar machen könnten, falls sie es wollten?

Spielintention:
Originelle Ideen und Vorschläge äußern

79   EXPERTENREDE

Der Spielleiter hat verschiedene Zettel mit lustigen Themen vorbereitet, die von freiwilligen „Experten“ einem Zuhörerkreis vorgetragen werden sollen. Zur kurzen Vorbereitung erhält jeder Redner 3 Minuten Zeit.

A	Alle
T	8 – 20
Z	10 Min.

Beispiele:
„Welche Gemeinsamkeiten haben Staubsauger und Zahnbürste?“
„Worin unterscheidet sich ein Pfannkuchen von einer Schallplatte?“

Es könnte auch folgende Aufgabe auf einem Zettel stehen:

„Du hast einem Bekannten einen Toaster gekauft. Nun bemerkst du, dass er bereits über einen solchen verfügt. Entwickle Ideen, wie man den Toaster noch anders verwenden könnte.“

Spielintention:
Originelle Ideen entwickeln, Redegewandtheit

Material:
Vorbereitete Zettel im DIN-A-7-Format mit Themen

80 REIZWORTTHEATER

A	Jugendliche Erwachsene
T	6 – 15
Z	30 Min.

Stegreifspiele lassen sich auch ausgehend von Reizwörtern entwickeln. Dazu werden 4 unterschiedlichen Oberbegriffen Wörter zugeordnet und auf Karten geschrieben.

Zu folgenden Oberbegriffen werden Karten mit „Reizwörtern" geschrieben:

	Gegenstand	Personen	Ort der Handlung	Motiv
z. B.:	Handtasche	alte Dame	Bahnhof	Ärger
oder:	Blumenstrauß	junger Mann	Telefonzelle	nervös

In Gruppen von 2 bis 5 Mitspielern werden jetzt die zuvor vom Spielleiter gemischten Karten (für jeden Oberbegriff) gezogen.

In den einzelnen Spielgruppen erfolgt sodann eine kurze Absprache (von etwa 5 Minuten). Dann werden die kurzen Szenen nacheinander vorgeführt.

Durch das Mischen der Reizwort-Karten ergeben sich immer neue Spielsituationen.

Spielintention:
Improvisation, Situationskomik

Material:
Zettel beziehungsweise Karteikarten im DIN-A-7-Format in 4 verschiedenen Farben, Schreibzeug

81 BANDWURMSATZ

A	Jugendliche Erwachsene
T	8 – 20
Z	10 Min.

Die Spieler sitzen im Stuhlkreis. Es soll ein (möglichst origineller) Bandwurmsatz gebildet werden, bei dem jedes Wort mit dem gleichen Buchstaben beginnt. Der Anfangsbuchstabe, zum Beispiel „H", wird vor jeder Spielrunde festgelegt. Reihum erweitert jeder Mitspieler den Satz um jeweils ein Wort.

Beispiel:
Hanna hat heute hinterm Hotel heimlich Hotdogs hinuntergeschluckt, hierauf himmlischen Himbeersaft hinterhergespült. Wer schafft den längsten und originellsten Bandwurmsatz?

Spielintention:
Originalität, Wortschatz, Spaß

82 VIER IM FESSELBALLON

4 freiwillige Teilnehmer starten zu einer Ballonfahrt. Dafür werden in der Mitte eines Stuhlkreises 4 Stühle zusammengerückt. Die Ballon-fahrer sitzen sich gegenüber. Nachdem der Ballon auf eine Höhe von 3 000 Metern gestiegen ist, wird festgestellt, dass sich im Ballon ein Loch befindet, was unweigerlich zum Absturz führen wird, wenn nicht vorher 3 Mitfahrer der Reihe nach aussteigen.

Die Insassen des Ballons haben deshalb im gemeinsamen Gespräch Gelegenheit, ihre Mitfahrer von ihrer eigenen Wichtigkeit zu überzeugen. Es darf dabei kräftig aufgeschnitten und geflunkert werden. Nach jeweils 3 Minuten entscheiden die Zuschauer, wer den Ballon verlässt, bis nur noch ein Insasse übrig ist.

A	*Jugendliche Erwachsene*
T	*12 – 20*
Z	*20 Min.*

Reflexion:

Es empfiehlt sich, am Ende des Spiels darüber zu sprechen, nach welchen Gesichts-punkten die Zuschauer den einzelnen Ballonfahrer aussteigen ließen. Welche Gefühle kamen bei dem Spiel auf?

Spielintention:

Argumentieren, sich durchsetzen, originelle Einfälle äußern

Hilfsmittel:

Uhr

83 KLAMOTTEN-KIM

Bei diesem Spiel sitzen alle Mitspieler in einem abgedunkelten Raum. Wenn der Spielleiter das Licht für 2 Minuten ausschaltet, verändern alle etwas an ihrer Kleidung. Wie und was verändert wird, ob eine Socke ausgezogen, die Brille abgenommen, der Schal um das Fußge-lenk gebunden wird, bleibt jedem selbst überlassen. Bei wem werden die meisten beziehungsweise originellsten Veränderungen entdeckt?

A	*Alle*
T	*8 – 20*
Z	*5 Min.*

Spielintention:

Beobachtung, Wahrnehmung, Originalität

84 BILDER-STORY

A	Alle
T	6 – 16
Z	20 Min.

Der Spielleiter verteilt im Raum eine Reihe von Bildern mit verschiedenen Motiven (z. B. Personen, Landschaftsaufnahmen, Häuser, Tiere, Maschinen).
Je 2 Spieler erhalten die Aufgabe, sich gemeinsam 3 Bilder herauszusuchen und dazu eine kurze Geschichte vorzubereiten. Nach 8 bis 10 Minuten versammelt sich die Spielgruppe wieder im Stuhlkreis. Die Paare legen ihre Bilder in der Mitte aus und erzählen ihre Geschichte.

Spielintention:
Einfälle verwirklichen, Kombinationsfähigkeit

Material:
Bildmaterial aus Illustrierten, Kalenderblätter

85 OPTIMISTEN UND PESSIMISTEN

A	Jugendliche Erwachsene
T	8 – 20
Z	30 Min.

Es werden 2 gleich große Spielgruppen (2 bis 3 Teilnehmer) gebildet, wobei die eine Gruppe Menschen mit einer sehr optimistischen und die andere Menschen mit einer recht pessimistischen Weltanschauung verkörpert.
Über ein zu Beginn festgelegtes Thema (z. B. angenehmeres Leben durch mehr Freizeit?) wird für 10 Minuten diskutiert, wobei jede Seite ihre Argumente zu vertreten hat.
Am Ende entscheiden die Zuhörer oder eine gewählte Jury über die stichhaltigsten Argumente.
In mehreren Durchgängen sollten die Redner-Hörer-Gruppen gewechselt werden.

Spielintention:
Argumentieren, seiner Meinung Geltung verschaffen, das Wesentliche einer Aussage erkennen

86 ANDERSRUM

A	Alle
T	8 – 30
Z	10 Min.

Man sagt, der Mensch sei ein „Herdentier" und er brauche einen Leithammel. So gibt es zahlreiche Spiele, bei denen der Spielleiter etwas vormacht, was von den Teilnehmern nachgeahmt werden soll.
Bei „Andersrum" sollen die Spieler sich genau gegenteilig verhalten. Lacht der Spielleiter, weinen die Spieler.
Es ist gar nicht so leicht. Versuchen Sie es einmal.

Spielintention:
Beobachtung, Reaktionsfähigkeit, körperlicher Ausdruck, Selbstbeherrschung

87 ORDENSVERLEIHUNG

Ein Teilnehmer aus der Runde hat sich – ohne es zu wissen – ganz besonders verdient gemacht. Dafür soll er mit einem Orden ausgezeichnet werden.

Bei diesem recht amüsanten Stegreifspiel verlässt der Spielleiter mit einem Mitspieler den Raum, um festzulegen, wer den Orden bekommt und für wen die Ansprache gehalten wird. Dabei sollte der „Festredner" einige Kenntnisse über den künftigen „Ordensträger" haben; zum Beispiel Entwicklungsgang, Beruf, Interessen, Eigenschaften, Hobbys, Freunde, Gegner, usw.

Die versammelte Zuhörerschaft lauscht sodann andächtig dem Redner und errät den auszuzeichnenden Mitspieler.

Vorschläge für weitere Stegreifreden: Verleihung der Ehrendoktorwürde für Medizin; Empfang eines Weltumseglers im Yachthafen; Enthüllung eines Denkmals anlässlich des 150. Geburtstages eines berühmten Mannes (einer berühmten Frau); der 85. Geburtstag; seit 45 Jahren im selben Betrieb; Ansprache an einen Lottogewinner (Jackpot-Knacker).

A	Jugendliche Erwachsene
T	8 – 20
Z	20 Min.

Spielintention:
Originalität, Redegewandtheit, freies Sprechen

Material:
Papier und Schreibzeug für Notizen; ggf. einige Papporden

88 PARLAMENTSSPIEL

Bei diesem Diskussionsspiel geht es um politische, aktuelle, amüsante, aber auch um absurde Themen, die in parlamentarischer Form (nach angelsächsischem Vorbild) diskutiert werden. So kann es zum Beispiel um die strittige Idee „Fernsehfreier Mittwoch?" gehen oder um die Forderung „Keine Politiker ohne Schulabschluss" oder gar um die „Einführung nikotin- und alkoholfreier Monate in unserem Land". Ziel des Spiels ist, durch gute, scharfsinnige wie humorvolle Argumentation, den Diskussionsgegner um die Mehrheit des „hohen Hauses" zu bringen.

A	Jugendliche Erwachsene
T	8 – 25
Z	30 Min.

Es muss nicht die eigene Überzeugung vorgetragen werden. In erster Linie geht es darum, wie die Meinung präsentiert wird. Die Gruppe bildet das Parlament. Ein Präsident wird gewählt; 2 beziehungsweise 3 Redner (Antragsteller und Gegner) stehen sich gegenüber. Jede Partei erhält 5 Minuten Redezeit. Zwischenfragen von den „Fraktionen" sind erlaubt. Am Schluss der Debatte lässt der Präsident abstimmen. Es können mehrere Tagesordnungspunkte erörtert werden.

Spielintention:
Fair streiten können, sachlich diskutieren und rhetorisch geschickt vorgehen, Wortwitz, Spaß

Material:
Papier und Schreibzeug für Notizen; eine kleine Glocke für den Präsidenten

89   VERDREHTE SPRICHWÖRTER

A	Jugendliche Erwachsene
T	8 – 25
Z	10 Min.

An diesem amüsanten Spiel sollten mindestens 6 Personen teilnehmen. Ein Spieler nennt die erste Hälfte eines Sprichworts und wirft dabei ein Wollknäuel einem Mitspieler zu. Dieser muss das Sprichwort möglichst schnell, aber falsch, durch Hinzufügen eines eigenen Textes ergänzen.

Einige Beispiele:

Mein Name ist Hase ... dem hilft keine Brille.
Eigener Herd ... rostet nicht.
Wer anderen eine Grube gräbt ... ist Goldes wert.
Viele Köche ... höhlt der Stein.
Wo man hobelt ... beißen die Hunde.
Essen und Trinken ... bis sich die Balken biegen.

Spielintention:
Originalität, schnelles Reagieren

Material:
Ein Wollknäuel oder kleiner Ball

90   VOREINGENOMMEN?

A	Jugendliche Erwachsene
T	6 – 20
Z	15 Min.

Bei diesem Konversationsspiel geht es um Vorurteile. Wer hat nicht auch schon einmal gehört, dass „die heutige Jugend durchwegs bequem und nur noch konsumorientiert ist und damals alles besser war"? Ein Spieler nennt ein beliebiges Vorurteil. Es soll von den Mitspielern ad absurdum geführt werden, während er selbst versucht, seine Aussage mit Argumenten zu untermauern.

Spielintention:
Möglichkeit, über das Entstehen und die Ursachen von Vorurteilen zu sprechen, Reflexion

PANTOMIME

Die Pantomime ist eine sehr alte Spiel- und Kunstform. Das Wort selbst stammt aus dem Griechischen und heißt so viel wie „alles nachahmend". Heute wird der Begriff sowohl für den Akteur als auch für das Spiel verwendet.

A	Alle
T	10 – 30

Haltung und Gebärden eines Menschen können oftmals mehr als Worte aussagen. Im pantomimischen Spiel ohne Requisiten und Kostüme werden darstellerische Fähigkeiten besonders aktiviert.

Einer der berühmtesten zeitgenössischen Pantomimen war der Franzose Marcel Marceau (1923–2007). Zu seinen wohl besten Darstellungen gehörte eine Szene, in der er das langsame Älterwerden eines Menschen zeigte.

In der Arbeit mit Schülern, Jugendlichen und Erwachsenen kann es nicht darum gehen, große Meister zu kopieren. Das pantomimische Spiel lässt sich hier aber sehr gut einsetzen, um die Spielfreude der Gruppe anzuregen, Scheu überwinden zu helfen, mimische Ausdruckskraft erfahren zu lassen und selbstsicherer zu werden.

Pantomimische Spiele, wie wir sie mit Gruppen durchführen, sind unterhaltungsakzentuierte Gesellschaftsspiele. Es können Einzel- und Gruppenaufgaben vorgegeben werden.

Regeln und Hinweise für die Durchführung

1. Da das pantomimische Spiel allein von Mimik und Gestik getragen wird, müssen alle Bewegungen betont langsam ausgeführt werden. Überflüssige Bewegungen werden weggelassen.
2. Auf Requisiten und Kostüme sollte möglichst verzichtet werden.
3. Schminke kann zur optischen Akzentuierung eingesetzt werden. Bevor Fettschminke auf die Haut aufgetragen wird, sollte unbedingt die Haut mit einer Fettcreme dünn eingecremt werden. Die Schminkfarben können so besser aufgetragen und entfernt werden. Beim Abschminken empfiehlt sich das Abwischen der Farbe mit Haushaltstüchern. Das Gesicht sollte dann mit lauwarmem Wasser und Seife von möglichen Farbresten gereinigt werden.
4. Geräusche und Musikeffekte müssen sparsam und dezent eingesetzt werden.
5. Unverbindliches pantomimisches Spiel, nicht Perfektionismus und Versuche, große Meister zu kopieren, erhält die Spielfreude und ist am besten für die Gruppenarbeit geeignet.
6. Der Akteur sollte versuchen, sein eigenes Denken und Fühlen auszudrücken.
7. Bei Solo-Pantomimen ist ein Verfolgungsscheinwerfer einzusetzen; agieren mehrere Personen auf der Bühnenfläche, so muss der Aktionsraum genügend ausgeleuchtet sein.

8. Zu Beginn der Beschäftigung mit pantomimischen Darstellungen sollten nur einfache Situationen dargestellt werden; erst allmählich die Übungen steigern und an schwierigere Aufgaben herangehen.

9. Genaues Beobachten der Bewegungen, das Bedenken und Kontrollieren des Ablaufs und das mehrfache Üben der Bewegungen führen zur deutlichen Darstellung und Spielsicherheit.

10. Pantomimisch darstellen lassen sich: Rollen, Gefühle, Charaktere, Temperamente, Unarten, Eigenheiten, Tätigkeiten, Berufe und ernste beziehungsweise lustige Begebenheiten.

„Worte können trügerisch sein, aber die Pantomime ist notwendigerweise einfach, klar und direkt."

Marcel Marceau

SPIELVORSCHLÄGE:

91   WIE ISST MAN OBST?

A	Alle
T	10 – 30
Z	10 Min.

Wir beginnen mit einfachen Darstellungen. Je 2 Spieler sitzen im Raum verteilt einander gegenüber und führen jeder für sich die vom Spielleiter angegebenen Tätigkeiten langsam pantomimisch aus. Die Sitzordnung dient dabei der Fremd- und Selbstbeobachtung.

Der Spielleiter:

- Wie isst man Obst (Apfel, Pfirsich, Erdbeeren, Johannisbeeren, Banane, Ananas)?
- Wie trinkt man aus verschiedenen Gläsern (Wein-, Bier-, Sektglas)?
- Wie ziehe ich einen Mantel an und aus?
- Wie handhabe ich verschiedene Geräte (Schreibmaschine, Dosenöffner, Korkenzieher, Telefon)?
- Wie fasse ich eine Vase (Dose, einen Eimer, Stuhl, Luftballon) an?

Spielintention:
Sensibilisierung, Beobachtung, erste Ausdrucksübung, Bewegungskontrolle

92 „BEINSPRACHE"

Es gibt verschiedene Möglichkeiten, zu gehen. Die äußeren Bedingungen beeinflussen dabei nicht selten die Gangart. An dieser spielerischen Übung können sich alle gleichzeitig beteiligen.

A	Alle
T	10 – 30
Z	10 Min.

Der Spielleiter gibt vor: „Wir gehen
- wie ein alter gebrechlicher Mann,
- wie eine Kinderwagen schiebende Mutter,
- wie ein Angetrunkener, der torkelnd eine Straße entlanggeht,
- wie ein Soldat,
- wie ein koffertragender Mann (mit schwerem Koffer),
- wie eine Frau, die einen sehr großen Hund ausführt,
- wie zwei Freundinnen, die einen Einkaufsbummel machen."

„Wir gehen (auf unterschiedlichem Untergrund)
- barfuß über heißes Straßenpflaster,
- auf moorigem Untergrund,
- auf Glatteis,
- auf ganz klebrigem Untergrund,
- durch hohen, festen Schnee,
- durch sehr hohes Gras,
- durch eiskaltes Wasser."

Variation:
Nahezu alle Bewegungsabläufe können in ähnlicher Spielform pantomimisch geübt werden, zum Beispiel: „Wir geben weiter ... einen vollen Eimer Wasser – einen Watteball – eine glitschige Qualle – eine Stecknadel – einen zusammengerollten Igel, ein verschmiertes Honigglas."

Spielintention:
Wahrnehmung, Sensibilisierung, Ausdrucksübung

93 KETTENPANTOMIME

Etwa 4 bis 6 Spieler verlassen den Raum. In der Zwischenzeit einigen sich die anderen auf eine kurze pantomimische Handlung, zum Beispiel das Wickeln eines Säuglings.
Einer der hinausgeschickten Spieler wird hereingeholt. Ein Mitspieler führt ihm die Handlung möglichst genau vor, mit dem Hinweis, dass er dem Nächsten, der hereingerufen wird, die Szene vorspielen soll. Über den Handlungsvorgang wird nicht gesprochen. Der nächste Spieler wird nun hereingerufen und so weiter.
Die sich dabei verändernden Handlungsabläufe und Verwechslungen werden allgemeine Heiterkeit auslösen.

A	Alle
T	10 – 30
Z	10 Min.

Hier einige Beispiele:
- Kohlrouladen wickeln,
- einen Fahrradschlauch flicken,
- in der Zahnarztpraxis,
- einen Reißverschluss einnähen,
- einen Staubsauger auseinander bauen und wieder zusammensetzen,
- einen Elefanten waschen,
- Wäsche aufhängen,
- Espresso zubereiten,
- einen Lattenzaun anstreichen.

Spielintention:
Abbau von Spielhemmungen, genaues Beobachten und Wiedergeben

94 WER MACHT WAS?

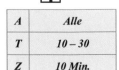

A	Alle
T	10 – 30
Z	10 Min.

5 bis 10 Spieler sollen nacheinander eine Bewegung fortführen, die von einem ersten Mitspieler begonnen wurde. Der Erste stellt zum Beispiel pantomimisch das Fahren auf einem Motorrad dar oder das Tragen eines schweren Koffers. Der zweite Spieler nimmt die Bewegung auf, der Dritte führt sie fort und so weiter. Am Schluss wird jeder Spieler gefragt, welche Bewegungshandlungen er durchgeführt hat.

Spielintention:
Genaue Beobachtung, Ideen entwickeln

95 AUF DER PIRSCH

A	Alle
T	10 – 30
Z	10 Min.

Jeweils 2 Spieler haben sich vorgenommen, an einer Jagd teilzunehmen. Sie denken sich verschiedene Szenen (mindestens 5) aus, die sie pantomimisch darstellen; zum Beispiel:

- Ausschau halten,
- Gewehr laden,
- anschleichen,
- auf wilde Wildschweine stoßen, die den Jägern Beine machen,
- auf einen Hasen zielen, der im Zick-Zack läuft und natürlich entkommt.

Die Zuschauer raten.

Spielintention:
Kooperation, Entwickeln kurzer Spielszenen

96   SZENEN FÜR EINEN UND ZU ZWEIT

Die folgenden Spielanregungen können als Solo-Pantomime oder zu zweit durchgeführt werden. Sie bieten genügend Möglichkeiten zur freien Improvisation und sind kleine wortlose Skizzen, die von Aktion und Emotion leben.

A	*Alle*
T	*10 – 30*
Z	*30 Min.*

Anregungen:

- Eine stark kurzsichtige Dame sucht im Kaufhaus nach einer ganz bestimmten Ware.
- Ein zerstreuter Mann sucht seinen Kugelschreiber, den er zum Schluss in seiner Jackentasche findet.
- Geschichten um eine Drehtür, zum Beispiel: alte Dame und junges Mädchen in entgegengesetzter Richtung; Herr findet nicht den Ausgang; Polizei verfolgt Bankräuber usw.
- 2 Spieler stellen ein Fließband beziehungsweise eine Maschine dar.
- Verschiedene Gäste essen unterschiedliche Menüs.
- Ein unsichtbares Paket wird ausgepackt.
- Ein alter Herr zündet eine Kerze an.
- Ein Pizzabäcker beim Herstellen einer Pizza.
- Chirurg merkt kurz vor Ende einer Operation, dass er dem Patienten den falschen Körperteil entfernt hat.
- Der Kellner serviert ein Menü in vier Gängen.
- Verschiedene Personen steigen an einer Haltestelle in einen Stadtbus.
- Eine alte Dame (ein Kind, ein Polizist, ein Straßenkehrer, ein Kurzsichtiger usw.) findet einen 50 Euro-Schein.
- Kundin im Textil- beziehungsweise Schuhgeschäft beim Anprobieren eines zu engen/zu großen Kleidungsstücks.
- Ein Kind geht heimlich an den Kühlschrank.
- Genervte Mutter gibt ihrem Kind Beispiele für richtiges Verhalten.
- Eine Fisch-, Obst- oder Käseverkäuferin bei der Arbeit.
- Ein unerzogenes Kind geht mit seiner Mutter durch ein Kaufhaus.
- Zwei Internet-Bekanntschaften treffen sich in der Wirklichkeit (z.B. in einem Café).

Entwickeln Sie in der Gruppe weitere Spielvorschläge. Überlegen Sie dabei gemeinsam, ob Sie der Pantomime eine groteske, elegische (gefühlvolle), lyrische oder tragische Note geben wollen. Aus der Idee und dem Stoff wird dann die Handlung entwickelt. Für Zweier-Pantomimen gelten die methodischen Vorüberlegungen:

- Eine Aufgabe wird gestellt oder von beiden Spielern selbst ausgesucht oder erdacht.
- Die Spielpartner sprechen den Handlungsablauf durch.
- Erstes Vorspielen der Szene.
- Gespräch über die Durchführung/Rückmeldung geben.
- Wiederholungen beziehungsweise mögliche Variationen werden durchgespielt.

Spielintention:
Freie Improvisation, Fantasie, Situationskomik, Koordination, Kooperation, Spaß am Darstellen

97　　　　　　　　　　　　　　REDENSARTEN

A	***Jugendliche Erwachsene***
T	***10 – 20***
Z	***15 Min.***

Auch Redensarten lassen sich pantomimisch darstellen. Der Spielleiter hat dazu kleine Aufgabenzettel vorbereitet, die von den Teilnehmern gezogen werden. Es wird spontan gespielt.

Beispiele:
- Jemandem Hörner aufsetzen,
- Ins Fettnäpfchen treten,
- Jemanden ins Boxhorn jagen,
- Den Faden verlieren,
- Ein Auge auf den anderen werfen.

Spielintention:
Assoziationsfähigkeit, bildhaftes Denken

98　　　　　　　　　　　　SCHERZPANTOMIME

A	*Alle*
T	*10 – 30*
Z	*10 Min.*

Es werden 2 gleich starke Gruppen gebildet. Jede denkt sich eine lustige Tätigkeit aus, die den anderen gestenreich vorgeführt wird (z. B. das Suchen und Wiedereinsetzen einer verloren gegangenen Kontaktlinse; Klebstoff verschmieren und nicht mehr von den Fingern abbekommen usw.). Das Raten und Vorführen der Szenen findet im Wechsel statt.

Variationen:
Der Spielleiter lässt von jeder Gruppe Zettel ziehen, auf denen Aufgaben stehen, die pantomimisch gelöst werden sollen. Oder: Statt Tätigkeiten müssen ausgefallene Berufe erraten werden. Die Szenen lassen sich von einem oder mehreren Spielern gleichzeitig darstellen.

Spielintention:
Spaß am Raten, genaues Darstellen und Beobachten

99 MILLIONENGEWINN

Du hast 3 Millionen Euro im Lotto gewonnen! Jeder Spieler wird gebeten, sich jeweils 3 Unternehmungen auszudenken, die er pantomimisch darstellt.

A	Alle
T	10 – 20
Z	15 Min.

Beispiele:
- Kauf eines großen Autos,
- in der Sonne liegen unter Palmen,
- Schmuckkauf,
- im Flugzeug fliegen.

Die Zuschauer raten.

Spielintention:
Ideen entwickeln und darstellen

SCHARADEN

Das Scharadenspiel ist eine sehr alte Unterhaltungsform. Das Wort stammt aus dem Französischen (la charade – die Silbe). Scharaden sind gespielte Silbenrätsel.

Beim Scharadenspiel sind Darsteller und Zuschauer Partner. Es erfolgt eine unmittelbare Kontaktaufnahme, da der Zuschauer in der Rolle des Ratenden ist.

Die Scharade kann von der einfachen Spielform mit geselligem Charakter bis zur künstlerisch feingliedrigen, anspruchsvollen Darstellung reichen.

Es geht nicht darum, die Zuschauer „reinlegen" zu wollen, sondern darum, das Rätselwort klar, sinngemäß und durchschaubar darzustellen. Scharaden, die nicht erraten werden, wurden meist nicht deutlich genug dargestellt. Darstellende Akteure und Zuschauer sind beim Scharadenspiel unentbehrliche Partner.

Der Schwerpunkt der Scharade liegt also in der gespielten Darstellung. Sie bietet eine gute Möglichkeit, in klarer und knapper Aussage, Begriffe, Zusammenhänge und Szenen kurz und bündig, aber interessant und durchschaubar darzustellen.

Es spricht dafür, Scharaden pantomimisch zu spielen, da bei improvisierten Sprechszenen die Gefahr des Zerredens und vorherigen Bekanntgebens besteht.

Die Scharade ist ein Gesellschaftsspiel, das Einfallsreichtum und Abwechslung verlangt. Sie lebt von der Überraschung.

Scharadenformen

Es gibt Wort-Scharaden (szenische Darstellung zusammengesetzter Hauptwörter), Scherz-Scharaden (launige Darstellung als Solonummer), Buchstaben-Scharaden (ein Wort wird in seine Buchstaben zerlegt) und Scharaden, die aus Redensarten, Sprichwörtern, Buch- oder Filmtiteln bestehen. Der Fantasie sind keine Grenzen gesetzt.

Welche Aufgaben hat der Spielleiter beim Scharadenspiel?

– Er gibt eine kurze Einführung in das Wesen der Scharade.
– Er motiviert das Publikum durch Beispiele und regt zum Mitdenken an.
– Er beschreibt die Art der Scharade und hilft beim Szenenaufbau.
– Wenn nötig, gliedert er die Szenen auf und fasst zusammen.
– Er gibt Hilfestellung und deutet an, wo die Lösung zu finden ist.
– Er stellt ggf. Hilfsmittel und Spielmaterial zur Verfügung.
– Er sorgt dafür, dass frühzeitiges Erraten seitens des Publikums bis zum Schluss zurückgehalten wird.

Zur Durchführung

In der Regel flüstert der Spielleiter einem einzelnen Spieler oder einer Gruppe Aufgaben zu, die spontan gespielt und von den Zuschauern geraten werden sollen. Dies verlangt vom Spielleiter, sich mit genügend Begriffen aus den verschiedenen Scharadeformen einzudecken. Die zu spielenden Begriffe können auf Zettel geschrieben und gezogen werden.

SPIELVORSCHLÄGE:

100   WORT-SCHARADEN

Für den Einstieg hat sich die szenische Darstellung zusammengesetzter Hauptwörter bewährt.

A	*Alle*
T	*10 – 30*
Z	*15 Min.*

Beispiele:

Brillen/schlange
Klapper/schlange
Füll/feder/halter
Luft/schloss
Floh/zirkus

Wald/horn/bläser
Tisch/tennis/platte
Ich/AG
Wein/berg
Marter/pfahl

Durch/fall	Löwen/zahn
Gast/hof	Bauch/laden
Bank/raub	Studien/rat
Brief/waage	Schrift/steller
Aschen/becher	Buch/händler
Spiegel/bild	Schnee/mann
Spiel/leiter	Kinder/garten
Haus/schuhe	Trink/geld
Stier/kämpf	Hin/gucker
Ein/tags/fliege	Note/book

Etwas schwieriger darzustellende Begriffe:

Lebens/künstler	Flug/schneise
Hans/wurst	Nerven/säge
Blind/darm	Gedanken/strom
Raucher/zone	Konzentrations/störung
Kater/frühstück	Pisa/opfer
Internet/kriminalität	Klima/konferenz
Job/center	Parallel/gesellschaft
Kinder/zu/schlag	Ab/sahn/kultur
Fern/Beziehung	Bord/restaurant

Spielintention:
Fantasie, Darstellungsvermögen, Kombinationsfähigkeit

Material:
Evtl. vorbereitete Zettel mit Begriffen

101   SCHERZ-SCHARADEN

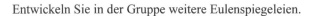

Dies sind kurze, lustige Darstellungen, die meist von nur einem Spieler durchgeführt werden.

Beispiele:

A	*Jugendliche Erwachsene*
T	*10 – 30*
Z	*15 Min.*

- Unterhaltung (ein Gegenstand wird unter den Tisch gehalten)
- Lektüre (an einer Tür lecken)
- Schlossbeleuchtung (ein brennendes Streichholz wird an ein Türschloss gehalten)

Entwickeln Sie in der Gruppe weitere Eulenspiegeleien.

Spielintention:
Abstraktionsfähigkeit

102   VERRÜCKTE SILBENTRENNUNG

A	*Jugendliche Erwachsene*
T	*10 – 20*
Z	*15 Min.*

Scharadenspieler müssen sich nicht nach dem Duden richten. Sie können bei diesem Spiel die Rechtschreibung außer Acht lassen und „gewaltsam" Silbentrennungen vornehmen.

Hier einige Beispiele:

Bar - Rock = Barock
Pferd - Ei - Tiger = Verteidiger
Naht - Uhr = Natur
Spinn - Naht = Spinat
Aal - Teer = Alter
Ziel - Inder = Zylinder
Roh - See = Rose
Kahn - Tor = Kantor
Paar - lahm - Ente = Parlamente
Brief - Vater - Ziehung = Privaterziehung
Vers - ich - Ehrung = Versicherung
Kamm - Meer - Mus - Sieg = Kammermusik
Zahn - Pass - Tee = Zahnpaste
Pass - Tor = Pastor

Spielintention:
Kombinationsgabe, Abstraktionsfähigkeit

103   SPRICHWORT-SCHARADEN

A	*Jugendliche Erwachsene*
T	*10 – 20*
Z	*15 Min.*

Sie können als Solo-Nummer oder von mehreren Spielern gemeinsam beziehungsweise nacheinander gespielt werden.

Beispiele für Einzeldarsteller:

– Wer anderen eine Grube gräbt, fällt selbst hinein.
– Morgenstund' hat Gold im Mund.
– Jeder hat sein Päckchen zu tragen. (Jeder hat seine Last.)
– Wasser hat keine Balken.

Beispiele für Gruppendarstellungen:

– Wer zuletzt lacht, lacht am besten. (Reihe bilden: Der Erste lacht wenig, das Lachen steigert sich, der Letzte lacht kräftig.)
– Den Letzten beißen die Hunde.
– Sage mir, mit wem du umgehst, und ich will dir sagen, wer du bist.

Der Schwierigkeitsgrad der Sprichwörter (und Redensarten) orientiert sich an der Zusammensetzung der Spielgruppe.

Spielintention:
Abstraktionsfähigkeit, Ratespaß

104   TITEL-SCHARADE

Liedanfänge, Buch- und Filmtitel bieten eine Fülle von Anregungen für das Scharadenspiel. Sie werden in der Regel in einer Szene pantomimisch dargestellt.

Beispiele:

A	Jugendliche Erwachsene
T	10 – 20
Z	10 Min.

- 99 Luftballons
- Jetzt fahr'n wir über'n See...
- Quo vadis? (Wohin gehst du?)
- Das Boot
- Keinohrhasen

Spielintention:
Einfallsreichtum, Kombinationsgabe

105   STÄDTENAMEN

Städte- und Ortsnamen sind eine wahre Fundgrube für den Scharadenspieler.

Hier einige Beispiele:

A	Jugendliche Erwachsene
T	10 – 20
Z	10 Min.

Würz/bürg   Pass/au
Regen(s)/burg   Frank/furt
Karls/ruhe   Wein/heim
Frei/burg   Braun/schweig
Wies/baden

Spielintention:
Originalität in der Darstellung

106   BUCHSTABEN-SCHARADE

A	*Alle*
T	*10 – 20*
Z	*10 Min.*

Bei der Buchstaben-Scharade wird ein Wort in seine Buchstaben zerlegt. Es werden einzelne Szenen gespielt, deren Inhalte mit diesen Buchstaben beginnen.
Es empfiehlt sich, keine zu langen Wörter zu zergliedern, da das Spiel dann zu langatmig wird und an Reiz verliert.

Beispiele:

Anna   A = Apfel/N = Nagel/N = Narkose/A = Akte
Peter   P = Pass/E = Eimer/T = Taschenlampe/E = Eisenbahn/
R = Roller.

Die Spielbarkeit des vorgegebenen Wortes muss vorher vom Spieler durchkomponiert werden, damit dem Zuschauer der „rote Faden" erhalten bleibt.

Spielintention:
Kombinationsgabe

DIALOGISCHES ROLLENSPIEL

STEGREIFSPIEL

Commedia dell'arte

Das Stegreifspiel lässt sich bis ins Mittelalter zurückverfolgen. Besonders beliebt waren im 16. Jahrhundert in Italien die von Stadt zu Stadt ziehenden Komödianten, die auf schnell errichteten Bretterbühnen und mit wenigen Requisiten zur Volksbelustigung beitrugen.
Die Commedia dell'arte, auch bekannt als italienische Komödie, wurde frei nach einem Rohentwurf gespielt. Das Stück selbst lebte von der Improvisation und Situationskomik. Wo kein Text zur Verfügung stand, wurden Grimassen geschnitten oder die Glieder verrenkt.
Das Stück wurde in erster Linie vom Äußeren der Darsteller bestimmt, von ihren Bewegungen, ihrer Mimik und ihren Kostümen. In den Stücken machte man sich nicht selten über die Begebenheiten und Zustände im Ort lustig oder zog hochgestellte Persönlichkeiten ins Lächerliche.

Der Schriftsteller Charles de Brasse beschrieb das italienische Steg-
reiftheater als „einfach in der Handlung, natürlich und von einem
großen Sinn für die Wahrheit geprägt".
Überlebt hat aus der Commedia dell'arte die Figur des „Harlekin",
dem man noch heute im Zirkus und auf der Opernbühne begegnet.

Stegreifspiel in der Gruppe

Wenn im weitesten Sinne auch die Pantomime, das Scharaden-, Pup-
pen- und Schattenspiel zum Stegreifspiel zählen können, so wird das
Stegreifspiel heute stets als „dialogisches Rollenspiel" bezeichnet, an
dem zwei oder mehrere Spieler beteiligt sind. Es kommt ohne besonderes Textbuch aus und wird von den eigenen Spieleinfällen getragen.
Für den Spielleiter führt der beste gangbare Weg zum Stegreifspiel
über gesellige Kleinspielformen, wie sie weiter vorne beschrieben
wurden. Sie enthalten dialogische und mimische Elemente und führen
fast unmerklich vom Gesellschaftsspiel zum Stegreifspiel.
Das selbst erarbeitete Stegreifspiel ist eine besonders produktive Form
des darstellenden Spiels. Das Gruppenerlebnis ist besonders intensiv,
und die Freude über das Geschaffene festigt das Gruppengefüge. Somit fördert und fordert das Stegreifspiel kreatives und kooperatives
Verhalten. Es verlangt spielwillige Teilnehmer, die ein geeignetes
Thema spontan aus dem Stegreif heraus darstellen.

Planung und Durchführung

Beim Stegreifspiel, wie beim darstellenden Spiel überhaupt, kann auf
ein Gedankengerüst nicht verzichtet werden!
Die Akteure setzen sich deshalb zusammen, sprechen über Thema und
Inhalt und legen den Handlungsverlauf im Wesentlichen fest.
Der Spielleiter oder ein Mitglied aus der Spielgruppe protokolliert die
entwickelten Ideen und Einfälle der Mitspieler. Sie bilden das Gerüst
für das anschließende Spiel.
Die szenische Abfolge, d. h. der „rote Faden" muss allen Akteuren
klar sein, will man nicht unkontrolliert „ins Blaue hineinspielen".
Der Spielleiter hilft beim Entwickeln der Ideen, je nachdem, wie spiel-
erfahren die Gruppe ist und achtet darauf, dass sich die Spieler zu
kleinen Teams zusammenfinden. Ein Team sollte etwa 4 bis 6 Spieler
umfassen. Die Spieldauer sollte am Anfang bei etwa 3 Minuten liegen; sie wird sich allmählich auf 10 bis 15 Minuten steigern.
Das Stegreifspiel steht und fällt mit dem Dialog. Für den Spieler bedeutet das: zuhören, mitdenken, spontan reagieren.

Die Sprache sollte nicht „geschraubt", Mimik und Gestik sollten nicht übertrieben sein. Anzustrebendes Ziel ist es, die Darsteller so miteinander sprechen zu lassen, als sei kein Publikum vorhanden.

Die Spieler sollten ihre Rollen selbst wählen. Die ersten Proben werden zeigen, ob eventuell ein Rollenwechsel notwendig ist.

Requisiten helfen dem Darsteller, sich mit seiner Rolle zu identifizieren. Sowohl bei ihm als auch beim Publikum wird dadurch die Vorstellungskraft intensiviert. Im Stegreifspiel können die Requisiten improvisiert werden; besonders dann, wenn es um heitere, Kabarett- beziehungsweise Comedy-Szenen geht. Zu einer Utensilienkiste gehören verschiedene Kleidungsstücke: Hosen, Röcke, Mäntel, Anzüge, Hüte, Tücher, Schals; ebenso Schirme, Koffer, Taschen, Brillengestelle, Nähzeug und Schminke. Nach der Durchführung einer Spielszene wird ausgewertet:

- Wurde das Thema erfüllt?
- War die Darstellung der Person glaubhaft?
- Stimmte das Zusammenspiel der Akteure?
- Wie war der Ausklang des Spiels?

Dem einzelnen Spieler helfen bei der Auswertung und Rückmeldung die Beantwortung der Fragen
- Wer bin ich? (Rolle)
- Wo bin ich? (Situation)
- Was will ich? (Handlungsaufgabe)

Spielideen

Auf der Suche nach Spielideen kann die Betrachtung von Illustriertenbildern, die Menschen in bestimmten Situationen oder Umgebungen zeigen, gute Anregungen und Anstöße geben. Die Bildthemen können beliebig in andere Situationen übertragen werden.

Weitere Grundlagen für Spielideen können sein:

- eigene Spieleinfälle
- Witze und Karikaturen
- Anekdoten
- heitere und ernste Kurzgeschichten   lassen sich
- Märchen und Sagen   gut zu
- Zeitungs- und Illustriertenberichte   Sketchen
- Nachrichtensendungen   verarbeiten

107   BLACK-OUTS – GESPIELTE WITZE

Wir erleben ihn nahezu täglich bei allen TV-Sendern. Meist folgen wie zum Beispiel bei „Switch reloaded" Schlag auf Schlag mehrere witzige Szenen hintereinander. Die Übergänge von einer Spielszene zur anderen werden durch schlagartige Abdunkelung des Bühnenbildes – im Fernsehen durch den „harten Schnitt" erzeugt.

Der gespielte Witz weist Ähnlichkeiten mit dem Sketch auf; er ist gekennzeichnet durch kurze, stark pointierte Darbietungen.

Jeder gespielte Witz sollte nicht mehr als 8 bis 10 Sätze umfassen. Anregungen finden sich in Zeitungen, Illustrierten, Witz- und Karikaturensammlungen. Es lassen sich nicht nur geschriebene Witze, sondern auch Illustrationen als gesprochene Szenen darstellen.

Die Figuren eines Witzes sind in der Regel Typen, die für das Spiel deutlich herausgearbeitet werden müssen.

Der Witz hat eine Pointe. Sie ist das Ziel und zugleich der Schluss des Stückes. Das Spiel vor der Pointe stellt die handelnden Personen dem Zuschauer vor. Soll der Black-out erfolgreich beim Publikum ankommen, ist eine konzentrierte, auf das Wesentliche beschränkte Darstellungsform wichtig. Auf unnötige Gebärden und überschwängliche Floskeln wird verzichtet.

A	*Jugendliche Erwachsene*
T	*10 – 20*
Z	*30 Min.*

SPIELVORSCHLÄGE:

Großes Auto

Ein Liebespaar sitzt auf der Parkbank.

„Schatz, möchtest du einmal in einem riesengroßen Wagen fahren mit Chauffeur und wahnsinnig vielen PS?"

„Oh, ja, das wäre wirklich traumhaft!"

„Toll Schatz, dann nehmen wir den nächsten Bus."

Beerdigung

Am Tresen eines Dorfgasthofes. Zwei Einheimische unterhalten sich über die Verdienste und Fehler eines Mitbürgers, der eben verstorben ist. Schließlich fragt einer den anderen: „Gehst du morgen zu Olafs Beerdigung?"

„Auf keinen Fall, der kommt ja auch nicht zu meiner."

Große Maler

Bei einer Abendgesellschaft gibt eine Dame die Theorie zum Besten, Maler seien selten intelligent. Darauf ihr Gesprächspartner lächelnd: „Verehrteste, ich bin selbst Maler."
Die Dame – sich entschuldigend: „Oh verzeihen Sie. Ich wollte eigentlich sagen, dass das nur für große Maler zutrifft ..."

Der Geldschein

Ein kleiner Junge kommt mit einem Hundert-Euro-Schein in der Faust nach Hause gerannt und sagt, dass er ihn gefunden habe. Die Mutter: „Hat den auch wirklich jemand verloren?" „Aber sicher, Mami! Ich hab' den Mann ja gesehen, wie er ihn gesucht hat."

Böse Welt

Der Richter fragt den Angeklagten: „Also, Herr Semmelrogge, nun mal ehrlich; wer waren Ihre Komplizen bei dem Einbruch?"
„Ich hatte keine, Herr Vorsitzender. Ganz bestimmt. Wem kann man denn heutzutage noch trauen!"

An der Tankstelle

„Was machen Sie denn die ganze Zeit hier?" fragt der Tankwart einen Mann. „Sie stehen jetzt bereits seit fünf Stunden an der Tanksäule."
„Ach wissen Sie, ich hab' mir den Rat meines Internisten zu Herzen genommen und versuche mir das Rauchen abzugewöhnen."

Schlaflosigkeit

Ein Kaufmann leidet an Schlaflosigkeit. Ein mitleidiger Kollege schlägt ihm vor: „Zählen Sie doch mal vor dem Einschlafen Schafe, das war schon immer ein unfehlbares Mittel. Am nächsten Morgen, der Kaufmann sieht noch hohläugiger aus: „Ich habe also 6.000 Schafe gezählt", klagt er. „Dann habe ich die Schafe geschoren und 6.000 Mäntel daraus gemacht. Dann tauchte das Problem auf: Wo kriege ich bloß das Futter für die 6.000 Mäntel her? Das hat mich den Rest der Nacht gekostet."

Das Gehirn

Zwei Bekannte im Gespräch. „In meinem Testament habe ich der Uni Freiburg mein Gehirn vermacht und das haben sie mir eben schriftlich bestätigt."
„Waren die Leute dankbar dafür?"
„Ja, sie schreiben hier, dass sie jede Kleinigkeit brauchen können."

Im Zugabteil

Ein Fahrgast zum anderen: „Bitte, könnten Sie mir wohl den Fuß auf den Sitz heben?" Der andere tut das. Nach einer Weile fragt der Fahrgast erneut: „Würden Sie mir bitte auch den anderen Fuß auf den Sitz heben?" Der andere tut es und fragt dann: „Sind Sie Invalide?" „Nein, aber im Urlaub!"

Der Führerschein

Nach einem wüsten Überholmanöver wird ein betrunkener Autofahrer von der Polizeistreife angehalten. Der Beamte: „Zeigen Sie mir bitte mal Ihren Führerschein."
„Was haben Sie nur für einen schlampigen Laden", brüllt lallend der Autofahrer, „den hab ich doch gestern schon Ihrem Kollegen gegeben.

Außenspiegel

Ein Fernfahrer ruft seinen Chef an: „Ich kann leider nicht mehr weiterfahren, der linke Außenspiegel ist kaputt." Der Chef: „Mann Gottes, bist du bescheuert. Du kannst doch auch ohne Außenspiegel fahren?"
„Eben nicht, Chef, der Laster liegt drauf."

Whisky-Soda

Gastgeberin zum Gast: „Ein Tässchen Kaffee gefällig?"
„Keinen Kaffee, danke."
„Tee?" „Keinen Tee, danke."
„Frisch gepressten Orangensaft?"
„Keinen O-Saft, danke."
„Whisky-Soda?"
„Kein Soda, danke."

Lokal in der Wüste

Auswanderer: „Wir wollen uns einen lang gehegten Traum verwirklichen und bauen uns mitten in der Wüste ein Lokal." Fernseh-Reporter: „Ist das nicht ziemlich naiv gedacht. Da kommt doch gar keiner!" Auswanderer: „Aber wenn einer kommt, was meinen Sie, was der für einen Durst hat..."

Zwei Ölscheichs

Zwei Ölscheichs kaufen einen Intercity-Zug. Sagt der eine: „Lass dein Geld stecken, das erledige ich schon!" Der andere wehrt gestenreich ab: „Oh, nein! Kommt gar nicht in Frage. Das kann ich nicht annehmen. Du hast doch schon im Bahnhofscafé die beiden Espressos bezahlt."

Neues Kleid

Eine Kundin empört sich im Laden: „Sagen Sie mal, haben Sie mir nicht versichert, dass dieses Kleid, das Sie mir gestern verkauft haben, aus reiner Seide gemacht ist?"
„Ja, das stimmt."
„So? Dann schauen Sie sich mal das Etikett an, das eingenäht ist. Darauf steht: „Reine Kunstseide!"
„Stimmt, meine Dame, das lassen wir immer hinein nähen, um die Motten zu täuschen!"

SKETCHE

Sketche sind heiter-satirische Einakter von etwa 3 bis 10 Minuten Dauer. Es gibt in der Regel nur wenige Darsteller (2 bis 4 Personen). Meist wird von einer besonderen Situation des Alltags ausgegangen, die mit einer unerwarteten Schlusspointe gelöst wird. Als Themen für Sketche eignen sich auch aktuelle Ereignisse und Anlässe, menschliche Schwächen, Missstände und Fragwürdigkeiten.

| A | *Jugendliche* *Erwachsene* |

Kulissen sind für die Durchführung von Sketchen nicht erforderlich. Der eine oder andere Darsteller sollte ein witziges Merkmal erhalten, das sprachlich oder mimisch zum Ausdruck gebracht wird. Die Kostümierung wird angedeutet; sie kann übertrieben und überzogen sein. Vorgegebene Szenentexte beziehungsweise Handlungsgerüste werden von den Spielern beliebig „ausgeschmückt".

Während die Darstellerzahl beim Sketch begrenzt ist, können beliebig viele Personen als Zuschauer teilnehmen. Die Teilnehmerzahlen beziehen sich im Folgenden deshalb ausschließlich auf die Mitspieler.

SPIELVORSCHLÄGE:

108   DAS TELEFON

| T | 2 |

Ein neu zugelassener Rechtsanwalt hat seine Kanzlei im vornehmsten Viertel der Stadt eröffnet. Das einzige, was fehlt, sind Klienten. Nach Tagen des zermürbenden Wartens erspäht er endlich einen Mann, der auf sein Büro zugeht. Eilig ergreift der Anwalt den Telefonhörer und beginnt zu sprechen: „Ja, hallo! Was haben Sie gesagt? Unsere Einlassung sei für Sie sehr überzeugend gewesen? Das halte ich zwar für etwas übertrieben, aber..." Leutselig winkt er den Besucher mit der freien Hand herein. „Schön. Vor Gericht erscheinen wir natürlich nicht selbst. Das erledigen unsere Assistenten. Aber sicher, das sind auch sehr kompetente Anwälte. Den Fall haben wir praktisch schon in der Tasche. Morgen zurückrufen? Nein, das geht nicht, wir müssen einen Termin in Frankfurt und anschließend einen in London wahrnehmen. Aber machen Sie sich keine Sorgen. Ihre Angelegenheit ist in besten Händen. Besprechen Sie doch bitte alles weitere mit unserem Sekretariat."

Der junge Anwalt legt auf und wendet sich dem Besucher zu: „Und was kann ich für Sie tun?" – „Nichts weiter", antwortet der Mann. „Ich komme von der Telekom und soll Ihr Telefon anschließen."

109 BEIM FRISEUR

T	2

Eine Person zum Friseur: „Schneiden Sie das Haar auf der linken Seite bitte ganz kurz, rechts lassen Sie es lang bis übers Ohr. Oben auf dem Kopf scheren Sie mir eine fünfmarkstückgroße Tonsur aus. Den Rest kappen Sie zu kurzen Stoppeln, nur eine schmale Strähne sollte so lang bleiben, dass ich sie bis zum Kinn runterziehen kann." „Aber so kann ich Sie doch unmöglich zurichten!" erwidert der Friseur. Kunde: „Was heißt, Sie können nicht? Das ist ganz genau der Haarschnitt, den Sie mir bei meinem letzten Besuch verpasst haben!"

110 SONDERBARE WARE

T	3

Der Geschäftsführer eines Warenhauses hört, wie ein Verkäufer einer Kundin erklärt: „Leider nein, meine Dame. Darauf warten wir auch schon lange, und ich fürchte, dass wir auch in nächster Zeit nicht damit rechnen können." Entsetzt stürzt der Geschäftsführer auf die Kundin zu: „Natürlich bekommen wir den Artikel bald herein. Wir haben ihn bereits letzte Woche bestellt." Die Dame geht. Der Geschäftsführer nimmt seinen Verkäufer beiseite und herrscht ihn an: „Niemals, niemals dürfen Sie vor einem Kunden zugeben, dass wir irgendetwas nicht haben. Sagen Sie stets, dass die Ware bestellt und in den nächsten Tagen am Lager ist... Was wollte die Dame eigentlich?" Der Verkäufer: „Regen."

111 KOPFWEH

T	2

Arztpraxis. Patient und Doktor sitzen am Schreibtisch. Der Patient klagt über ständiges Kopfweh. Der Arzt fragt: „Rauchen Sie?" „Nein, Herr Doktor. Für diesen gesundheitsschädlichen Unfug gebe ich kein Geld aus." „Trinken Sie?" „Gott bewahre, nein! Ich halte den Alkohol für den allergrößten Feind des Menschen. Er beraubt ihn seiner Selbstbeherrschung und führt ihn zum Bösen." „Frauen?" „Ich bin verlobt und achte die Ehre meiner Braut wie meine eigene." Der Arzt setzt die Brille ab: „Bei mir sind Sie leider an der falschen Adresse. Gehen Sie zum Klempner, und lassen Sie sich Ihren Heiligenschein weiten. Er drückt."

112 BEIM ZAHNARZT

Zahnarztpraxis: Jemand kommt zum Zahnarzt und will die Zeitung abliefern. Der Zahnarzt ist in die Arbeit versunken. Der Zeitungsausträger muss sich wider seinen Willen in den Behandlungsstuhl setzen. Zahnarzt beginnt mit der Behandlung, der Zeitungsausträger wird energisch. Der Zahnarzt fragt: „So, was haben Sie denn?" „Gar nichts, ich wollte Ihnen doch nur die Zeitung bringen."

T	2

113 BAUSTELLE

Kurt und Karl-Heinz heben auf der Baustelle einen Graben aus. Sie beschweren sich lauthals über die Schinderei und schielen neidisch nach dem Polier, der die Aufsicht führt. Schließlich klettert Kurt aus dem Graben und geht zu ihm. Er jammert: „Das ist doch ungerecht! Wir müssen da unten schippen, und du vergnügst dich hier oben, tust nicht viel und kriegst mehr Lohn als wir. Wieso eigentlich?" Der Polier: „Weil ich der Boss bin. Und ich bin der Boss, weil ich etwas auf dem Kasten habe und ihr nicht." Kurt ist empört: „Willst du damit sagen, dass wir bekloppt sind?" „Genau das, und ich werde es euch beweisen", erwidert der Polier und legt die Hand flach an einen Baum. „So, jetzt hau mal ganz kräftig auf meine Hand." Kurt holt zu einem gewaltigen Schlag aus und – trifft den Stamm, denn blitzschnell hat der Polier die Hand weggezogen. Der Polier höhnt: „Siehste? Total bekloppt. Und nun runter mit dir an die Arbeit!" Kurt verbindet sich mit einem Taschentuch die Hand und klettert in den Graben zurück. „Na, was war?" fragt Karl-Heinz. „Ich weiß jetzt, warum wir hier unten schippen müssen und er da oben die ruhige Kugel schiebt – weil wir ganz schön bekloppt sind. Und du bist noch bekloppter als ich, weil ich eben was gelernt habe und du nicht. Aber komm, ich zeige dir den Trick." Kurt hebt die unverletzte Hand und legt sie flach auf sein Gesicht. „Los", befiehlt er Karl-Heinz, „hau mal, so stark du kannst, auf meine Hand."

T	3

114 DER GRAFENSKETCH

Dieser Sketch ist ein echter Klassiker und vielen bekannt; die Ergebnisse sind jedoch immer wieder verblüffend und amüsant. Jede Gruppe bringt nämlich neue Ideen ins Spiel.
Aus einer Gruppe von mindestens 8 bis 10 Spielern werden drei Mitspieler für den Sketch gesucht: ein vornehmer Graf, ein gediegener Kammerdiener (bzw. ein Dienstmädchen) und ein Stallknecht.

T	3

Der Spielleiter gibt den Teilnehmern nun den Text einer kurzen Szene, die von den drei Darstellern zu spielen ist:

Kammerdiener: „Herr Graf, es hat geklopft."
Graf: „Sieh nach, wer draußen ist!"
Kammerdiener: „Herr Graf, es ist der Stallknecht."
Graf: „Mag er kommen!"
Stallknecht: „Herr Graf, die Pferde sind gesattelt."
Graf: „Nun denn, so lasst uns ausreiten."
Die Gruppe soll den kurzen Sketch in einer bestimmten Variante spielen. Entweder als

– Komödie	- Kriminalstück
– Oper	- Stummfilm
– Operette	- Drama
– Musical	- Tragödie

Jedes Gruppenmitglied hat die Möglichkeit, selbst zu entscheiden, welche Rolle es übernehmen will.

Variationen:
Der Sketch kann auch an einem bestimmten Ort, zu einer bestimmten Zeit spielen; zum Beispiel am Hofe Neros, bei einem Scheich, im Wilden Westen, im alten China/Japan, auf einem alten englischen Schloss.

Spielintention:
Situationskomik, Ausdruck, Temperamente „sichtbar" machen

115   INTERESSANTE SITUATIONEN

A	*Jugendliche Erwachsene*
T	*10 – 20*

Der Spielleiter hat Zettel vorbereitet, auf denen verschiedene Orte stehen. 2 bis 3 Spieler ziehen für sich als Gruppe einen Zettel und denken sich gemeinsam eine kurze Szene aus, die an dem von ihnen gezogenen Ort spielen könnte.
Wurde zum Beispiel der Zettel „im Wartezimmer" gezogen, so könnten dort folgende 3 Personen zusammentreffen: Der „eingebildete Kranke", ein leise Vor-sich-hin-Leidender und ein Besserwisser. Sie warten auf den Beginn der Sprechstunde.

Hier weitere Vorschläge:

– beim Heiratsvermittler	- im Kino
– beim Flughafen-Zoll	- im Kaufhaus
– im Treppenhaus	- in der Schule
– auf dem Bahnhof	- im Krankenhaus
– auf dem Wochenmarkt	- im Bus

– in einer belebten Geschäftsstraße   - im Zoo
– auf der Polizeiwache   - vor Gericht
– in der Kantine   - auf einem Ozeanriesen
– auf der Tribüne beim Fußballspiel   - im Internet-Café
– in der Lottoannahmestelle

Spielintention:
Ideen entwickeln, sich mit Rollen identifizieren und Situationen stellen

Material:
vorbereitete Zettel, ggf. Verkleidungsutensilien

116   PRÜFUNGEN

Nicht so ernst wird es bei der Prüfungssituation zugehen, wenn sich zum Beispiel ein nervöser Prüfungskandidat und ein zerstreuter Professor beim Medizin-Examen begegnen. Jeweils 2 bis 4 Spieler improvisieren eine Prüfung

A	*Jugendliche Erwachsene*
T	*10 – 20*

Beispiele:

Jura-Examen, Handwerksmeister-Prüfung als ... (Maler, Metzger, Fernsehtechniker, usw.), Führerschein-Prüfung

Spielintention:
Ideen entwickeln, Situationskomik

AMATEURTHEATER

Die alten Griechen schrieben die ersten Schauspiele. Sie unterschieden sich wesentlich von den unseren: Alle Schauspieler trugen nämlich Masken, die entweder grimmig aussahen oder lächelten, und ein Chor gab Kommentare zum ganzen Geschehen.

Grundlage der Dramen war die griechische Mythologie. Götter und Sagengestalten waren die Helden dieser Stücke.
Von den oft über mehrere Tage gehenden Mysterienspielen im alten Rom über das Barocktheater mit seiner Prachtentfaltung bis zur heutigen Stilisierung und Verfremdung hat das Theater eine lange Entwicklung mitgemacht und viele Strömungen erlebt. In Deutschland entstand unter dem Einfluss der englischen Komödianten und der Commedia dell'arte erstmals ein Berufsschauspielerstand. Ursprünglich wurden die Theateraufführungen, ausgehend von Mysterienspielen, Bauernspielen und Schuldramen, von Amateuren bestritten.

Im bewussten Gegensatz zum Berufstheater kam es nach 1900 zu einer Belebung des Laienspiels durch die Jugendbewegung.

Das heutige Amateurtheater ist eine Spielform, die Akteuren wie Zuschauern gleichermaßen Freude bereitet.

A	Jugendliche Erwachsene
T	10 – 15

Nicht hoch gesteckte Ziele und Perfektionismus, nicht „großes Theater", sondern überzeugendes Spiel mit einer überschaubaren Darstellerzahl und relativ wenig Aufwand an Requisiten und Kostümen sollten in der Anfangsphase einer Theatergruppe im Mittelpunkt stehen. Nach dem Üben des freien Sprechens, dem Abbau etwaiger Hemmungen und der Beschäftigung mit Kleinspielformen, Pantomime und Sketchen, kann zu Einaktern und kleinen Stücken übergegangen werden.

Spielleiter und Spielgruppe

Spielleiter und Spielgruppe bilden ein Team. Als Regisseur soll der Spielleiter ein Konzept haben und die Handlung schaubar machen. Demnach ist es seine Aufgabe, Impulse zu setzen, Anregungen und Hinweise zu geben und zu möglichen Änderungen anzuregen. Da er mit anderen im Team zusammenarbeitet, muss er Einfühlungsvermögen, Verständnis und Geduld aufbringen und „seine" Spieler ernst nehmen.
Bei der Bildung einer Theatergruppe sollte unbedingt auf die Teilnehmerzahl geachtet werden. Große Gruppen sind nicht arbeits- und aktionsfähig. Es entsteht so eine gewisse Unbeweglichkeit, die die

Teilnehmer die Lust verlieren lässt. Außerdem möchte ja jeder einmal mitspielen, die Darstellerzahl aber ist bei kleineren Stücken begrenzt. Die Teilnehmer werden vom Spielleiter ihren Fähigkeiten entsprechend in die Arbeit einbezogen. In einer Spielgruppe sind verschiedene Positionen zu besetzen:

–   Autoren, die Sketche und Stücke schreiben beziehungsweise spielbar umgestalten
–   Regisseure
–   Darsteller
–   Bühnenbildner, die für die Herstellung von Requisiten und für die Gestaltung des Bühnenbildes sorgen; Techniker für Beleuchtung und Geräusche/Musik.

Das Zusammenspiel aller Beteiligten führt zum produktiven Handeln, zur kreativen Entfaltung des Einzelnen und zu einem für alle nachhaltigen Erlebnis.

Der Spielleiter benötigt nicht nur Sachkenntnisse, die er durch Selbststudium, Seminare, Fortbildungen und Fachliteratur erwerben kann, sondern in besonderem Maße Menschenkenntnis.

Die Wahl zum Spielleiter durch die Gruppe ist eine verpflichtende Aufgabe. Alles besser wissen zu wollen als die Darsteller ist genauso falsch wie zu kurzes oder zu langes Proben. Wenn der Spielleiter versucht, alles selbst machen zu wollen, anstatt die Darsteller etwas selbst finden zu lassen, nimmt er ihnen Mut und Spielfreude. Die Selbstreflexion hilft dem Spielleiter, sich seiner „Rolle" als Regisseur bewusst zu werden:

–   Kenne ich meine eigenen Möglichkeiten und Grenzen/ Unsicherheiten? Wie wirken sie sich auf die Darsteller aus?
–   Kenne ich die Möglichkeiten und Grenzen der Darsteller? Wie gehe ich damit um?
–   Kommt der Dialog zwischen mir und den Darstellern zustande? Lobe ich zu viel/zu wenig?
–   Wie wirken meine Regieanweisungen auf die Darsteller? Wie kritisiere ich?
–   Liegen die Umsetzungsfehler beim Darsteller oder habe ich nicht verständlich genug erklärt und vorgespielt?

Jugendtheater

Beim Jugendtheater steht nicht die Produktion „großer" Theateraufführungen im Vordergrund. Vorrangig ist die Arbeit in der Gruppe, bei der es um freies Sprechen und Sich bewegen und um den Abbau von Spielhemmungen geht. Langsam und intensiv vorbereitet, geht es dann über das Rollenspiel bis zur Produktion von Aufführungen.

TEXTSPIEL

Ist der Text spielbar?

Das Angebot an Spieltexten ist groß, wobei man feststellen kann, dass die meisten Texte gekürzt, umgeschrieben oder gestrafft werden müssen.

In der Praxis hat es sich als vorteilhaft erwiesen, in der Gruppe gemeinsam einen Text zu lesen und nach folgenden Gesichtspunkten zu untersuchen:

1. Welchen Eindruck hinterließ die erste Lesung?
2. Lohnt sich der Stoff für eine Aufführung?
3. Ist der Text überzeugend? Motiviert er?
4. Hat das Stück sprachliche Qualität?
5. Überwiegt der Dialog?
6. Ist die Handlung logisch aufgebaut, lebendig und interessant?
7. Welche spielerischen Möglichkeiten stecken im Text?
8. Welche Personen tauchen in der Handlung auf? Sind ihre Charaktere klar gekennzeichnet?
9. Entspricht das Stück dem Leistungsvermögen der Spieler?
10. Ist das Stück bühnenwirksam? Reichen die vorhandenen technischen Gegebenheiten aus?

Vielleicht schreiben Sie mit Ihrer Gruppe selbst ein Stück?

ÜBERLEGUNGEN ZUR AUFFÜHRUNG VON TEXTSTÜCKEN

Vorplanung

- Handelt es sich bei den Spielern um eine Anfänger- oder um eine geübte Gruppe?
- Wo soll gespielt werden? (In einem Gruppen- oder Klassenraum, in einem Saal mit oder ohne Bühne?)
- Was wollen wir spielen?
- Wie lange wollen wir spielen?
- Wie viele Akteure werden benötigt?
- Wie steht die Gruppe zu dem Stück?
- Für welches Publikum wollen wir spielen?

Dramaturgische Bearbeitung

- Text auf seine Spielbarkeit hin überprüfen.
- Welche Personen enthält das Stück?

- Muss die Ausdrucksweise verändert werden?
- Lässt sich die Geschichte an nur einem Ort, mit nur einem Bühnenbild spielen?
- Bühnenbild festlegen:
- Welche Requisiten werden benötigt (z. B. Stellwände, Podeste, Grundmöbel, Stoffe, Farben, Vorhänge)?
- Einen Grundriss aufzeichnen (Wo steht was?)
- Bühnenbild markieren (lieber mehr andeuten als überladen; technisch unkompliziert, um schnellen Umbau zu ermöglichen)
- Wo sollen die Requisiten stehen?
- Requisitenliste für die einzelnen Szenen aufstellen?
- Beleuchtung (Mienenspiel und Gestik müssen verfolgt werden können.) Sind Steckdosen im Bühnenbereich vorhanden? Gibt es festinstallierte Scheinwerfer?
- Wird ein CD-Player benötigt?
- Werden Kostüme benötigt? (Sie müssen zum Bühnenbild, zum Darsteller und natürlich zum Stück passen.)
- Schminken (Keine Fratzen- und Clowngesichter, es sei denn, sie gehören zum Stück.)

Probenarbeit

- Der Spielleiter befindet sich vor der Bühne; so hat er den besten Überblick.
- Leseproben zur ersten Beseitigung von Hemmungen.
- Aussprache und Betonung üben.
- Einzelne Teile werden mimisch dargestellt.
- Rollenverteilung (Wer spielt wen?); verschiedene Spielversuche durchführen.
- Auftritts-Plan erstellen. Wer ist wann an der Reihe?
- Spielproben. Sitzt der gelernte Text?
- Hineinwachsen in die Rolle
- Sprache, Ausdruck, Tonfall, Mimik, Gestik und Bewegung kontrollieren. Daran denken: Kein Ausdrucksmittel steht für sich allein! Stellproben: Wer bin ich? Wo stehe ich? Wo bin ich?

Aufführung

- Spielleiter, Darsteller und technische Mitarbeiter erscheinen spätestens 30 Minuten vor der Aufführung.
- Die Requisiten müssen zur Stelle sein.

- In Ruhe umkleiden und schminken.
- Beleuchtung und Geräte (Plattenspieler/Tonband) inspizieren.
- Spielen

Auswertung

- Diskussion und gemütliches Beisammensein aller Mitwirkenden

KABARETT UND COMEDY

A	*Jugendliche Erwachsene*
T	*5 – 8*

Das klassische Kabarett ist eine Kleinkunstform, die sich stets zeit- und sozialkritisch mit verschiedenen aktuellen Zuständen und Ereignissen auseinandersetzt.

Mit Humor, Witz, Glosse und Ironie werden Geschehnisse, Personen und Begebenheiten aufgegriffen, die dem Publikum bekannt sind oder mit dem es bekannt gemacht werden soll.

Das Kabarett arbeitet mit einer überschaubaren Spielgruppe (5 bis 8 Darstellern). Wenn es sich um eine feste Gruppe handelt, die im Jugendzentrum, einem Gemeindehaus, in der Schule oder in einem Seniorenclub auftritt, legt sie sich auch meist einen Namen zu. Das erste deutsche, 1901 gegründete Kabarett hieß „Überbrettl". Ein Kabarett-Programm enthält unterschiedliche satirische Szenen und Darbietungen (Monolog, Sprechchor, Sketch, Gesang, Finale), wobei jedoch ein „roter Faden" als Gesamtthema besteht. Das Thema des Programms ist somit gleichzeitig Leitgedanke für die einzelnen Spielszenen.

Themen finden sich immer, um aufgegriffen zu werden. Die Tagespresse, Illustrierte, Radio und Fernsehen sind der beste Ideenlieferant für ein Kabarettprogramm. Kommentare, Nachrichten und Notizen werden durchleuchtet und zu Monologen oder Dialogen verarbeitet. Das Jugendkabarett sollte sich nicht ausschließlich die „große Politik" zum Thema machen, sondern sich vorrangig mit dem eigenen Lebensumkreis beschäftigen.

Die Texte sollten die Jugendlichen selbst schreiben. Dabei sollten Objektivität, Wahrheitsliebe, Takt und Humor für einen Kabarettisten selbstverständlich sein.

Die Qualität des Programms, das von einer festen Spielgruppe erarbeitet wird, hängt im Wesentlichen von folgenden Gesichtspunkten ab:

- Der Programmtitel muss treffend sein. Ähnlich wie die Schlagzeile einer Zeitung muss er auf den Kern der Sache hinweisen.
- Optische und akustische Angebote müssen sich ebenso abwechseln wie heitere und ernstere. Je nach Darstellerzahl sollten sich dabei Solo-, Duo-, Trio- und Ensembledarbietungen ablösen.
- Die Musik ist ein wichtiges Element des Kabaretts. Auf sie sollte deswegen nicht verzichtet werden. Wenn es kein Mitglied gibt, das ein Instrument (Gitarre/Klavier) beherrscht, wird die Technik (CD-Player) eingesetzt.
- Die Beleuchtung muss intensiv sein, damit das Publikum die Mimik der Akteure gut verfolgen kann.
- Das Kabarett begnügt sich mit wenigen Ausstattungselementen. Als Bühne reicht eine mit Vorhängen oder Stellwänden abgegrenzte Spielfläche. Die Dekoration muss leicht transportabel sein. Für Requisiten, Möbel und Kostüme gilt: So wenig wie möglich!
- Der Raum sollte eine gewisse Intimität ausstrahlen und etwa 50 Personen Platz bieten.
- Das Kabarett benötigt ein Publikum, das mitdenkt und geistig beweglich ist, und Spieler, die ihre übernommene Rolle verkörpern und deutlich und klar sprechen können. Die Pointen müssen sitzen, damit beim Publikum der „Groschen" nicht zu spät fällt.
- Die Kabarett-Nummern werden mit Tempo angeboten. Auch für diese Spielformen gilt: „Übung macht den Meister". Bevor sich eine Spielgruppe an ein ganzes Programm wagt, wird sie sinnvollerweise erst einmal einzelne Szenen ausprobieren und an einem Gruppennachmittag oder auf einem Bunten Abend vorstellen.

Das Kabarett lebt von einer raffinierten Einfachheit. Raffiniert, weil diese Reduzierung auf wenig schmückendes Beiwerk gekonnt sein will. In seinem Stil ähnelt das Kabarett dem Theater des Kindes, dem ein Stück Holz zur Puppe, ein Stuhl und ein Teller in der Hand zum schnellsten Auto der Welt werden.
Eine Gruppe, die Kabarett machen möchte, muss ihre mimisch-gestische Ausdrucksfähigkeit und ihre Artikulationsfähigkeit trainieren. Besonders geeignet sind hierfür Spielangebote wie die Pantomime, der Sketch, Black-Outs und das Rollenspiel. Der Besuch von Kabaretts, die Auseinandersetzung mit dieser immer noch lebendigen Kleinkunstform, sind weitere Schritte auf dem Weg zum Theaterspiel mit satirischer Aussage.

Comedy hat also mit Theater zu tun, mit Stegreifkomödie, Witz, Sketch und pointierten Darbietungen. Es geht temporeich zu. Ein „lustiger Vorfall", ein „skurriles Geschehen", ein „unglaublich schräger Nonsens" folgt dem anderen.

Ob „Monty Pythons Flying Circus", (1968 ins Leben gerufen) „Little Britain", „Ladykracher", „Die Wochenshow", „Spotlight" oder „Switch reloaded" – sie alle verstehen es, im Sinne der „Commedia dell'arte" die Lachmuskeln des Publikums zu bewegen und dabei auch zum Nachdenken anzuregen.

Das Comedy-Spiel in der Gruppe ist gekennzeichnet durch die Freude am eigenen Erfinden, Gestalten und Darstellen. Dies gilt sowohl für das Spiel in einer Workshop-Gruppe, als auch für das gezielte Erarbeiten einer Aufführung vor Publikum. Comedy-Spiel im Sinne fantasievoller Improvisationen – dazu gehört auch die Veränderung von Dialogen und Handlungen vorgegebener Witze und Sketche – kann bei den Teilnehmern Prozesse der Befreiung von inneren und äußeren Zwängen in Gang setzen. Niveauvolle Comedy und Lachen gehören zusammen. Mit einem Denkanstoß oder als Ventil hilft das Lachen unserer körperlich-seelisch-geistigen Gesunderhaltung und führt gleichsam zur Entspannung. Für das geniale Multitalent Sir Peter Ustinov war das Lachen „die zivilisierteste Form des menschlichen Geräuschs". Bliebe nur der Satz Charlie Chaplins hinzuzufügen, dass ein Tag ohne Lachen ein verlorener Tag ist.

Spielintention:

Förderung in mimisch-gestischer Ausdrucksfähigkeit, Vorstellungen zusammen mit anderen verwirklichen, Kritikfähigkeit, Auseinandersetzung mit anderen Meinungen

ROLLENSPIEL

Beim Rollenspiel handelt es sich um eine sehr flexible Spielform. Der Spielverlauf ist nicht durch vorgegebene starre Regeln, sondern durch auswechselbare Rollen bestimmt. In der „Als-ob-Realität" wird durch die freiwillige Übernahme einer Rolle soziales Lernen möglich und die Verarbeitung der Realität beobachtbar gemacht.
Das Rollenspiel ist zeitlos. Es kann sich sowohl an der Vergangenheit wie an der Gegenwart orientieren, indem entweder geschichtliche Abläufe oder aktuelle persönliche, familiäre oder gesellschaftliche Ereignisse zu Spielinhalten werden.

Wir unterscheiden zwei Formen des Rollenspiels:

1. Das soziale Rollenspiel: Stegreifspiele, die einfache pantomimische und verbale Darstellungen zum Inhalt haben (z. B. Tätigkeiten, Handlungen, Geschichten, Sprichwörter, Scharaden).
2. Das problemorientierte Rollenspiel; es findet seine Themen in Familie, Freundschaft, Schule, Beruf und Gesellschaft. Es ist eine spontane dramatische Darstellung zum Zweck der Bewusstmachung und Klarstellung menschlicher Beziehungen.

In den vorhergehenden Kapiteln haben wir uns bereits ausführlich mit den Formen des sozialen Rollenspiels beschäftigt, sodass wir uns jetzt der zweiten Form des Rollenspiels zuwenden können.

Das problemorientierte Rollenspiel

Als spontanes dramatisches Spiel vermittelt das problemorientierte Rollenspiel den Teilnehmern und Beobachtern Lernerfahrungen, die ihr Verständnis für menschliche Wahrnehmungen, Gefühle und Handlungen fördern und in ähnlichen Situationen zu einem effektiveren Verhalten beitragen sollen.

A	Alle
T	3 – 4

Die Spieler sind gezwungen, ihre Gefühle und Gedanken auszusprechen, so als würden sie die Person sein, in deren Rolle sie schlüpften. Dies kann beim Rollenspiel wesentlich freier geschehen als beim richtigen Theaterspielen. Denken, Fühlen und Handeln sind beim Rollenspiel eine Einheit.
Die Absichten des problemorientierten Rollenspiels lassen sich in 6 Punkten zusammenfassen:
1. Bewusstmachen von Rollenverhalten und sozialen Konflikten,
2. Entwickeln von Strategien zur Problem- und Konfliktlösung,
3. Verständlichmachen der Gefühle der Sozialpartner (Spielpartner),
4. unmittelbare Rückmeldung durch die Partner in der Gruppe,

5. neues Verhalten und dessen Wirkung auf andere wird erprobt,
6. soziale und persönliche Konsequenzen des Verhaltens werden deutlich.

Welche Themen eignen sich?

Um diese Frage zu beantworten, hilft eine kleine Checkliste, die der Spielleiter vor einer geplanten Rollenspiel-Sitzung durchgehen sollte:

- Können durch die Thematik bestimmte Verhaltensweisen beziehungsweise Gefühle sichtbar gemacht werden?
- Ist eine lebendige Diskussion im Anschluss an das Spiel möglich?
- Beinhaltet das Rollenspiel eine klare Zielsetzung?
- Haben die Beobachter genügend Kenntnisse über die Problematik und Hintergründe?
- Gibt es genügend Teilnehmer, die von sich aus bereit sind, die Rollen zu spielen?
- Bestehen die atmosphärischen Voraussetzungen für die Durchführung eines Rollenspiels?

Grundsätzlich sollen sich die Teilnehmer vor dem Spiel mit der Thematik auseinandersetzen, ohne die Rollen vorher starr festzulegen, da es sonst zum Theaterspiel kommt, nicht jedoch zum Rollenspiel. Die Spontaneität muss auf jeden Fall erhalten bleiben. Hier einige Themenvorschläge für Schüler-, Jugend- und Erwachsenengruppen als Anregungen:

- Urlaub mit der Familie oder/und mit dem Freund/der Freundin;
- Streit ums Fernsehprogramm;
- Was trägst du denn für eine Kleidung?
- Ich möchte bei Freunden übernachten;
- Hier wird nicht geraucht;
- „Szenen einer Ehe";
- Welche Anschaffungen haben Vorrang?
- „Null Bock" auf nichts;
- Die Eigenarten des Partners;
- Rollentausch;
- Einstellungsgespräch;
- Spannungen in der Klasse;
- Wenn ich eine Woche allein bestimmen könnte . . .
- Szenen über Beziehungen untereinander, zum Beispiel Eltern - Sohn/Tochter, Freund - Freundin, Lehrer - Schüler, Vorgesetzter - Untergebener, Amtsperson - Antragsteller, Patient - Arzt.

Der Spielleiter beim problemorientierten Rollenspiel

- hilft den Teilnehmern, ihre Verhaltensweisen zu sehen und von ihnen angebotene Lösungen einzuordnen und zu entdecken;
- belehrt nicht, sondern hilft „richtiges Problemlösen" zu lernen;
- verhält sich objektiv und unparteiisch und hilft somit den Teilnehmern, ihre Gefühle zu tolerieren und zu respektieren;
- gibt den Darstellern die Möglichkeit, ihre Rolle zu interpretieren, wie sie von ihnen selbst aufgefasst wird;
- lenkt beim Auswertungsgespräch die Aufmerksamkeit der Beobachter auf mögliche Lösungsansätze in der gespielten Szene und regt zum Nachdenken an.

Zu den sicherlich nicht leichten Aufgaben des Spielleiters gehört es auch, zu erkennen, was eventuell hinter den Worten und Gesten der Akteure steckt.

Der Spielablauf

Das Rollenspiel muss gut vorbereitet werden. Die Erstellung einer Kontrollliste zum Spielablauf ist hierbei eine nützliche Hilfe:

Vorbereiten

- Gemeinsame Wahl der Thematik durch Teilnehmer und Spielleiter. Es findet eine Diskussion in der Gruppe statt. Die Spieler erörtern, inwieweit ihnen das Thema wichtig erscheint. Ein Ereignis oder ein aktueller Anlass in der Gruppe bieten zum Beispiel die Grundlage für ein Rollenspiel. Der Spielleiter führt zum Problem hin.
- Die Darsteller werden ausgewählt. Interesse und Wünsche sollten entscheidend sein. Zurückhaltende Spieler werden vom Spielleiter ermutigt.
- Festlegung der darzustellenden Rollen.
- Die Zuschauer werden auf ihre Rolle als kritische Beobachter eingestellt. Beobachtungsziele werden abgesprochen und vereinbart.

Die aktive Teilnahme der Zuschauer in der Diskussion ist ganz besonders wichtig. Ohne eine Diskussion wird das eigentliche Ziel des Rollenspiels verfehlt.

Durchführen

- Die Darsteller müssen versuchen, sich in die Rollen der dargestellten Personen hineinzuversetzen.
- Spontaneität ist ebenso wichtig wie eine natürliche, realistische Sprache.
- Am Spiel sollten nicht mehr als 3 bis 4 Personen beteiligt sein, um jedem Gelegenheit zur Teilnahme am Dialog zu geben.
- Das Rollenspiel soll in der Regel so lange dauern, bis das Problem deutlich geworden ist. Es ist abzubrechen, wenn sich die Teilnehmer langweilen.

Auswerten

- Reflexionsgespräch zwischen Darstellern und Beobachtern: Welche Gedanken und Gefühle sind zum Ausdruck gekommen? Wurden Klischees dargestellt?
- Die Darsteller erläutern, wie sie sich untereinander gesehen haben.
- Zusammenhänge zwischen Verhalten und Auswirkungen dieses Verhaltens werden deutlich gemacht.
- Neue Lösungsmöglichkeiten werden vorgeschlagen und erörtert.

Alternativen

- Falls erwünscht, werden auf der Grundlage des Auswertungsgesprächs noch andere Lösungsmöglichkeiten durchgespielt und anschließend analysiert. Dabei kann ein Rollenwechsel zwischen Beobachtern und Darstellern erfolgen.

Der große Vorzug des problemorientierten Rollenspiels liegt in der angestrebten Wirklichkeitstreue. Es stellt eine sinnvolle Beziehung zwischen Spielsituation und Alltagswirklichkeit her. Die Voraussetzungen für eine Übertragung des im Spiel Gelernten sind somit besonders günstig.

Das Auswertungsgespräch beim Rollenspiel ist von großer Bedeutung, denn neue Verhaltensweisen im Umgang mit anderen Menschen lassen sich nur verinnerlichen, wenn man zuvor erkannt hat, wie, wann, wo und mit welchen Erwartungen man sein Verhalten ändern will.

PLANSPIEL

Fast täglich werden wir vor Entscheidungen gestellt. In der Regel stehen sich zwei Seiten gegenüber oder es muss zwischen verschiedenen Sachverhalten gewählt werden.

Das Planspiel ist ein Simulationsspiel zur Einübung von entsprechenden (gesellschaftspolitischen) Verhaltensweisen. Es versucht, problem- und sachorientiert, komplizierte und abstrakte Zusammenhänge durch eine vereinfachte Darstellung durchschaubar und nachvollziehbar zu machen. Probleme, die eine Entscheidung erfordern, werden kooperativ gelöst.

Planspiele machen sichtbar, wie bestimmte Rollen innerhalb eines Systems funktionieren können oder müssen, wie zum Beispiel gesellschaftliche, wirtschaftliche, juristische, soziale oder institutionelle Zwänge das Verhalten von Einzelpersonen und Gruppen bestimmen.

Im Handel sind vorgefertigte Planspiele erhältlich. Besser sind jedoch Spiele, die man gemeinsam, von den Bedürfnissen in der Gruppe ausgehend, entwickelt.

Das Entwerfen eines eigenen Spiels ist trotz des Aufwandes immer noch instruktiver als eines zu kaufen, da die Eigenbeteiligung und Aktivität der Mitspieler schon im Entwurf gefordert werden.

Gute Planspiele müssen nicht unbedingt besonders kompliziert sein. Es lassen sich Spiele durchführen, die nicht länger als eine Stunde dauern und trotzdem vielfältige Erfahrungen bringen.

Der Spielleiter bereitet gemeinsam mit den Spielern vor, gibt ggf. Instruktionen, sorgt für einen reibungslosen Ablauf und hilft bei der Auswertung des Spiels.

A	*Jugendliche Erwachsene*
Z	*ab 60 Min.*

Wie läuft ein Planspiel ab?

Vorbereiten

- Das Problem beziehungsweise Thema, die Zielsetzung und die Situation werden bestimmt. Was wollen wir lernen? Fertigkeiten, Gefühle; Zusammenhänge, Systeme und Abhängigkeiten erkennen? Welche Kenntnisse soll das Spiel vermitteln?
- Material und technische Hilfsmittel werden gesichtet und zusammengestellt.
- Rollen werden festgelegt und Spielern zugeteilt (schriftlich, z. B. auf Karteikarten). Welches Verhalten sollen die einzelnen Spieler zeigen (Charakter, Gefühle, Einstellungen)?
- Es wird versucht, die reale Situation modellhaft nachzubilden (z. B. Konferenzsituation, Arbeitsplatz).

    – Erstellung eines schriftlichen Organisationsplans (Spielver-
fahren).
Wer muss sich mit wem auseinandersetzen? Wie interagieren die einzelnen Personen und Gruppen miteinander?

Proben

    – Erste Spielversuche werden durchgeführt, danach wird ggf.
das Konzept überarbeitet. Wechsel der Rollen/Institutionen.

Durchführen

    – Der Spielverlauf wird im Wesentlichen durch die vorgegebene
Thematik, die Rolleninhaber, die Situation und den Organisa-
tionsplan bestimmt.
Der Ausgang ist in der Regel offen. Zu Beginn des Planspiels kann
eine Beobachtergruppe gebildet werden.

Auswerten

    – Das Planspiel wird im gemeinsamen Gespräch ausgewertet
und diskutiert. Es stehen mehrere Spielformen zur Verfügung.
Sie sind abhängig von der Spielbereitschaft der Teilnehmer,
von materialen und räumlichen Gegebenheiten.

SPIELFORMEN UND THEMENBEISPIELE:

Planspiele lassen sich in 4 Spielformen durchführen. Bei den meisten
wird vor Spielbeginn der Sachverhalt kurz schriftlich umrissen.

117 .   PROJEKTFORM

T	10 – 12
Z	180 Min.

Ein Modellfall wird der Realität nachempfunden und gespielt, zum
Beispiel wird unter der Leitidee „Zeitung, Nachricht, Meinung" versucht, den Arbeitstag in einer Zeitungsredaktion nachzuspielen. Dabei
wird es um verschiedene Fragen gehen: Wie entsteht ein Artikel? Welche Wirkung kann von ihm ausgehen? Wo werden Nachricht und
Kommentar vermischt? Wie entsteht „Meinung"?
Die verschiedenen Aufgaben und Rollen werden in der Spielgruppe
verteilt. Reportageaufträge werden an zwei „Redakteure" gleichzeitig

vergeben. Die unterschiedliche Darstellung in den Artikeln wird besprochen und so weiter. Eine mögliche Rollenverteilung wäre zum Beispiel: Verleger, Chefredakteur, Ressortleiter, Redakteure, Layouter (Text- und Bildgestalter), Leiter der Werbeabteilung, Drucker.

118 DEBATTE

Argumente werden von zwei gegenüberstehenden Meinungsgruppen vorgetragen. Ein vor Spielbeginn gewähltes Gremium fällt nach Anhörung der beiden „Interessenvertreter" einen Beschluss. Thema für ein Rundgespräch könnte zum Beispiel die Arbeitszeitverkürzung sein. Vertreter der Gewerkschaft und der Arbeitgeberverbände erörtern die 35-Stunden-Woche oder suchen nach Möglichkeiten zur Beseitigung der Jugendarbeitslosigkeit.

T	8 – 20
Z	60 Min.

119 DISKUSSION

Ein umstrittenes Thema wird von Spielern in unterschiedlichen Rollen dargestellt. Gegensätzliche Auffassungen, Wertungen und Meinungen werden zusammengetragen. Die Ergebnisse werden zusammengefasst und analysiert. Das Thema „Strafe" lässt sich zum Beispiel aus pädagogisch-psychologischer, aus medizinischer, juristischer und geschichtlicher Sicht sowie aus der Sicht der Betroffenen beleuchten.

T	8 – 20
Z	60 Min.

120 VERHANDLUNG

Innerhalb einer bestimmten äußeren Verhandlungsform soll ein Problem erläutert und zur Lösung gebracht werden; zum Beispiel wird auf einer „Lehrerkonferenz" der Disziplinarfall eines Schülers erörtert oder in einer „Gerichtsverhandlung" werden Rechtsfälle aus dem Alltag zur Entscheidung gebracht. Ebenso kann es auf einer „Stadtverordnetensitzung" um die Frage gehen, ob zuerst die Fußgängerzone, das Parkhaus, das Jugendzentrum oder der Abenteuerspielplatz gebaut werden soll.

T	8 – 20
Z	60 Min.

SPIELVORSCHLÄGE:

121 GERICHTSVERHANDLUNG

A	*Jugendliche Erwachsene*
T	*10 – 20*
Z	*120 Min.*

Täglich werden wir im Fernsehen mit Gerichts-Shows überschwemmt. Wir nehmen uns vor, mit unserer Gruppe eine eigene improvisierte Gerichtsverhandlung durchzuspielen. Das Thema der Verhandlung (z. B. Beleidigung, Körperverletzung, Diebstahl, Heiratsschwindel oder Verkehrsgefährdung) wird festgelegt und in groben Zügen (Delikt/Tatort/Tathergang bzw. Streitgegenstand) umrissen.

Die Rollen werden aufgeteilt: 1 Richter, 2 Schöffen, 1 Staatsanwalt, Verteidiger, Angeklagte, Zeugen, ggf. 1 Sachverständiger und Zuhörer. Die Darsteller für die einzelnen Rollen sollten sich freiwillig zur Verfügung stellen. Dem Richter ist bei diesem Spiel eine besondere Rolle als Moderator zugewiesen. Er leitet die Verhandlung, befragt Angeklagte und Zeugen und hält die Gesprächsfäden zusammen.

Der Spielraum wird zum Gerichtssaal umgerüstet. Die Spieler nehmen ihre Plätze ein. Der Richter sitzt mit den beiden Schöffen zwischen Staatsanwalt und Verteidigung. Vor ihnen sitzen die Zeugen. Der Angeklagte nimmt bei seinem Verteidiger Platz.

Der Richter eröffnet die Verhandlung und überprüft die Anwesenheit der Teilnehmer. Die Anklage wird vom Staatsanwalt vorgetragen. Der beziehungsweise die Angeklagte wird vom Richter, dem Staatsanwalt und der Verteidigung zum Tathergang befragt. Dann werden die Zeugen aufgerufen und ebenfalls eingehend befragt. Der Angeklagte muss auf Befragung durch den Richter zu diesen Zeugenaussagen Stellung beziehen.

Auch die Schöffen, der Staatsanwalt und die Verteidigung können Fragen stellen.

Am Ende der „Beweisaufnahme" hält der Staatsanwalt sein Plädoyer. Darin fasst er für sich das Ergebnis der Verhandlung zusammen und gibt das von ihm geforderte Strafmaß bekannt. Daraufhin hält der Verteidiger sein Plädoyer für den Angeklagten.

Der Richter und die beiden Schöffen ziehen sich zur Beratung zurück und geben nach etwa 10 Minuten das Urteil bekannt. Die Entscheidung des Gerichtes wird dabei begründet.

Während das Gericht in einem anderen Raum berät, kann ein „Reporter" den Zuhörern die Frage stellen: Wie würden Sie entscheiden?

Spielintention:

Eine Sache von verschiedenen Standpunkten beleuchten, Einfühlung, Betroffenheit erleben

Material:

Schreibpapier und Kugelschreiber

122   BETRIEBSRATSSITZUNG

Die Filiale der Firma Winkelmann und Söhne muss aufgrund der schlechten Geschäftslage einen Mitarbeiter entlassen. Ein Vertreter der Firmenleitung sowie 3 Mitglieder des Betriebsrates haben nun die Aufgabe, zu entscheiden, welcher Mitarbeiter entlassen werden soll. Unter diesen 3 Personen ist die Entscheidung zu treffen:

A	Jugendliche Erwachsene
T	5 – 15
Z	60 Min.

1. 34-Jähriger, 2 Kinder. Die Arbeitsleistungen sind befriedigend. Seinen Vorgesetzten fiel er häufig durch kritische Bemerkungen auf.
2. 28-Jähriger, geschieden, 1 Kind. Er ist schon häufiger zu spät zum Dienst gekommen und führt – wie man sagt – ein unstetes Leben. Er erbringt hervorragenden Arbeitseinsatz und sehr gute Leistungen.
3. 56-Jähriger, verheiratet, 3 Kinder, von denen allerdings schon zwei aus dem Haus sind. Die Arbeitsleistung ist befriedigend.

Die Teilnehmer haben jetzt maximal 20 Minuten Zeit zu diskutieren und eine Entscheidung zu fällen. Nach gefallener Entscheidung wird gemeinsam überlegt, wie es zu diesem Beschluss kam. Die Zuschauer fungieren als Beobachter.

Beobachtungshilfe: Nach welchen Gesichtspunkten werden Aussagen gemacht? Wie stark ist das Durchsetzungsvermögen des einzelnen Spielers? Läuft der Entscheidungsprozess sachlich oder gefühlsbetont ab?

Die bezüglich Kündigung in Frage kommenden Personen (1 bis 3) mit ihren Personalangaben sollten die Teilnehmer vor Augen haben (Zettel mit Personenbeschreibungen).

Der Spielleiter sollte darauf hinweisen, dass es günstig ist, wenn ein Mitglied aus der vierköpfigen Spielrunde die Gesprächsführung übernimmt.

Für die Durchführung des Spiels sollte eine entspannte Atmosphäre herrschen.

Spielintention:

Eine reale Situation wird reflektiert; die eigene Meinung muss vertreten werden; freie Rede, Einfühlungsvermögen, Entscheidungen treffen und abwägen

Material:

Vorbereitete Zettel mit Personenangaben (1 bis 3)

123

DAS NASA-SPIEL

A	Jugendliche Erwachsene
T	8 – 20
Z	120 Min.

Die NASA (National Aeronautics and Space Administration) ist die Nationalbehörde der USA für Luftfahrt und Raumforschung. Fachleute dieser Institution entwickelten zu Beginn ihres Raumfahrtprogramms das folgende Spiel für Astronauten. Auch ohne entsprechende Weltraumerfahrung können wir dieses Planspiel in der Gruppe durchführen. Vielleicht sind schon in den kommenden Jahrzehnten die technischen Probleme soweit gelöst, dass Weltraumreisen möglich werden ... Bis dahin üben wir auf dem Boden von Mutter Erde.

ZUR SPIELHANDLUNG

Der Spielleiter erzählt:

Du bist Mitglied des Raumkreuzers „Galaxis", der nicht weit von der Hell-Dunkel-Grenze, jedoch auf der hellen Oberfläche des Mondes gelandet ist. Vom Mutterschiff aus bist du mit dem kleinen Raumgleiter „Galaxetta" zu einem Erkundungsflug gestartet. Wegen technischer Schwierigkeiten ist dein Raumgleiter jedoch gezwungen, etwa 250 Kilometer vom Mutterschiff entfernt notzulanden, und zwar bereits ein Stück hinter der Hell-Dunkel-Grenze. Der Raumgleiter wird dabei zerstört. Du kannst nur das nackte Leben und einige Ausrüstungsgegenstände retten.

Da die Überlebenschance vom Erreichen des Mutterschiffs abhängt, müssen die wichtigsten Dinge für den 250 Kilometer langen Weg gewählt werden. Du stellst fest, dass folgende Gegenstände noch vorhanden und brauchbar sind:

- 1 Schachtel Streichhölzer
- 1 Dose Lebensmittelkonzentrat
- 25 Meter Nylonseil
- 1 größeres Stück Fallschirmseide
- 1 tragbares Heizgerät
- 2 Pistolen, Kaliber 45
- 1 Kiste Trockenmilch
- 2 Sauerstofftanks mit je 100 Litern Inhalt
- 1 Sternatlas mit der Mondkonstellation
- 1 Schlauchboot, das sich selbst aufblasen kann
- 1 Magnetkompass
- 20 Liter Wasser
- Signalleuchtkugeln
- Notapotheke mit Injektionsnadeln
- 1 UKW-Sender und -Empfänger, der mit Sonnenbatterien betrieben wird

Jeder Spieler erhält einen Zettel, auf dem alle 15 Gegenstände aufgeführt sind.

DIE AUFGABENSTELLUNG

1. Spielphase   Spielzeit: 15 Minuten

Jeder Spieler erstellt für sich allein eine Rangfolge der Wichtigkeit dieser 15 Gegenstände. Die Nummer 1 wird neben den wichtigsten Gegenstand, die Nummer 2 neben den zweitwichtigsten Gegenstand usw. bis Nummer 15 gesetzt. Das Ergebnis behält jeder Spieler für sich.

2. Spielphase   Spielzeit: 45 Minuten

Nachdem jeder Mitspieler diese Rangfolge schriftlich festgelegt hat, werden Gruppen zu je 4 bis 6 Spielern gebildet. Ziel ist das Erstellen einer gemeinsamen Rangfolge der Wertigkeit der einzelnen Gegenstände. In der Gruppe soll Einigkeit über die Bewertung erzielt werden. Die unterschiedlichen Meinungen müssen gründlich diskutiert werden, zumal es ja ums „Überleben" geht!

3. Spielphase

Die Ergebnisse aus der 1. und der 2. Spielphase werden innerhalb der Gruppe, dann mit den anderen Spielgruppen und dem Sachverständigengutachten der NASA verglichen.

AUFLÖSUNG

Die NASA-Fachleute stellten folgende Rangordnung auf:

1. 2 Sauerstofftanks mit je 100 Litern Inhalt (notwendig zum Atmen)
2. 20 Liter Wasser (Trinkwasser)
3. 1 tragbares Heizgerät (auf der dunklen Seite als Kälteschutz notwendig)
4. 1 Dose Lebensmittelkonzentrat (Energiebedarf)
5. 1 UKW-Sender und -Empfänger, der mit Sonnenbatterien betrieben wird (Funkverbindung mit dem Mutterschiff)
6. 25 Meter Nylonseil (nützlich zum Abseilen, zum Klettern, um Verletzte zu unterstützen usw.)
7. Notapotheke mit Injektionsnadeln („Erste-Hilfe-Leistung" durch Injektionen und Tabletten)
8. 1 größeres Stück Fallschirmseide (Sonnenschutz)

9. 1 Schlauchboot, das sich selbst aufblasen kann (die Kohlensäure-
flaschen zum Aufblasen des Floßes können als Antrieb zum Überwinden von Schluchten eingesetzt werden)
10. Signalleuchtkugeln (Notsignal, sobald das Mutterschiff in Sicht-
weite ist)
11. 2 Pistolen, Kaliber 45 (Antrieb durch Rückstoß)
12. 1 Kiste Trockenmilch (Nahrung; mit Wasser gemischt trinkbar)
13. 1 Sternatlas mit der Mondkonstellation (Orientierungshilfsmittel)
14. 1 Magnetkompass (auf dem Mond gibt es kein polarisiertes Ma-
gnetfeld)
15. Streichhölzer (auf dem Mond völlig nutzlos)

BEOBACHTUNGSHILFE

Wie wurde die Diskussion geführt? Wie setzten die Spieler ihre eigene
Meinung durch? Gab es „faule Kompromisse"?
Wie kam es zu einem Mehrheitsbeschluss?
Waren alle Spieler am Entscheidungsprozess beteiligt? Wie lange
dauerte er?

Bei der Durchführung des NASA-Spiels wird sich stets das gleiche
Ergebnis zeigen: Die Gruppe weist eine wesentlich höhere Entschei-
dungssicherheit auf als die Einzelnen bei ihren Entscheidungen. Diese
Erkenntnis ist für das Entwickeln neuer Ideen von besonderer Bedeutung.

Spielintention:
Erkennen des Leistungsvorteils der Gruppe; argumentieren, überzeugen; Gegenüber-
stellen von Beschlussfassungen und Problemlösungen

Material:
Vorbereitete Zettel, auf denen die 15 Gegenstände genannt sind, Schreibstifte

HANDPUPPENSPIEL

Das Puppentheater stellt eine eigene Gattung des Theaters dar. Die Puppe zeigt besondere Wesenszüge und kann Dinge darstellen, die nur von ihr darstellbar sind. Sie fliegt zum Beispiel, setzt vom Boden ab und verschwindet auf der Stelle.

A	Alle
T	10 – 100

Die Figuren sind in der Regel überzeichnet, typisiert, um so bereits dem äußeren Wesen eine eigene Prägung geben zu können.

Das klassische Kasperle-Theater (auch: Kasper, Kasperl, Kaschberle) ist im deutschen Sprachraum etwa seit dem 18. Jahrhundert bekannt. Vergleichbare Figuren sind in England Mr. Punch, in Dänemark Mester Jackel, in Italien Pulcinella und in Frankreich Guignol. Ursprünglich war das Kasperletheater ein derb-zotiges Jahrmarktsvergnügen. Während des Zweiten Weltkrieges betrieb der Puppenspieler Max Jacob das Kasperletheater sogar als Fronttheater. Heute dient das klassische, durch Hohensteiner Puppen stark bestimmte Kasperletheater fast ausschließlich der Unterhaltung jüngerer Kinder, wie zum Beispiel die Figur des Verkehrskaspers, der zur Früherziehung in Kindertagesstätten eingesetzt wird. Auch der klassische Kasper, der heute leider nur noch ein Nischendasein führt, ist zusammen mit den Figuren wie Gretel, Seppel, Oma, Fee, Prinz, Prinzessin, König, Königin, Struppi, Krokodil, Räubern, Hexe, Zauberer und Teufel ein Stück erhaltenswertes Kulturgut. Heute gibt es eine unüberschaubare Menge neuer Handpuppen mit einem breiten Typen-Spektrum und einem eigenen, witzigen Mikrokosmos.

Ein Grundsatz des Handpuppenspiels lautet: Das Publikum ist nicht nur Zuschauer, sondern auch Mitspieler.

Bei Kindern ist es einfach, sie zum Mitspielen zu motivieren. Jugendliche und Erwachsene haben eher Hemmungen. Sie üben meist Zurückhaltung. Sie möchten zwar gerne mitmachen, schämen sich jedoch vor den anderen. Bei Erwachsenen bricht die Puppe das Eis, wenn sie einen Witz erzählt oder dem Publikum eine Frage stellt, die sich nur mit „ja" oder „nein" beantworten lässt; auch geht sie auf Dinge ein, die sich zum Beispiel im Zuschauerraum ereignen. Das Stegreifspiel mit dem Publikum, das Hin- und Herwerfen von „Bällen" erfordert einen schlagfertigen Puppenspieler.

Die wichtigsten Spielregeln

Zur Handlung:
- Das Mitspielen des Publikums sollte von vornherein eingeplant werden.
- Die Handlung muss klar strukturiert und originell (Spannungsbogen) sein. Es muss einen leitenden Gedanken, den „roten Faden" geben.

   – Je nach sprachlichem Talent der Akteure eignen sich für die
      Arbeit mit Jugendlichen und Erwachsenen zum Beispiel
      folgende Themen:
      a) Die Puppen agieren zu Musik von der Schallplatte (Opern-
          oder Singspiele)
      b) Parodien, gespielte Witze
      c) Märchen (Verwandlungen, Stimmungsbilder)
      d) Textspiele

Beleuchtung, Bühnenbild und Requisiten sind dabei auf das jeweilige
Thema abzustimmen.

Zur Spieltechnik:

   – Der Spieler bestimmt, wie seine Puppe auftreten soll und was
      mit ihr geschieht. Die Charaktere der Figuren sind durch ihr
      äußeres Erscheinungsbild in bestimmter Weise festgelegt; sie
      können zum Beispiel „gut", „böse", „einfältig" oder „lustig"
      sein.
   – Nicht jede Stimme passt zu einer bestimmten Puppe. Soll sie
      tief, schrill, fistelnd, ängstlich, weinerlich sein oder gar
      Dialekt sprechen? Der Spieler muss sich auf das vorgegebene
      Äußere der Puppe einstellen. Bei einer Sprechprobe mit der
      Puppe merken wir schnell, ob Stimme und Puppe eine Einheit
      bilden.
   – Es sollte deutlich, nicht überhastet gesprochen werden.
   – Damit die Puppe eindrucksvoll „leben" kann, streifen wir sie
      über die ausgestreckte Hand und unseren Unterarm. Hand-
      rücken und Unterarm müssen dabei eine gerade Linie ergeben.
      Der Zeigefinger wird in den Puppenkopf gesteckt, Daumen
      und kleiner Finger (!) ergeben die Arme. Durch diese Finger-
      verteilung erhält die Puppe ausgeglichene Proportionen.
   – Die ersten Bewegungsversuche werden unternommen:
      Bewegen des Kopfes: Bejahen, verneinen, nachdenklich am
      Kopf kratzen. Ein Gegenstand wird gegriffen. Gehen:
      Gebrechlich, würdevoll, schleichend, lauernd. Zwei Puppen
      bewegen sich zusammen: Begrüßung, tanzen.
   – Damit die Puppe beim Gehen stets zwei Drittel über der
      Spielleiste steht, winkeln wir den Arm beim Spielen leicht an.
   – Die Harmonie von Sprache und Bewegung ist der wichtigste
      spieltechnische Grundsatz. Dies gilt insbesondere, wenn
      mehrere Puppen zusammenspielen. Sie müssen klare sprach-
      liche Unterschiede aufweisen. Auch aus ihren Bewegungen
      muss dem Zuschauer deutlich werden, wer gerade spricht.

Die bekanntesten deutschen Puppenspieler des Kasperle-Theaters waren Max Jacob, der 1921 die Hohensteiner Puppenspiele gründete; Erich Kürschner und Harald Schwarz in Essen, Friedrich Arndt, Irmgard Waßmann und Rudolf Fischer, der zunächst Mitspieler bei Max Jacob war und dann mit den Königsteiner-, später Darmstädter Puppenspielen einen eigenen Stil prägte.

SCHATTENSPIEL

Das Schattenspiel ist eine alte Form des darstellenden Spiels. Es kam von China und Java über die orientalischen Länder nach Italien und von dort im 17. Jahrhundert nach Deutschland. Hier wurde es besonders von den Romantikern gepflegt. Achim von Arnim und Eduard Mörike verfassten zum Beispiel Schattenspiele.

A	Alle
T	10 – 50

Wir unterscheiden das Figuren- und das Personenschattenspiel. Beim Erstgenannten handelt es sich um eine besondere Form des Puppenspiels. Es wird mit beweglichen Scherenschnitten hinter einer mit weißer Seide bespannten, ca. 60 x 100 cm großen Bühne gespielt. Die Figuren sind flach und von der Konstruktion her auf die Wirkung der Silhouette angelegt. Die Figuren werden aus schwarzem Karton ausgeschnitten. Für die Gelenke werden Bindedraht und Musterklammern benutzt. Zur Führung wird die Figur an feste Drähte oder Holzstäbe geklebt.

In der Arbeit mit Jugendlichen findet das Personen-Schattenspiel eine größere Resonanz. Die Gemeinsamkeit mit dem Figurenspiel liegt im Spiel mit der Fläche. Es wird von der Umrissform bestimmt. Die Darsteller spielen lautlos mit verlangsamten, stilisierten Bewegungen. Es wird nicht gesprochen. Sprache, Geräusche und Musik werden von außen in das Spiel gebracht. Entweder es wird ein Text von einem außen neben der Bühne sitzenden Spieler zu jeder Szene vorgelesen oder er wird vom CD-Player dazu gespielt. Für das Personen-Schattenspiel benötigen wir natürlich eine entsprechend größere Spielfläche. Recht schnell entsteht eine Bühne, wenn man einen Türrahmen mit einem Bettlaken bespannt und etwa 2 bis 3 Meter hinter dem Laken eine starke Lichtquelle (200–500 Watt) installiert. Die Spielfläche muss voll ausgeleuchtet sein. Eine größere Spielfläche bietet mehr Spielmöglichkeiten. Dafür wird eine Bahn aus ca. 2 x 4 Meter weißem, reißfesten, dünnen Leinenstoff (oder Nessel) auf einen Holzrahmen gezogen. Sollte es Beschaffungsschwierigkeiten beim Stoff geben, so können eventuell mehrere Laken zusammengenäht werden. Der Aufwand für den Bühnenbau lohnt sich ohnehin nur, wenn die Spielgruppe beabsichtigt, sich dem Schattenspiel für einen längeren Zeitraum zu widmen.

Regeln zur Durchführung des Personen-Schattenspiels

1. Der Ablauf der Szenenfolge wird zu Beginn schriftlich festgelegt.
2. Die einzelnen Szenen müssen klar erkennbar und übersichtlich aufgebaut sein.
3. Der Schatten des Spielers wird zur Spielfigur und übernimmt seine Rolle. Die Spieler müssen sich im Bühnenraum außerhalb des Lichtkegels bewegen.
4. Der Szenenwechsel findet durch Ausschalten des Lichtes statt.
5. Die Kostüme müssen formprägnant sein, da es auf die Formbeziehungsweise Umrisswirkung ankommt. Krepppapier und Tücher helfen bei der Verfremdung eines Kostüms. Letztlich kann alles verwendet werden, was interessante Schatten wirft.
6. Um unliebsame Nebengeräusche zu vermeiden, sollten die Spieler Turnschuhe tragen.
7. Als Requisiten eignen sich angefertigte Papp-Attrappen, die beim Spiel stets parallel zur Leinwand aufgestellt sein müssen. Natürlich werden ebenso leicht aufzubauende und verwandlungsfähige Möbel (Stuhl, Tisch, Kiste) eingesetzt.
8. Die Rahmenkulissen für eine Spielszene (z. B. Bäume, eine Tür oder Säulen) können als Papp-Attrappen hergestellt werden. Wirkungsvoll und zudem wenig aufwendig, lassen sich Kulissen auch durch Diapositive projizieren. Hierfür wird zwischen zwei 24 x 36 mm große (dünne) Glasplatten ein zuvor mit der Stechfeder sorgfältig herausgearbeiteter Scherenschnitt gelegt und mit dem Projektor wie ein Dia projiziert. Durch entsprechenden Abstand zur Bühne ergeben sich schnell die richtigen Größenverhältnisse zwischen Spielern und Kulissen.

SPIELVORSCHLÄGE:

124   SELTSAMES UND ZAUBERHAFTES

A	*Alle*
T	*1 – 5*
Z	*10 Min.*

Als Spielvorlage eignen sich für das Menschen-Schattenspiel seltsame, phantastische und zauberhafte Begebenheiten. Hier einige Themen:

- Mittelalterliche Operation oder Zahnbehandlung,
- Operation, bei der wundersame Dinge aus dem Bauch des Patienten an das Tageslicht befördert werden,
- Spaziergang durch einen Geisterwald,
- Zirkusvorstellung; zum Beispiel Auftritt von Säbelschlucker, Gewichtheber und Schlangenbeschwörer,
- gespielte Sprichwörter,

- Liebesszene (schüchternes Paar),
- ein Allesfresser hält Mittagstisch,
- Dämonen mit 6 Armen erscheinen (3 Spieler hintereinander),
- Zaubereien (Dinge tauchen auf und verschwinden),
- Schattenpantomime (siehe auch unter „Pantomime"),
- Schattenplastik (Statuen werden dargestellt),
- die Schatten bekannter Persönlichkeiten aus der Vergangenheit. Zusätzliche Requisiten werden eingesetzt. Die Zuschauer
  raten.

Spielintention:
Fantasie und körperlicher Ausdruck werden angeregt.

Material:
Schattenbühne, Requisiten, CD-Player, Musik

125   GANOVENJAGD

Für dieses Schattenspiel wird der Raum abgedunkelt und durch die Zimmermitte eine Leinwand (Bettlaken) gespannt. In einiger Entfernung dahinter wird eine Lampe angebracht. Zwei Gruppen werden gebildet. Bei der ersten Gruppe handelt es sich um die gesuchten „Ganoven", die – bis zur Unkenntlichkeit verkleidet – hinter der Leinwand an der zweiten Gruppe, den Detektiven, vorbeiziehen. Diese sollen nun die Ganoven identifizieren. Natürlich kann auch mehrfach hintereinander dieselbe Person in verschiedener Aufmachung (Hut, Kleidung, Körperhaltung) auftreten. Lassen sich die Detektive irreführen? Nach einem Durchgang wird gewechselt. Welche Gruppe erkennt die meisten Ganoven?

A	Alle
T	8 – 16
Z	10 Min.

Material:
Bettlaken, Lichtquelle (2 x 100 Watt Birnen, falls noch vorhanden), Utensilien

TECHNISCH-MEDIALES SPIEL

Im technisch-medialen Spiel erfahren die Teilnehmer die unterschiedlichen Ausdrucksmöglichkeiten und Wirkungsweisen des CD-Players, des Films und der Videoaufzeichnung.

Neben dem Experimentieren und Üben mit der Technik lernt die Spielgruppe, von Personen und Situationen getragene Handlungsabläufe in die „Sprache" des jeweiligen Mediums umzusetzen.

DAS HÖRSPIEL

A	Alle
T	3 – 6

Im Gegensatz zur Bühnenaufführung ist das Hörspiel beweglicher in der Szenenverknüpfung. Eine Szene entwickelt sich aus der anderen. Wie beim Bühnenstück bedarf es einer Niederschrift des geplanten Handlungsablaufs, aus dem zum Beispiel die Personen, Situationen (Ort der Handlung) und die notwendigen Geräusche hervorgehen. Auch die Hilfsmittel, die für die Erzeugung der Geräusche benötigt werden, sollten im Regiebuch stehen.

Jeder Spieler erhält eine Durchschrift des Regiebuches. Ein 20-minütiges Hörspiel umfasst etwa 20 DIN-A-4-Seiten. Um Nebengeräusche während der Aufnahme zu vermeiden, blättern wir das Manuskript nur sehr vorsichtig um, ohne mit dem Manuskript den Mund zu verdecken. Die Aufnahmequalität könnte dadurch beeinträchtigt werden. Um kleine Fehler in den Griff zu bekommen, wird erst einmal vor dem abgeschalteten Mikrofon geübt.

Die Sprache der Akteure muss beim Hörspiel ausdrucksstark und konzentriert sein, da im Gegensatz zur Bühne Gestik und Mimik nicht sichtbar werden. Die Sprache soll die einzelnen Szenen in Spannung halten.

Damit der Zuhörer der Handlung folgen kann, muss sie übersichtlich und geradlinig aufgebaut sein. Rundfunkjournalisten wissen, dass das geschriebene Wort etwas anderes ist als das gesprochene. Kunstvoll verschachtelte und konstruierte Sätze wirken beim Hörspiel unecht und ermüden den Zuhörer.

Geräusche führen den Hörer in die Umgebung ein, sie erzeugen Stimmungsbilder und wecken seine Fantasie. Ein Zuviel an Geräuschen kann aber irritieren. Sie sollten deshalb nur zu Beginn und am Ende einer Szene zu hören sein.

Im Handel sind entsprechende Schallplatten und Kassetten mit unterschiedlichsten Geräuschen erhältlich. Natürlich kann man diese auch selbst erzeugen. Hier einige Beispiele aus der „Trickkiste des Geräuschemachers":

Regen: Trockene Erbsen werden auf einem Sieb hin- und her gerollt. Das Mikrofon wird dicht an das Sieb gehalten.

Wind: Zwei Papierkanten werden möglichst nahe am Mikrofon angeblasen.

Sturm: Gegen den Rand einer steifen Pappe blasen, die man vor den Mund hält.

Wasserfall: Mehr oder minder stark in das Mikrofon hineinblasen.

Brandung: Am Badewannenrand mit leichten Bewegungen das Wasser plätschern lassen.

Donner: „Theater-Donner" wird erzeugt, indem dünne Blechplatten in einigem Abstand vor dem Mikrofon geschüttelt werden.

Feuer: Zellophanpapier wird direkt vor dem Mikrofon zusammengeknüllt.

Pistolenschuss: Für ein Kriminalhörspiel wird der Schuss durch eine Latte erzeugt, die wir dicht neben dem Mikrofon auf eine Tischplatte schlagen.

Quietschende Bremsen: Eine Gabel wird über eine Glasplatte gezogen.

Schritte: Nahe vor dem Mikrofon wird Kunststoff-Folie im Schritt-Rhythmus gedrückt.

HANDY-KLINGELN
KASSETTEN- UND DIGITALE RECORDER

Der in die Jahre gekommene Kassenrecorder war immer das ideale Hilfsmittel zur Erstellung von Reportagen und Hörspielen.

Auch ein Radiorecorder, bei dem sich Radio und CD-Player in einem Gerät befinden, kann gut für Aufnahmen eingesetzt werden. Diese Geräte verfügen über ein eingebautes „Bordmikrofon". Dieses hat den Nachteil, zu weit von den einzelnen Sprechern entfernt zu sein; auch werden so eher unerwünschte Nebengeräusche aufgenommen. Besser ist auf jeden Fall die Verwendung eines Handmikrofons, das sich auf ein (Tisch-) Stativ setzen lässt. Heute sind digitale Recorder, die nicht mehr als 50 Gramm wiegen, einen 2-Gigabyte-Speicher haben und für Sprach- wie Musikaufnahmen bestens geeignet sind, das ideale Medium für stundenlange Aufnahmen. Gute Geräte gibt es bereits ab 100 Euro im Fachhandel.

SPIELVORSCHLÄGE:

Um vorhandene Spiel- und Sprechhemmungen abzubauen, beginnen wir mit einfachen spielerischen Übungen.

126 GERÄUSCHE-QUIZ

A	Alle
T	3 – 5
Z	90 Min.

Mit dem digitalen Recorder beziehungsweise Kassettenrekorder lässt sich eine Fülle unterschiedlicher Umweltgeräusche aufnehmen als auch künstlich gestalten.

Der Schwierigkeitsgrad der akustischen Quiz-Aufgaben richtet sich nach dem Zuhörerkreis.

Eine Spielgruppe von ca. 3 bis 5 Personen kann zum Beispiel folgende Quiz-Spiele herstellen:

– Umweltgeräusche aus dem Alltag, aus der Welt der Technik oder einem bestimmten Arbeitsfeld werden aufgenommen und von den Hörern erraten.

– Künstlich erzeugte Umweltgeräusche müssen ebenso wie ihr Zustandekommen (welche Hilfsmittel wurden benutzt?) geraten werden.

– Schwieriger: Die Hörer sollen aufgenommene Körpergeräusche (z. B. Fingerklopfen, Händereiben, Nägelschnipsen, Haare streichen, Zähnemahlen usw.) erkennen.

Gelöst werden können die Rätsel in der Gruppe (mit Zeitnahme), als Wettbewerb Gruppe gegen Gruppe oder durch je 2 Spieler, die gegeneinander antreten.

Spielintention:
Ratespaß, Konzentration

Material:
CD-Player, digitaler Recorder, beliebige Gegenstände zur Geräuscherzeugung

127 COMIC-HÖRSPIEL

A	Jugendliche
T	3 – 5
Z	90 Min.

Die Gruppe möchte Comic-Szenen als Hörspiel aufführen. Jeder Spieler erhält ein Comic-Heft gleichen Inhalts. Wer keine Sprecherfunktion hat, übernimmt eine Geräuschrolle.

Nach dem Abhören der Aufnahme erfolgt die Nachbesprechung, bei der gemeinsam überlegt wird, welche Aufnahmesequenzen gelungen oder missraten sind, ob der (Comic-) Inhalt für den Zuhörer nachvollziehbar ist und die Tontechnik den Vorstellungen entspricht.

Spielintention:
Bildfolgen »hörbar machen«

Material:
Comic-Hefte

128   ACHT MINI-HÖRSPIELE

Nicht alle Textvorlagen eignen sich für eine Hörspiel-Bearbeitung, umso mehr macht es den Teilnehmern Spaß, kurze Spielszenen, die vom Einfallsreichtum und der Spontaneität der Sprecher getragen sind, zu improvisieren.

A	*Jugendliche Erwachsene*
T	*2 – 5*
Z	*60 Min.*

Die folgenden Mini-Hörspiele können zu einem bunten Programm zusammengestellt werden:

- Der weltbekannte Filmschauspieler Arnold Hinterleitner ist auf dem Frankfurter Flughafen eingetroffen, um am Abend bei der Premiere seines neuen Films persönlich dabei zu sein. Ein Reporter interviewt ihn ... (Flugplatzgeräusche).
- Ein Mitarbeiter der Firma Geitzki und Co sucht den Personalchef auf, um für sich eine Gehaltserhöhung auszuhandeln ... (Telefongeräusch bzw. Sprechanlage kündigt den Mitarbeiter an).
- Der Verkäufer in einer Fußgängerzone preist dem Publikum redegewandt ein Produkt an ... (Straßengeräusche).
- Professor Dr. Wach gibt den verehrten Zuhörern Ratschläge zur richtigen Behandlung der sogenannten „Frühjahrsmüdigkeit" ... (Vielleicht wird der Professor am Ende selbst müde? Als Vortragsausklang könnte z.b. ein Schlaf- oder Wiegenlied erklingen).
- Die Vorsitzende eröffnet die Jahreshauptversammlung ihres Vereins und zeichnet drei Mitglieder für besondere Leistungen aus ... (Die Rednerin erhält eine Glocke).
- Ein Sportreporter kommentiert ein aufregendes sportliches Ereignis (z. B. den Kampf im Schwergewicht um die Weltmeisterschaft im Ringen) ... (Gong!)
- Ein Rundfunkreporter befragt verschiedene Passanten über ... ein frei gewähltes Thema. Die „Passanten" weisen unterschiedliches Sprachverhalten auf (z. B. besonders vornehm und gewählt im Ausdruck; viele Kraftausdrücke benützend; verschüchtert; sehr zerstreut; sehr undeutlich sprechend usw.).
- In der Verkehrsleitstelle der Polizeidirektion gehen verschiedene Meldungen ein ... (Telefongeräusche).

Spielintention:
Improvisieren, Situationskomik

Material:
Beliebige Utensilien zur Geräuscherzeugung, digitaler Recorder

FERNSEHEN SELBER MACHEN
MIT CAMCORDER UND PC

FILM-IDEE UND FILMGESTALTUNG

A	Jugendliche Erwachsene
T	5 – 10

Die leichten, digitalen Videokameras beziehungsweise Camcorder machen es heute möglich, ohne besonderen technischen Aufwand vorzeigbare Filme zu drehen. Kleine Camcorder mit guter Lichtstärke und Bildschärfe sind im Fachhandel bereits ab 200 Euro erhältlich. Nach einer kurzen Einweisung in die Handhabung kann's mit dem „Filmen" auch schon losgehen.

Damit der „rote Faden", der die Filmhandlung ausmacht, nicht verlorengeht, ist es wichtig einen Film-Plan aufzustellen, einen Spielleiter als Regisseur und natürlich Darsteller zu haben.

Der Regisseur führt die „Schauspieler" mit leichter Hand und gewährt ihnen – wie beim Amateurtheater beschrieben – genügend Spielraum für die eigene Auffassung von der Rolle. Im Gegensatz zum Bühnenpathos wird beim Film der Aufwand an Mimik und Gestik reduziert.

Die Szenen werden mehrfach geübt, bevor sie im „Kasten" sind. Sprache, Geräusche und Musik werden, sofern nicht alles sofort vertont wird, später am PC bearbeitet, wobei zum Beispiel Musik entsprechend einzusetzen ist oder die Mono- und Dialoge genau auf die Lippenbewegungen der Darsteller abgestimmt werden müssen.

Neben den Rollen müssen auch die auf die Technik bezogenen Funktionen in der Spielgruppe eingeübt werden. Jeder findet eine seinen Neigungen und Wünschen entsprechende Aufgabe als

- Autor
- Regisseur
- Darsteller
- Maskenbildner

- Kameramann
- Beleuchtungstechniker
- Tontechniker
- Cutter (sorgt nach der Entwicklung am PC für den Filmschnitt)

Als Themen und Anregungen eignen sich viele der in diesem Kapitel beschriebenen Spielformen und Spielvorschläge.

DREHBUCH UND DREHPLAN

Um alle für die Dreharbeiten notwendigen Hilfsmittel und Materialien zur Hand zu haben, sollten auf dem Deckblatt des Drehbuches oder auf einer Extraseite alle erforderlichen Zubehörteile genau aufgeführt sein. In einer Utensilienliste werden alle Gegenstände, Kleidungsstücke und Requisiten aufgeführt, die im Film zum Einsatz kommen sollen.

Für die Filmgestaltung gilt die Regel: Einleitung – Höhepunkt – Ausklang. In der Einleitung wird gezeigt, wer was, wann, wie, wo spielt und worum es geht. Der Höhepunkt bringt die Spannung beziehungsweise das Wesentliche des Filmthemas, die Aussage. Und der Ausklang führt – bitte nicht abrupt – zum „Ende".

Am Anfang stehen die zündende Idee, ein realisierbares Konzept und Spieler, die frei und glaubhaft vor der Kamera agieren.

Beim Filmen ist die kurze Spieldauer der Kassette zu berücksichtigen. Durch eine gute Organisation und Planung kann von vornherein verhindert werden, dass später zu viel herausgeschnitten werden muss.

Von der Rahmenhandlung wird ein Drehplan erstellt:

Szene Nr.	Dauer der Szene	Einstellung	Ort/Darsteller/ Handlung Regieangaben	Text	Ton Geräusche/ Musik

Einstellungen können zum Beispiel sein:

- Weitaufnahme (W) = besonders große Übersichtsaufnahme
- Totale (T) = Übersichtsaufnahme
- Halbnah (HN) = nähert sich dem Aufnahmeobjekt
- Nah (N) = Ausschnitt des Aufnahmeobjektes
- Großaufnahme (G) = z. B. Kopf, Hände, Füße
- Froschperspektive (FP) = aus dem Tiefpunkt heraus
- Vogelperspektive (VP) = von einem darüber gelegenen Punkt

GEWÖHNUNG AN DAS SPIEL VOR DER KAMERA

Um mit dem Camcorder und der Videotechnik zu experimentieren und „Fernsehen selber zu machen", reservieren wir uns am besten einen langen Nachmittag. Während es den meisten Teilnehmern schon am Anfang Spaß macht, vor der Kamera zu agieren, sind andere zunächst eher zurückhaltend und etwas verkrampft oder sie flüchten sich erst einmal in die Albernheit.

A	*Jugendliche Erwachsene*
T	*5 – 20*

141

Bei zahlreichen Wochenendseminaren, auf denen wir mit der Video-kamera arbeiteten (z. B. bei Diskussionstrainings, im Rollenspiel) legten sich anfängliche Hemmungen fast von allein.

Die Gewöhnung an das Spiel vor der Kamera wurde durch eine beson-dere Aufmerksamkeit erfordernde Aufgabenstellung (z. B. Diskus-sion, Stegreifspiel, Sketch) beschleunigt. Die Teilnehmer waren derart in Anspruch genommen, dass der aufzeichnende Camcorder für sie gar nicht mehr da zu sein schien.

Als Themen eignen sich die meisten Spielvorschläge dieses Buches. Bevor die Gruppe an ein größeres Projekt herangeht, sollte sie Erfah-rungen mit der Technik gesammelt haben. Für den Anfang eignen sich kurze Sketche und Parodien.

Die folgenden Spielvorschläge sind besonders als Einstieg geeignet.

SPIELVORSCHLÄGE:

129 WERBESPOTS

T	6 – 10
Z	60 Min.

Werbesendungen werden parodiert; zum Beispiel wirbt ein Spieler für das alkoholische Produkt „Jonny's Dry Gin". Da der Moderator mehr-mals am Tage als „Pausenfüller" vor die Kamera geschickt wird, wird die Flasche natürlich nach jedem Werbespot etwas leerer. Die Stimme des anfangs glänzend formulierenden Werbefachmanns wird allmäh-lich schwerer und schließlich muss er nach 4 Auftritten betrunken das Fernsehstudio verlassen.

Variationen:

Natürlich kann für alle beliebigen Produkte geworben werden, zum Beispiel für Waschmittel, Schokolade oder Schönheitswässerchen („vor und nach der Anwendung").

Spielintention:

Freies Bewegen vor der Kamera, mimischer Ausdruck

Material:

Requisiten, soweit erforderlich, evtl. Camcorder zur Aufzeichnung

130 TALKSHOW

Talkshows gehören wie Kochshows zu den täglichen Fernsehprogram-men leidgeprüfter Zuschauer. Für eine Talkshow-Parodie schlüpfen der Spielleiter oder ein anderer Mitspieler in die Rolle des Talkmasters, der mit 3 bis 4 anderen Spielern als „prominenten Gästen" plaudert.

Eine gewisse rhetorische Gewandtheit des Talkmasters und ein spontanes Reagieren auf Fragen nach dem „Berufs- und Privatleben" sind eine wichtige Voraussetzung für das Gelingen der „Talkshow".
Zur Typisierung der dargestellten Prominenten reichen wenige Utensilien und die Überzeichnung charakteristischer Merkmale (Lächeln, Gestik, Aussprache).

Spielintention:
Sich in eine Rolle hineinversetzen und zum Ausdruck bringen

Material:
Verkleidungen, evtl. Camcorder zur Aufzeichnung

131   HITPARADE

Wie im „echten" Fernsehen kündigt ein wortgewandter Ansager „Schlager- und Popstars" an, die im Playback-Verfahren (Mundbewegungen zur Musik vom CD-Player) ihre Schlager präsentieren.

Variation:
In einer kleinen „Fernsehshow" treten auf: Ein Moderator, eine Assistentin, 2 Kandidaten (die 3 mehr oder minder schwere Aufgaben lösen müssen), 2 Showstars (die im Playback-Verfahren singen), ein großer Filmschauspieler (der nach seinem allerneuesten Filmprojekt befragt wird). Zum Schluss werden an die beiden Kandidaten die Preise verliehen (die Preisverleihung wird dabei ausgedehnt). Handelt es sich um eine Parodie auf amerikanische Shows, so wird in kurzen Abständen Werbung „eingeblendet".

Spielintention:
Rollenkompetenz, Ausdruck

Material:
Verkleidungen; evtl. Camcorder zur Aufzeichnung

132   NACHRICHTENSENDUNG

Eine parodierte Nachrichtensendung, zum Beispiel über den eigenen Wohnort, wird von einem seriös auftretenden Nachrichtensprecher gestaltet. Aufgelockert wird die Sendung durch „Korrespondentenberichte vor Ort" und den Kommentar eines „Gastmoderators".

T	3 – 6
Z	30 Min.

Spielintention:
Parodie, alltägliche Situationen karikiert darstellen

Material:
Requisiten je nach Situation; evtl. Camcorder zur Aufzeichnung

133 REPORTAGE – DOKUMENTATION – SELBSTBEOBACHTUNG

Die Videotechnik ist ein gut geeignetes Medium, wenn es um das Erstellen von Reportagen und Dokumentationen geht. Eine Bandaufnahme vom gelungenen Spielfest, von einer Lagerolympiade oder einer Mitspielaktion macht nicht nur den Akteuren Spaß, sondern dient sowohl der Auswertung als auch der Planung weiterer Veranstaltungen dieser Art.

Der Einsatz der Videokamera beziehungsweise des digitalen Camcorders eignet sich auch überall dort, wo für das Erlernen und Einüben bestimmter Fertigkeiten die Selbstbeobachtung wichtig ist, zum Beispiel bei der Pantomime, dem Handpuppenspiel und anderen Theaterproben.

3 GESTALTENDES SPIELEN

Definition und Funktion

Überraschung, Freude, Neugier, Wagnis, Entfaltung der Sinne und die Anwendung geistiger, emotionaler und manueller Fähigkeiten sind die natürlichen Spieleffekte gestaltenden Spielens. Es besitzt harmonisierende Kraft und stellt Abwechslung und Ausgleich zur Arbeit dar, die vorrangig Anpassung verlangt.

Gestaltendes Spielen bedeutet:

-   Freude am (gemeinsam) Geschaffenen,
-   selbstschöpferisches Tun statt passives Konsumieren,
-   Verwirklichen, Erleben und Trainieren sprachlicher und bildnerischer Ausdrucksmöglichkeiten (z. B. Reimen, Parodieren, Schreiben, Zeichnen, Malen, Formen, Verändern),
-   Mitteilen von Gefühlen und Gedanken,
-   sinnliche Auseinandersetzung mit der Umwelt,
-   Wahrnehmungen und Empfindungen werden angeregt und intensiviert,
-   gelerntes Sachwissen wird auf alltägliche Situationen übertragen und für Entscheidungen verfügbar gemacht,
-   Persönlichkeitsentfaltung.

Gestaltende Spielformen haben nicht nur hohen Erlebnischarakter, sie vermitteln auch Grundkenntnisse über Materialien und Techniken und regen zum intensiven Experimentieren an. Die Gruppenerlebnisse beim gemeinsamen Gestalten steigern die Freude am Geschaffenen. Wegen der besonderen Ausdrucksmöglichkeiten, die von Materialspielen ausgehen können, haben viele von ihnen auch therapeutische Funktion.

Der Spielleiter

muss sich beim Gestaltenden Spiel vor der Durchführung einer Spielsequenz folgende Frage stellen:

-   Wie sieht's mit meiner eigenen Sachkompetenz aus?
-   Wie setzt sich die Gruppe zusammen?
-   Was soll gestaltet werden?
-   Welche Materialien will ich einsetzen?
-   Reicht das Material zur schöpferischen Entfaltung aus?
-   Soll es sich um Einzel-, Partner- oder Gruppenaktivitäten handeln?
-   Wie rege ich an?
-   Muss bestimmten Spielern Mut gemacht werden?

   – Welche Schwierigkeiten können durch die vorgegebene
Aufgabenstellung beim Spielen auftreten?

> Gestalten kann man mit und ohne Thema,
> ineinander übergreifend, an Einzeltischen,
> in einer langen Tischreihe, auf dem Fußboden
> oder im Stuhlkreis.

> Gestalten kann man allein, zu zweit, mit vielen.

SCHREIBSPIELE – DICHTEN, REIMEN, PARODIEREN

SPIELVORSCHLÄGE:

134   MANN UND FRAU

A	Alle
T	6 – 20
Z	15 Min.

Der Spielleiter gibt Papier und Schreibzeug aus. Dann lässt er die
Spieler einen männlichen und einen weiblichen Vornamen aufschreiben. Die beschriebene Zeile wird nach hinten geknickt und das Blatt
dem Nachbarn weitergereicht. Dieser schreibt nun auf, wo sich beide
treffen. Das Blatt wird wieder nach hinten umgeknickt und an einen
Nachbarn weitergereicht. So werden noch folgende Fragen beantwortet:

   – Was sagt er?
   – Was sagt sie?
   – Was wird daraus?

Nachdem so eine sechszeilige Geschichte entstanden ist, werden die
Zettel nacheinander vorgelesen. Die Ergebnisse lösen in der Regel
große Heiterkeit aus.

Anregung:
Um vorheriges Durchlesen der Geschichten zu vermeiden, sammelt der Spielleiter die
Zettel ein und liest sie vor.

Spielintention:
Auflockerung

Material:
Papier und Schreibzeug

135   ADJEKTIV-STORY

Jeder Spieler erhält zwei Bogen Papier und einen Stift. Auf den einen Bogen soll eine kleine Geschichte geschrieben werden, in der 12 Eigenschaftswörter vorkommen. Diese dürfen jedoch nicht hingeschrieben, sondern müssen durch Punkte gekennzeichnet werden. Auf das zweite Blatt schreibt jetzt jeder Spieler 12 Eigenschaftswörter, die nicht im Zusammenhang mit der Geschichte stehen. Die Zettel mit den Eigenschaftswörtern werden untereinander ausgetauscht. Aufgabe jedes Einzelnen ist es nun, die so erhaltenen Eigenschaftswörter in die eigene Geschichte einzubauen. Die Geschichten werden dann vorgelesen.

A	Alle
T	4 – 20
Z	25 Min.

Spielintention:
Kombinieren

Material:
Papier und Schreibzeug

136   HOROSKOP-GESCHICHTEN

Täglich finden wir in Tageszeitungen und Illustrierten Horoskope. Der Spielleiter hat aus alten Zeitungen Horoskope ausgeschnitten. Jeder Spieler zieht sich eines – es muss nicht das eigene sein – und entwickelt hieraus eine kleine Geschichte, die er aufschreibt. Die Form wird vorgegeben; zum Beispiel Märchen, Krimi, Dialog.
Nach einer festgelegten Zeit (ca. 10 Minuten) werden die Geschichten vorgelesen.

A	Jugendliche
T	6 – 20
Z	20 Min.

Zwillinge 21. 5.–21. 6.

*Sie haben freiwillig eine Aufgabe übernommen – heute erledigen. Jemand erwartet Ihre Hilfe. Abends entspannen, morgen kann es anstrengend werden.

Schütze 23. 11.–21. 12.

*Nutzen Sie die Chance für eine Veränderung – Sie werden sich richtig wohl fühlen. Bei einem Spiel eine Schlappe wegstecken – dann ist der Sieg möglich.

Krebs 22. 6.–22. 7.

*Vorsicht! Mit einer Meinung machen Sie sich nicht unbedingt Freunde. Sie sollten mehr Gefühl zeigen. Ein aufregender Mensch tritt morgen in Ihr Leben.

Steinbock 22. 12.–20. 1.

*Heute einen Besuch machen. Vorher genau überlegen, was Sie sagen. Ab Mittag scheint für Sie in jeder Beziehung die Sonne. Auch morgen.

Löwe 23. 7.–23. 8.

*Tun Sie, was Ihr Partner von Ihnen erwartet. Ein Streit lohnt sich nicht. Nehmen Sie sich Zeit, Ihre Finanzen in Ordnung zu bringen.

Wassermann 21. 1.–20. 2.

*Eine Reparatur läßt sich dieses Wochenende erledigen. Denken Sie an ein Geschenk. Sie finden die Lösung für ein privates Problem.

Spielintention:
Fantasie, Originalität

Material:
Horoskop-Ausschnitte, Papier und Schreibzeug

137   ZURUFTEXTER

A	Jugendliche
T	6 – 20
Z	10 Min.

Die Spieler sitzen im Stuhlkreis. Jeder hat ein Blatt Papier und einen Schreiber in der Hand. Durch Zuruf werden 6 beliebige Wörter gesammelt, die vom einzelnen Spieler zu einem sinnvollen Text verarbeitet werden sollen. Außer den festgelegten Wörtern darf der Text nur noch bis zu 5 Füllwörter enthalten. Die Ergebnisse werden vorgelesen.

Spielintention:
Kombinationsfähigkeit, Ideen umsetzen

Material:
Papier und Schreibzeug

138   WÖRTER ZUSAMMENSETZEN

A	Alle
T	8 – 20
Z	10 Min.

Es werden Wörter gesucht, an die sich mindestens 5 verschiedene andere Hauptwörter anhängen lassen und auf diese Weise als zusammengesetzte Hauptwörter einen neuen Sinn ergeben.

Beispiele:
Haus (Tür/Dach/Mann/Freund/Eingang)
Garten (Zaun/Tor/Beet/Zwerg/Haus)
Auto (Fahrer/Garage/Fenster/Lackierer/Panne)

Spielintention:
Wortschatzübung

Material:
Papier und Schreibzeug

139   NEUE WÖRTER

Bei diesem Tischspiel schreibt jeder Spieler ein möglichst langes Wort
von oben nach unten und einmal von unten nach oben. Die so entste-
henden Lücken zwischen den Buchstabenreihen müssen nun so aus-
gefüllt werden, dass neue sinnvolle Wörter entstehen.

A	Alle
T	2 – 6
Z	30 Min.

Variation:

Ein Gittermuster wird hergestellt, aus dem
die Spieler ein Kreuzworträtsel entwickeln.

Spielintention:

Kombinieren

Material:

Papier und Schreibzeug

Gittermuster:

		G			
		E			
K	A	M	E	R	A	D
		Ä			
		L			
		D			
		E			

140   ÄRGER MIT DER TASTATUR

Die Teilnehmer erfahren vom Spielleiter, dass schnell eine Nachricht
(oder: ein Artikel, eine Bestellung, ein Reisebericht) geschrieben werden müsse. Leider ist die Tastatur des PC beziehungsweise Notebooks
defekt. Drei Buchstaben fallen immer aus.
Es werden Gruppen zu je 3 bis 4 Spielern gebildet, die nun die Aufgabe erhalten, ein Schriftstück anzufertigen, bei dem 3 Buchstaben (z. B.
n, I und a) nicht verwendet werden dürfen, weil diese mit der defekten
Tastatur nicht geschrieben werden können.
Eine Spieldauer wird festgelegt. Am Ende liest jede Gruppe ihren Text
vor. Welche hat die originellsten Zeilen verfasst?

A	Alle
T	6 – 20
Z	20 Min.

Spielintention:

Kombinationsfähigkeit

Material:

Papier und Schreibzeug

141   RELOLEF

Der Spielleiter fragt in die Runde, wer eine „Relolef" kennt. Niemand
wird so schnell darauf kommen, dass es sich hier um eine „Forelle"
handelt.

A	Alle
T	2 – 20
Z	20 Min.

Es werden zwei (oder mehrere) Kleingruppen gebildet, die jeweils 15 Begriffe auf diese Weise verfremden und auf einen Zettel schreiben (z. B. Urumwalf [Maulwurf], Mährest [Hamster]).

Nach einer festgelegten Zeit werden die Zettel unter den Gruppen ausgetauscht. Wer entwickelt beziehungsweise erkennt die originellsten Namensschöpfungen. Wer (er)findet innerhalb von 8 Minuten die meisten Begriffe?

Spielintention:
Kombinationsfähigkeit

Material:
Papier und Schreibreiz

142   SEE-GEBIRGS-GESCHICHTE

A	Alle
T	8 – 20
Z	10 Min.

Sitzkreis. Der Spielleiter gibt einen großen Papierbogen aus, auf den jeder Mitspieler ein Wort schreibt. Aus den aufgeschriebenen Wörtern (8 bis 20) soll nun jeder eine ca. 15 bis 20-zeilige Geschichte erfinden, die entweder an der See oder im Gebirge spielt.

Nach etwa 10 Minuten werden die Geschichten von ihren Autoren vorgelesen.

Spielintention:
Fantasie, Originalität

Material:
Ein größeres Blatt Papier, Schreibpapier und Schreibzeug

143   CHEFSEKRETÄRIN

A	Jugendliche Erwachsene
T	12 – 20
Z	15 Min.

Zwei gleich starke Gruppen (bis zu je 6 Spielern) sitzen sich in genügend großem Abstand gegenüber. Jeder „Chef" hat die Aufgabe, seinem „Sekretär" einen Text zu übermitteln, der von diesem notiert werden soll. Alle „Chefs" erhalten einen gleichlangen, jedoch inhaltlich unterschiedlichen Text. Gemeinsam wird angefangen, den Text zu diktieren.

Da alle „Chefs" aber gleichzeitig diktieren, gibt es ein sprachliches Durcheinander und lustige Wortverdrehungen. Wer hat seinen Text zuerst aufgeschrieben? Die Ergebnisse werden vorgelesen und mit dem diktierten Originaltext verglichen.

Spielintention:
Konzentration, originelle Ergebnisse, Spaß

Material:
Vorbereitete Texte (z. B. Zeitungsnachrichten), Papier und Schreibzeug

144 ABKÜRZUNGSFIMMEL

Die Zahl der Abkürzungen in unserem Alltagsleben ist unüberschau-
bar, und sie sind nicht immer aufzuschlüsseln.
Um eine Verballhornung, d. h. lustige Neuerklärung von Abkürzungen
geht es bei diesem Spiel.
Alle Teilnehmer einer Spielrunde nennen Abkürzungen, die jeder Einzelne nacheinander aufschreibt. In einer zweiten Runde, die etwa
5 Minuten dauert, soll jeder möglichst ausgefallene Interpretationen
für die notierten Abkürzungen finden, die anschließend zum Vergnügen
aller vorgelesen werden.

A	Alle
T	2 – 20
Z	10 Min.

Hier einige Beispiele:

BMW	= Brotmaschinenwaschanlage
UNO	= Unser Notopfer
EU	= Einer unterschreibt
FKK	= Frische Kürbiskerne

Spielintention:
Originalität

Material:
Papier und Schreibzeug

145 LÜCKENSTORY

Der Spielleiter hat einen Text vorbereitet (Kurz-Krimi, Zeitungstext,
Märchen usw.). Die im Text auftretenden Eigenschaftswörter hat er
weggelassen. Die Mitspieler werden nun gebeten, Eigenschaftswörter
zu nennen, die der Spielleiter in die einzelnen Lücken schreibt. Die so
veränderte Geschichte wird dann vorgelesen. Dieses Spiel ist eine
reizvolle Variante der „Adjektiv-Story".

A	Jugendliche Erwachsene
T	8 – 20
Z	10 Min.

Spielintention:
Spaß, Spannung, Zufallskomik

Material:
Ein vorbereiteter Buch- oder Zeitungstext

146   RATSCHLAG VON FRAU BARBARA

A	Jugendliche Erwachsene
T	10 – 15
Z	20 Min.

In vielen Zeitschriften findet sich eine Rubrik für Ratsuchende. Die Leser erhalten dann eine mehr oder minder befriedigende Antwort.

Bei diesem Gruppenspiel, an dem alle ihre wahre Freude haben werden, geht es um originelle Fragen und Antworten.

In der ersten Spielphase suchen alle Spieler Rat (mehrere Fragen sind zulässig), zum Beispiel „Was kann ich gegen Schluckauf machen?", „Was empfehlen Sie gegen Wühlmäuse in meinem Garten?", „Wie kann ich mich vor schlechtem Wetter schützen?" oder „Mein Freund möchte im Urlaub keine Kokosnüsse vom Baum schütteln. Was soll ich tun?"

Die Fragen werden laut vorgelesen. In der zweiten Spielphase schreibt jeder Spieler einen entsprechenden Ratschlag auf (z. B. „Besonders hilfreich ist eine Sauerkraut-Hefe-Milch-Kur." – „Probieren Sie es einmal mit klassischer Musik. Vergraben sie einen Recorder und stellen Sie daneben eine Mausefalle auf.").

Die Fragen und Ratschläge werden auf getrennte Zettel geschrieben. Nach dem Mischen ergeben sich neue Kombinationen. Sie werden vom Spielleiter oder einem Mitspieler vorgelesen.

Spielintention:

Fantasie, originelle Ideen haben

Material:

Kleine Zettel, Schreibzeug

147   MERKWÜRDIGE BERUFE

A	Jugendliche Erwachsene
T	8 – 20
Z	20 Min.

Der Spielleiter erzählt, dass es recht merkwürdige Berufe gibt und nennt als Beispiel den „Zwiebelschneider" und den „Rauchverzehrer".

Hat die Spielidee erst einmal die Anwesenden gepackt, werden sie nicht mehr zu bremsen sein.

Innerhalb einer festgelegten Zeit soll jeder Spieler mindestens 3 merkwürdige Berufe aufschreiben. Wichtig ist dabei, dass er danach der Spielrunde seine Berufe näher erläutert. Beim „Eierkocher" dürfte dies noch leicht fallen. Aber was macht zum Beispiel der „Doppelstecker"?

Hier einige Beispiele:

Handtuchhalter - Haubentaucher - Tonleiter - Türöffner - Hosenträger - Wagenheber - Ladenhüter - Scheibenwischer - Hühnerleiter - Geigerzähler - Flaschenwärmer - Tropfenspender - Sockenhalter - Haartrockner - Alleskleber - Fleckenentferner - Unkrautvertilger - Wassererhitzer - Korkenzieher - Kirschentkerner - Notebook-Halter

Spielintention:

Fantasie, Originalität, Sprachgewandtheit, Spaß

Material:

Papier und Schreibzeug

148 STABREIME

„Wind und Wetter", „Himmel und Hölle" sind Stabreime (gleicher Anlaut der betonten Silben aufeinanderfolgender Wörter).
Innerhalb einer festgesetzten Zeit sollen möglichst viele Stabreime aufgeschrieben werden. Es können Punkte für jeden verteilt werden, wobei die Mitspieler zusätzlich Punkte für Stabreime erhalten, die kein anderer gefunden hat.
Hier noch einige Beispiele; Mann und Maus, dann und wann, Haus und Hof, Kimme und Korn.

A	Alle
T	6 – 20
Z	10 Min.

Spielintention:

Sprachgefühl

Material:

Papier und Schreibzeug

149 FANTASIEGERICHT

Der Spielleiter gibt an jeden Mitspieler Papier und Schreibzeug aus. Es soll für ein extravagantes Drei-Sterne-Restaurant eine Speisekarte erstellt werden. Der Fantasie des einzelnen „Küchenchefs" sind dabei keine Grenzen gesetzt.
Nach einer festgelegten Zeit werden die Gerichte, die nicht unbedingt „genießbar" sein müssen, in der Spielrunde vorgestellt.

A	Jugentliche
T	8 – 20
Z	20 Min.

Variation:

Die Zubereitung eines einzigen Gerichtes wird beschrieben. Neben „Man nehme ..." wird auch die Verarbeitung beschrieben, zum Beispiel: „Die einzelnen Salatblätter werden mit dem heißen Bügeleisen geglättet, die Knoblauchzehen, bei mit Wäscheklammer zugedrückter Nase, mittels einer Nagelfeile zu kleinen Kugeln abgerundet ..."

Spielintention:

Fantasie

Material:

Papier und Schreibzeug

150 LIEDERMONTAGE

A	Jugendliche Erwachsene
T	6 – 15
Z	30 Min.

Das Verändern von Liedern und Schlagern kann besonderen Spaß bringen. Bei Liederdemontagen oder -parodien werden bekannte (auch aktuelle) Melodien mit neuen Inhalten gefüllt und entweder nach formalen oder textlichen Gesichtspunkten miteinander verbunden.

So gab es zur Zeit der „neuen deutschen Welle" 1982 zahlreiche Textparodien auf das sinnige wie einfältige Lied „Da, da, da ... Sie liebt mich doch, sie liebt mich nicht." Als „XY-ungelöst"-Variante wurde daraus: „Ihr kriegt mich doch, ihr kriegt mich nicht."

> Im weißen Rössel am Wolfgangsee...
> da hing der Grauschleier 'raus.
> Man ließ das Rössel weichen,
> es musste in Ariel bleichen...

Die neuen Texte werden gemeinsam gesungen. Sie können auch gezielt für Nachmittags- beziehungsweise Abendprogramme oder eine Kabarett-Aufführung zusammengestellt werden.

Spielintention:
Originelle Einfälle verwirklichen

Material:
Schreibzeug und Papier für jeden Spieler, Liedertexte, CDs mit Gesangaufnahmen

151 REIMSPIELE

A	Jugendliche Erwachsene
T	6 – 15
Z	25 Min.

Es entspringt der menschlichen Neigung, mit der Sprache zu spielen, also auch zu reimen.

Vom kleinen Kind, das sich über Abzählverse freut, bis zur großen Dichtung Goethes sind dem Reimspiel keine Grenzen gesetzt. Zwei- und Vierzeiler sind ebenso wie Limericks besonders für Reimspiele geeignet. Die Teilnehmer müssen dabei auf die geforderte Form achten. Es ist natürlich jedem freigestellt, ob die Endergebnisse einen witzigen, unsinnigen oder gar ernsten Charakter haben sollen. Dominieren dürfte jedoch im Spiel das komische Element. Die Durchführung kann unterschiedlich verlaufen:

1. Jeder Teilnehmer erhält die Aufgabe, innerhalb einer festgesetzten Zeit einen Zwei- oder Vierzeiler zu verfassen.
2. Ein Leitwort oder ein Thema werden vorgegeben.
3. Jeweils ein Spieler entwickelt einen Vers auf die vorgegebene Zeile eines Mitspielers.

4. Der Spielleiter gibt die erste Zeile eines Vierzeilers vor. Die restlichen drei Zeilen werden nun von jedem Mitspieler selbständig verfasst.

Bei allen Spielvariationen werden die Ergebnisse zum Schluss der Spielgruppe vorgelesen. Wenn auch in einigen Fällen der Satz „Reim dich oder ich fress' dich" zutreffen mag, so dürfte doch der Spielspaß im Vordergrund stehen.

Spielintention:
Reimen, Parodieren, Spaß am Wortspiel

Material:
Papier und Schreibzeug

152   EIN PFERD MIT...

Die Spieler sitzen im Kreis. Es soll gereimt werden, wobei jeder Vers mit „Ein Pferd mit ..." beginnt. Der Reihe nach reimt jeder Spieler einen Vers. Der Spielleiter beginnt
zum Beispiel: „Ein Pferd mit viel Geschicklichkeit,
verläuft sich nicht bei Dunkelheit." Oder:
„Ein Pferd mit einem Hexenschuss
ist für den Reiter kein Genuss."

A	Jugendliche Erwachsene
T	6 – 15
Z	15 Min.

Wenn die „Luft raus ist", werden neue Anfänge gefunden, zum Beispiel

„Ein Hering ohne Schwanz und Gräten,
macht jeden Fischfreund sehr betreten".

Die lustigsten Zeilen können aufgeschrieben werden.

Spielintention:
Originalität

Material:
Witz Papier und Schreibzeug

153   LIMERICKS TÜFTELN

Irgendjemand meinte einmal, die Limericks seien die Volksdichtung der Intellektuellen. Ob das stimmt, sei dahingestellt.
Fest steht, dass es sich bei einem Limerick um eine Gedichtform handelt, die äußerlich durch 5 Zeilen gekennzeichnet ist. Das Reimsche-

A	Jugendliche Erwachsene
T	4 – 10
Z	60 Min.

ma lautet dabei aa – bb – a. Die beiden ersten Zeilen und die letzte haben den gleichen Reim. Die 3. und die 4. Zeile sind in der Regel kurz. Die muntere Versbastelei ist somit an eine strenge Form gebunden. Hinzu kommt, dass das erste der 3 Reimwörter stets eine Stadt, ein Land oder eine geographische Bestimmung sein muss. Zum Limerick gehört also ein Ortsname, auf den sich die 2. und die 5. Zeile reimen müssen.

Limericks zu basteln kann sehr ansteckend sein. Als wir an einem Gruppenabend einmal mit solchen Wortspielereien anfingen, wollte das Tüfteln von hintersinnigen Versen kein Ende mehr nehmen.

Drei Beispiele: Es lebte ein Lehrer in Schieder,
der pflegte im Garten den Flieder.
Als Gärtner durchschnittlich,
pädagogisch unerbittlich,
ansonsten wirkte er bieder.

Es war mal ein Räuber in München,
den wollten die Marktfrauen lynchen.
Doch mit sehr viel Geschick
verschwand er im Knick,
da blieb er noch einige Stündchen.

Es aß ein Fräulein in Posen
von früh bis spät Aprikosen.
Der Bauch tat ihr weh,
was ich gut versteh,
denn sie aß sie alle samt Dosen.

Spielintention:
Sprach- und Reimgefühl, Fantasie

Material:
Papier und Schreibzeug

154   MÄRCHENPARODIEN

A	*Jugendliche Erwachsene*
T	*6 – 20*

Volksmärchen können und dürfen verändert werden. Moderne Schriftsteller und Kinderbuchautoren haben davon immer wieder Gebrauch gemacht. In der Arbeit mit Schülern, Jugendlichen und Erwachsenen lassen sich neben Märchen auch andere Literaturformen (Gedichte und Kurzgeschichten) umändern.

Für alle, die Spaß am Wortspiel und an der Veränderung haben, bieten Märchen ungeahnte Möglichkeiten.

Das folgende Beispiel ist eine Parodie auf das Grimm'sche Märchen „Rotkäppchen" von Thomas Belker, der es aus der Sicht des Wolfs dargestellt hat:

Der Wolf erzählt:
Eines Tages lief ich durch den tiefen, dunklen Wald, um ein kleines Reh zu fangen. Als ich an die große, bunte Wiese kam, sah ich plötzlich Rotkäppchen. Ihr kennt ja alle dieses ungezogene, böse kleine Mädchen, das alle Tiere im Wald ärgert und quält, wann es nur kann. „Rotkäppchen", fragte ich es, „was tust du hier?" – „Hau ab, du blödes Vieh, ich pflücke Blumen für meine kranke Großmutter, die dir vorige Woche noch das Fell versohlt hat", schrie Rotkäppchen wütend. „Aber Rotkäppchen", sagte ich, „lass uns doch gute Freunde werden! Wir Tiere im Wald wollen immer nur lieb zu dir sein." – „Ach, was für ein blödes Geplapper, du stinkender, dreckiger Wolf! Ich hole den Jäger, damit er aus dir mit seinen Kugeln ein Sieb macht", schimpfte Rotkäppchen und stampfte vor Wut mit den Füßen auf den Boden.
„So ein freches Kind muss doch einen Denkzettel bekommen", dachte ich, rannte zur Großmutter und fraß sie auf. Kurz darauf lag ich als Großmutter verkleidet im Bett der Großmutter.
Plötzlich stieß Rotkäppchen die Tür auf, knallte das Körbchen auf den Tisch und brüllte los: „Meine Güte, Großmutter, wie scheußlich siehst du denn aus? Was hast du für große Elefantenohren?" – „Damit ich dich besser hören kann", murmelte ich. – „Was hast du für gräuliche Glotzaugen?" – „Damit ich dich besser sehen kann", flüsterte ich. „Was hast du für grausige Tatzen?" – „Damit ich dich besser packen kann", knurrte ich. „Was hast du für eine riesengroße Schnauze?" – „Damit ich dich besser fressen kann", brüllte ich und verschlang den frechen Balg mit einem Happen.
Als der Jäger kam und mich schnarchen hörte, befreite er die Großmutter und das ungezogene Rotkäppchen.
Zum Glück habe ich es überlebt, dass der Jäger mir den Bauch aufgeschnitten hat. Rotkäppchen ist ein liebes Kind geworden. Ich aber bin ein Feind des Menschen geworden – und deshalb erzählen manche Leute das Märchen „Rotkäppchen" ganz anders.

(Aus: Thomas Belker: Rotkäppchen. In: Gebt uns Bücher, gebt uns Flügel. Almanach 8; F. Oetinger, Hamburg 1970)

Spielintention:
Spaß an der Veränderung und an Wortspielen

Material:
Papier und Schreibzeug

155 ZEITUNGSMÄRCHEN

A	Jugendliche Erwachsene
T	6 – 20
Z	25 Min.

Nicht immer stimmt alles, was wir in den Zeitungen lesen. Deshalb jedoch von einer Märchenzeitung zu sprechen, wäre sicherlich eine zu große Verallgemeinerung.

Bei diesem Spiel geht es allerdings darum, bekannte Märchen als 15- bis 20-zeilige Zeitungsmeldung zu formulieren. Das Märchen muss von den übrigen Mitspielern jeweils erraten werden. Durch entsprechende Verfremdungen kann man dies der ratenden Spielgruppe unterschiedlich schwer machen. So könnte zum Beispiel die Zeitungsschlagzeile lauten: „Junges Mädchen wurde Opfer eines Wolfes!" Der märchenhafte Ursprung ist in diesem Fall sehr leicht zu erraten. Jeder Spieler erhält den Auftrag aus einem der ihm bekannten Volksmärchen innerhalb einer festgelegten Zeit eine Zeitungsnotiz zu erstellen.

Variationen:

„Rotkäppchen" („Hansel und Gretel" usw.) als Festvortrag, als politische Rede vor dem Bundestag oder als Werbesendung für ein Waschmittel.
Außer Märchen eignen sich auch Schlager, Abenteuer-, Heimatromane, Gedichte, Volkslieder und Dramen für eine parodistische Veränderung.

Spielintention:

Spaß am Parodieren und Verändern, Originalität

Material:

Papier und Schreibzeug

156 BULLSHIT-ROMANE

A	Jugendliche Erwachsene
T	6 – 20
Z	25 Min.

Elegant ausgedrückt beschreibt der Begriff „Bullshit" das Stoffwechselprodukt eines ausgewachsenen Bullen. Freier übersetzt steht Bullshit für „Quatsch" und „Blödsinn". Und so geht es in diesem Spiel nicht um Stier-Exkremente, sondern um wohl durchdachte Blödeleien in Roman-Form – und zwar in maximal 7 Sätzen. Als medienerprobter Konsument soll jeder Spieler einen abgeschlossenen Roman verfassen, der anschließend zur Erbauung der Spielrunde vom Autor höchstpersönlich vorgelesen wird. Doch zuvor erhält jeder Mitspieler Papier und Kugelschreiber und maximal 5 Minuten Zeit, um seine Fantasie sprudeln zu lassen.

Je nach Teilnehmerzahl und Spaß am „Bullshitten" können mehrere Spieldurchläufe stattfinden und so eine Fülle von Romanen entstehen, auf die alle Literaturexperten seit langem gewartet haben.

Ein Beispiel:

Es geschah im Don Alfredo
Ein ohrenbetäubender Knall. Kein Lachen und Plaudern mehr. Es herrscht Totenstille in der Pizzeria „Don Alfredo".
Eine brutale Druckwelle hat dafür gesorgt, dass Tische, Wände und Decke des Gastraumes mit Fleischpartikeln, Pasta und Teig rot getränkt sind. Vorbei ist es mit der gelösten Stimmung und Lilogunde, deren teures Designerkleid auch rotgetränkt ist, schreit empört: „Können Sie nicht niesen, wie jeder andere auch?"

Spielintention:

Fantasie, Witz, Einfälle spontan umsetzen

Material:

Papier und Schreibzeug

SPIELE MIT PAPIER UND ZEICHENSTIFT

SPIELVORSCHLÄGE:

157 SCHILDERMALER

Sprachkenntnisse helfen bekanntlich, sich schnell in einem fremden Land vertraut zu fühlen. Wenn diese nicht vorhanden sind, ist man dankbar, für jedes Zeichen und Symbol, das zur Verständigung beiträgt. Der Spielleiter gibt jedem Spieler Papier und Filzschreiber. Dann lässt er jeden Spieler einen vorbereiteten Zettel ziehen, auf dem ein Begriff steht (zum Beispiel Kasse, Fahrstuhl, Rolltreppe, Fotograf, Taxistand, Café, Zollamt, Feueralarm, Warteraum usw.). Die Spieler sollen nun „Hinweisschilder" für einen internationalen Kongress erarbeiten, durch die die Sprachprobleme überwunden werden können. Die Zeichen müssen eindeutig und leicht einzuprägen sein. Das Wesentliche soll klar in optische Formen umgesetzt werden. Nach Fertigstellung der Schilder kommen die Spieler zusammen, sehen sich die Symbole gemeinsam an und versuchen, sie zu identifizieren.

A	*Jugendliche*
T	*6 – 15*
Z	*20 Min.*

Variationen:

Die Spieler erfinden weitere Zeichen, zum Beispiel neue Verkehrszeichen. Oder: Die Zeichen werden nicht symbolisch, sondern pantomimisch dargestellt. Die Mitspieler sollen die entsprechenden Symbole erraten.

Spielintention:

Einfühlungsvermögen, Vorstellungskraft, Ideen entfalten

Material:

Papier und Filzschreiber; genügend vorbereitete Zettel mit verschiedenen Begriffen

158   KARTONPORTRAIT

A	Alle
T	8 – 20
Z	10 Min.

Die Teilnehmer bekommen Kartons wie eine Maske um den Kopf gebunden. Das Gesicht ist bedeckt. Jeder Spieler erhält nun einen Filzstift, um nach Anweisung des Spielleiters ein Gesicht auf den Karton zu malen.

Der Spielleiter nennt in beliebiger Reihenfolge die zu malenden Gesichtsteile: rechtes Ohr, Nase, Mund, Haare, Zähne, rechtes Auge, linkes Ohr, Bart, Brille, linkes Auge.

Wenn das Gesicht fertig ist, wird es in der Gruppe bewundert. Die „Künstler" werden über ihre Ergebnisse erstaunt sein.

Spielintention:
Überraschungseffekt

Material:
Pro Spieler ein Kartonblatt im DIN-A-3-Format und einen Filzschreiber, Gummibänder

159   OSTFRIESISCHER PSYCHOTEST

A	Jugendliche Erwachsene
T	8 – 20
Z	10 Min.

Dass Ostfriesen einen trockenen Humor haben, ist bekannt. Seit vielen Jahren bieten mehrere Badeorte an der friesischen Küste den Erwerb des „Ostfriesen-Abiturs" an, das schon von zahlreichen Kurgästen mit viel Spaß absolviert wurde. Neben der Beantwortung „komplizierter" Fragen (z. B. Welches Wort wird immer falsch geschrieben? FALSCH) stehen auch praktische Übungen wie Krabbenpulen und Teebeutelweitwurf auf dem Programm.

Für den ostfriesischen Psychotest erhält jeder Spieler Papier und Schreibzeug.

Aus drei Formen – Kreis, Dreieck und Quadrat, soll eine menschliche Figur gezeichnet werden. Elf Formen sind insgesamt zu verwenden, Jedem Teilnehmer ist es selbst überlassen, welche Formen er hierfür verwendet.

Die Bedeutung der Symbole gibt der Spielleiter erst bekannt, wenn alle Zeichnungen fertig sind!

Die Bedeutung der Symbole lautet:

Kreis   = Gefühl
Dreieck = Verstand
Quadrat = Körperkraft

Wer nun zum Beispiel seine Figur aus sechs Quadraten und vier Dreiecken zusammengesetzt hat, ist demnach sehr kräftig, besitzt eine gute Portion Verstand, aber so gut wie kein Gefühl.

Variation:

Bei diesem, wirklich nicht ernstzunehmendem „Test" können auch beliebige Eigen-schaftswörter eingesetzt werden (z. B. vornehm, zurückhaltend, aggressiv, geduldig, nervös, einfühlsam usw.).

Spielintention:

Auflockerung

Material:

Papier und Schreibzeug

160   ELEFANTENSPIEL

Bei diesem bekannten Zeichenspiel geht es darum, gemeinsam einen beliebigen Gegenstand, einen Menschen oder ein Tier auf eine Tape-tenrolle zu zeichnen. Vor Spielbeginn einigt man sich zum Beispiel auf einen Elefanten.

Ein Spieler malt links auf die Tapetenrolle den Kopf des Tieres. Die anderen Spieler dürfen hierbei nicht zusehen. Nachdem er fertig ist, wird das Tapetenstück gefaltet an den Nachbarn weitergegeben. Nur zwei kleine Striche, die den Halsansatz angeben, dürfen zu sehen sein. Auch der nächste Spieler zeichnet für seine Mitspieler nicht sichtbar. Der letzte malt das Hinterteil. Am Ende darf gestaunt werden, wie der „Gemeinschaftselefant" aussieht. Vielleicht muss das entstandene Fabelwesen einen neuen Namen erhalten?

A	Alle
T	8 – 20
Z	10 Min.

Spielintention:

Kooperation, Teamarbeit

Material:

Eine alte Tapetenrolle und ein dicker Filzschreiber

161   ERFINDERSPIEL

Der Spielleiter erzählt, dass großer Mangel an Maschinen besteht, die besondere Aufgaben erfüllen können.

Jeder Mitspieler erhält ein großes Blatt Papier und einen Filzschreiber. Er soll nun seiner Fantasie freien Lauf lassen und eine Nonsensmaschi-ne, einen „verrückten" Apparat konstruieren. Nach einer festgelegten Zeit kommen alle Erfinder zusammen und stellen ihre Maschinen vor.

A	Jugendliche Erwachsene
T	6 – 20
Z	15 Min.

Hier einige Konstruktionsvorschläge:

Schmerzempfindungsabschreckmaschine, Intelligenzbesteuerungs-maschine, Traubenpflückwaschpresskühlmaschine, Augenbrauenzupfundlippenmalmaschine, Stimmungsaufhellungsundlachmaschine, Miss-World-Entwicklungsmaschine, Hundeflohentfernungsmaschine, Personenputzkosmetikankleidemaschine, Waldameisenzählmaschine, Frühstückseiservierlaufbandmaschine, Luftentschmutzungsschönduft-apparat, Freudefriedeeierkuchenmaschine.

Spielintention:

Fantasie

Material:

Pro Spieler 1 Bogen Malpapier und einen dicken Filzschreiber

Zwei Beispiele zum „Erfinderspiel", die von Teilnehmern eines Fami-lienbildungsseminars angefertigt wurden:

Elefantensäuberungsundrüsselputzmaschine

Braunebäumewiedergrünmachmaschine

162

DRUDELN

Das Drudeln macht vor allem in größerer Runde Spaß. Drudel sind
Bilderrätsel, die eine bestimmte Situation zeigen.
Für unser Drudel-Spiel erhält jeder Teilnehmer zum Zeichnen solcher
Drudel einen oder mehrere DIN-A-4-Bogen. Gemeinsam werden die
Drudel angeschaut und geraten, bevor der jeweilige Zeichner die Auf-
lösung gibt.

Einige Beispiele:

A	*Jugendliche Erwachsene*
T	*10 – 20*
Z	*30 Min.*

Ein Reißverschluss mit
Zahnausfall

Zahnpasta aus einer
Tube, auf die jemand
getreten ist

Fahnenmast mit
flatternder Fahne
von oben gesehen

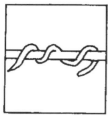

Ein turnender
Regenwurm

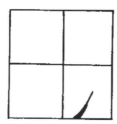

Dackel geht am Fen-
ster vorbei

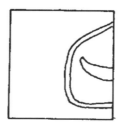

Abzug eines
Revolvers

Strohhalm, der
an Stelle eines
Nagels in die
Wand geschlagen
wurde

Giraffe, die einen
Telefonhörer ver-
schluckt hat

Kürbis, Melone,
Apfel und Kirsche
spielen Bremer
Stadtmusikanten

Für jeden Drudel findet man bestimmt zehn und mehr Lösungsmöglichkeiten. Durch gezielte Anmerkungen verhindern wir, dass die Raterei ins Uferlose geht.

Spielintention:

Fantasie, Originalität, Spaß

Material:

Papier und Filzstifte

163   LUFTSCHLOSS

A	Jugendliche Erwachsene
T	5 – 20
Z	20 Min.

Wer hat nicht schon einmal davon geträumt, in einem besonders schönen, mit allen Annehmlichkeiten ausgestatteten Haus zu leben? Auch wenn der erwartete Lottogewinn ausbleibt und unser Traumhaus ein Luftschloss bleibt, macht es Spaß, auf dem Papier zu träumen.

Jeder Spieler erhält dazu einen großen Papierbogen und Zeichenmaterial. Während einer halben Stunde kann nun vom Keller bis zum Dach der Entwurf eines Hauses „fantasiert" werden.

Die Ergebnisse werden gemeinsam betrachtet und besprochen.

Variation:

Das „Luftschloss" kann auch als reine Collage oder als Mischbild (Zeichnung und Collage) angefertigt werden.

Spielintention:

Fantasie, Wünsche ausdrücken

Material:

Große Zeichenbogen (DIN A 3), Bleistifte, Radiergummis, Filzmaler, Buntstifte, ggf. alte Illustrierte

164   IDEOGRAMM-SPIEL

A	Jugendliche Erwachsene
T	1 – 10
Z	10 Min.

Ideogramme sind Bildwörter. Sie versuchen, zwischen Ausdruck und Bedeutung eine Beziehung herzustellen, indem die Vorstellung (der Begriff) graphisch dargestellt wird. Dieses Spiel eignet sich auch als Solo-Spiel, wenn man zum Beispiel im Zug oder im Wartesaal sitzt.

Hier einige Beispiele:

Finden Sie weitere Ideogramme?

Spielintention:

Spontanes Erfassen bildhafter Elemente, Verbalisieren, Ideogramme können Anlass für Gespräche sein.

Material:

Papier und Schreibzeug

165 KUHMALER

Die Teilnehmer sitzen am Tisch. Jeder erhält einen Filzschreiber und ein Blatt Papier. Dann werden allen die Augen verbunden. Die Aufgabe lautet: Zeichne eine Kuh!
Nachdem alle „Künstler" fertig sind, werden die Augenbinden abgenommen. Ähnelt's einer Kuh?

A	Alle
T	3 – 20
Z	5 Min.

Variation:

Der Spielleiter lässt andere Objekte malen.

Spielintention:

Konzentration

Material:

Papier und Filzschreiber

166 PUNKTE-KUNST

A	Alle
T	6 – 20
Z	10 Min.

Die Teilnehmer sitzen im Stuhlkreis (nicht zu eng zusammen) und haben vor sich eine Schreibunterlage. Jeder Spieler erhält ein Stück Papier und einen Filzstift. Auf Anweisung des Spielleiters setzt jeder Teilnehmer 10 Punkte auf sein Papier. Diese kann er beliebig verteilen; sie sollten jedoch nicht zu eng beieinander liegen. Anschließend tauscht jeder Spieler seinen Zettel mit dem des Nachbarn aus.

Nun müssen die Spieler versuchen, eine Zeichnung (Figur oder Gegenstand) zu erstellen, in die alle Punkte mit einbezogen werden müssen. Das Thema für die Zeichnung kann der Spielleiter oder ein Spieler vorgeben.

Beim Zeichnen darf nicht miteinander gesprochen werden, auch sollte jeder nur auf sein eigenes Blatt schauen.

Nach etwa 6 Minuten werden die fertigen Bilder nebeneinander ausgebreitet und gemeinsam betrachtet.

Variationen:

1. Anstelle der 10 Punkte werden zum Beispiel Striche, Kreise, Drei- und Vierecke in entsprechender Anzahl verwendet.
2. Mit den vorgegebenen 10 Punkten versucht jeder Spieler seinen Nachbarn zu porträtieren.

Spielintention:
Einfallsreichtum, Konzentration, räumliches Sehen

Material:
Pro Spieler ein Blatt Papier und ein Filzstift

167 FÜNF-WÖRTER-BILD

A	Jugendliche Erwachsene
T	8 – 20
Z	25 Min.

Die Spieler suchen sich einen Platz im Raum, an dem sie ungestört ein Bild malen können. Der Spielleiter gibt jedem Teilnehmer einen Bogen Papier mit Filzschreiber und kündigt an, dass er alle 4 Minuten ein Wort nennen wird, das in das Bild mit einbezogen werden muss. Insgesamt wird er 5 Wörter nennen, das erste 4 Minuten nach Spielbeginn.

Die Wörter können zum Beispiel Gegenstände benennen (Auto, Haus, Blume), Eigenschaften (stark, freundlich, hilfsbereit), Lebewesen (Mann, Frau, Kind, Katze) oder mystische Begriffe sein (Gott, Engel, Fee, Teufel).

Am Ende werden die Bilder aufgestellt und in der Gruppe besprochen, zum Beispiel „Was geschah als die jeweils genannten Wörter fielen?", „Welche Stimmung strahlt das Bild aus?", „Welche Bedeutung hat es für mich als Zeichner/Maler?"

Variationen:

1. Malen zu zweit. Der Partner nennt Worte, von denen er meint, dass sie für den anderen von Bedeutung sind.
2. Je zwei Spieler malen zusammen ein Bild.

Spielintention:

Fantasie, Einfühlungsvermögen, Eingehen auf neue Anweisungen (Flexibilität), Entspannung

Material:

Pro Teilnehmer 1 Papierbogen, Filzschreiber oder Buntstifte

168 MONTAGSMALER

Dieses Zeichen-Spiel wurde vor dreißig Jahren durch die gleichnamige Fernsehsendung bekannt.

Es werden zwei gleich große Mannschaften gebildet. Jede entsendet jeweils einen Spieler. Er muss einen Begriff oder ein Sprichwort, das ihm der Spielleiter zuflüstert (oder auf einer Karte zeigt), zeichnerisch so darstellen, dass er beziehungsweise es von seiner Gruppe möglichst schnell erraten wird.

Es werden mehrere Runden gespielt, wobei jeder einmal in der Rolle des Zeichners sein sollte.

Gemalt wird auf großen Papierbogen oder an einer Tafel. Der Spielleiter stoppt die Zeit, in der die einzelnen Begriffe erraten wurden. Als maximale Ratezeit kann von der Gesamtgruppe vor Spielbeginn zum Beispiel eine Minute für jeden Begriff festgelegt werden.

Der Schwierigkeitsgrad der Aufgaben richtet sich nach der Zusammensetzung der Teilnehmergruppe. Nicht leicht sind zum Beispiel folgende Begriffe zeichnerisch darzustellen: Ärger, Zufriedenheit, Nervosität, Teilnahmslosigkeit, Dankbarkeit, Zorn, Gleichgültigkeit, Wut u.a.

A	Alle
T	8 – 20
Z	20 Min.

Spielintention:

Begriffe bildhaft darstellen, Kombinations-, Reaktionsfähigkeit

Material:

Ca. 40 Bogen Papier (DIN A2), dicke schwarze Filzschreiber oder: Tafel und Kreide; 40 vorbereitete Kärtchen (DIN A 7) mit Begriffen, Redensarten und Sprichwörtern, Stopp- oder Armbanduhr

MATERIALSPIELE UND MATERIALAKTIONEN

Materialien haben hohen Aufforderungscharakter; sie regen Eigenaktivität an, reizen zum Probieren und Experimentieren. Im Umgang mit Materialien gewinnen die Teilnehmer verschiedene Einsichten:

- Information über die Beschaffenheit und den Zustand des Materials;
- Manipulierbarkeit des Materials durch Verändern, Variieren und Verformen;
- bildnerische Ausdrucksmöglichkeiten des Materials;
- Wahrnehmung, Beobachtung und Selbstkritik werden gefördert;
- erlernte Arbeitsweisen und Techniken werden verfügbar und können wiederholt werden.

Kleine Materialsammlung
Die hier zusammengestellten Materialien finden Verwendung bei den Material-Spielen dieses Buches.

Papiere:
Zeichenpapier (weiß bis Elfenbein):
viele Formate, glatte bis raue Oberfläche
Bunt- beziehungsweise Glanzpapier:
mit glatter oder matter Oberfläche in allen Formaten
Transparentpapier:
sehr dünnes, durchscheinendes Papier zum Durchpausen
Seidenpapier:
in vielen Farben erhältliches, dünnes, leichtes Papier
Japanpapier:
besonders weich und zäh zugleich, geeignet sich für Batik und Drucke
Plakatkarton:
mit unterschiedlichen Farben beschichteter dünner Karton (Einzelbogen)
Aufziehkarton:
schwerer, in verschiedenen Formaten und Farben erhältlicher Karton
Tapete:
geeignet für fortlaufende Zeichnungen, ermöglicht großflächiges Malen und Ausschneidearbeiten

DIN- Formate

A 0 = Vierfachbogen
        (841 x 1189 mm)
A 1 = Doppelbogen
        (594 x 841 mm)
A 2 = Bogen (420 x 594 mm)
A 3 = Halbbogen
        (297 x 420 mm)
A 4 = Blatt (210 x 297 mm)
A 5 = Halbblatt
        (148 x 210 mm)
A 6 = Viertelblatt (Post-
        karte: 105 x 148 mm)
A 7 = Achtelblatt (74 x 105 mm)

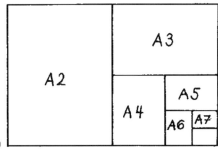

Mal- und Schreibstifte

Filzschreiber haben sich bei Mal- und Schreibspielen besonders bewährt. Es gibt sie in großer Auswahl mit verschiedenen Strichstärken,
mit keilförmigen oder schrägen Spitzen. Um die Schreiber vor dem
Austrocknen zu schützen, müssen sie stets mit der beigefügten Kappe
nach dem Benutzen verschlossen werden.

Flüssige Farben

Wasserfarben sind als „Tuschkasten"-Sortiment oder auch einzeln erhältlich. Es gibt Malkästen mit Deck- und Aquarellfarben.
Plakatfarben gibt es in Tuben und Gläsern. Dabei handelt es sich um
flüssige Wasserfarben aus der Gruppe der Dispersionsfarben; sie sind
untereinander mischbar und vielseitig zu verwenden.
Ölfarben stehen in großer Farbauswahl zur Verfügung. Die Farben auf
Ölbasis gibt es in Tuben; sie glänzen nach dem Trocknen. Als Verdün-
nungsmittel wird Terpentinöl benutzt.
Nitrolacke trocknen extrem schnell. Sie sind in Dosen oder Sprühdo-
sen im Handel.
Acrylfarben können für das Bemalen von Glas benutzt werden; anschließend muss Besprühen mit farblosem Lack erfolgen, um vor
Feuchtigkeit zu schützen.
Spezialfarben für Glasmalerei gibt es in Hobbyläden, Mal- und Lack-
geschäften.

Modelliermassen

Ton ist bereits fertig aufbereitet als Töpferton zu kaufen. Er muss jedoch in einem Spezial-Brennofen gebrannt werden.
Selbsthärtender Ton trocknet bereits in etwa einer Woche bei Zimmer-
temperatur völlig aus und kann mit Dekorfarben, Zapon- oder Kunst-

harzlack bemalt werden. Modelliermasse hat die wichtigsten Eigenschaften des Tons und kann bei Plätzchentemperatur in jedem Haushaltsbackofen gebrannt werden. Das Spezialmaterial gibt es in vielen leuchtenden Farben. Die fertiggebrannte Masse kann mit einem Speziallack weiterbehandelt werden.

Plastikform ist eine auf Holzbasis hergestellte Modelliermasse, die an der Luft trocknet und gut bemalbar ist.

Plastilin ist ein knetbares Material, das recht empfindlich ist, da es nicht aushärtet. Es eignet sich gut als Basis für Papiermachéarbeiten, zum Beispiel für das Anfertigen von Puppenköpfen.

Papiermaché stellt man selbst her, indem Streifen aus Zeitungspapier in dick angerührten Tapetenkleister getaucht werden. Nach dem Trocknen lässt sich Papiermache mit wasserlöslichen Farben bemalen und anschließend farblos lackieren.

Pappmaché erhalten wir durch das Zerreißen von leeren Eierkartons in pfenniggroße Stücke und Einweichen in dick gerührtem Tapetenkleister.

Knet-oder Modellierwachs: Das weiche und geschmeidige Material lässt sich gut mit den Händen verarbeiten. Zum Zusammenfügen einzelner Teile wird Klebewachs verwendet. Das Material ist besonders für die Herstellung von Puppenköpfen geeignet.

Kunststoffe

Schaumstoff: leicht formbares, gummiähnliches Material, das sich besonders zum Gestalten von Puppen (Unterfüttern/Ausstopfen) eignet.

Styropor: Hartschaummaterial, das zu Verpackungszwecken verwendet wird. Es eignet sich besonders zum Gestalten von Figuren und zum Bauen.

Naturmaterialien: Äste, Wurzeln, Tannenzapfen, Baumrinde, Moos, Bucheckern, Kastanien, Nussschalen, Blätter, Kork, Bambusrohr, Schilfrohr, Stroh, Kokosschalen, Körner, Sand, Muscheln, Steine, Eierschalen, Federn.

Wertlose Gegenstände

Gemeint sind industriell gefertigte Materialien, die im Haushalt nicht mehr benötigt werden, sich jedoch noch gut fürs Gestalten eignen, zum Beispiel Garnrollen, Gefäße, Tontöpfe, Eierkartons, alte Stoffe, zerlegte alte Wecker und Radios, Zeitschriften, Perlen aus Kunststoff, Plastik- und Installationsrohre, Metallfolien, Kleidungsstücke usw.

Kleber

Für Papier und Karton eignen sich Papierkleber, Klebstifte und Kleister; für Stein, Glas und Holz Alles-und Kontaktkleber; für Styropor wird am besten Styroporkleber benutzt.

Werkzeuge

Schere ist nicht gleich Schere. Papierscheren sind länger als Haushaltsscheren. Bastelscheren sind handlich. Für Scherenschnitte werden spezielle Scheren benutzt. Um saubere Kanten zu erzielen, müssen sie stets scharf geschliffen sein. Schneidefeder: Die scharf geschliffene Feder wird in einen Federhalter gesteckt und wie ein Bleistift gehalten. Sie eignet sich besonders für Ausschneidearbeiten. Universalmesser: Gibt es in zahlreichen Formen und Stärken, zum Beispiel als Klingenmesser mit versenkbaren Klingen für Papier- und Werkarbeiten.

SPIELE MIT ZEITUNGEN UND COMICS

SPIELVORSCHLÄGE:

169 ZEITUNG VIELSEITIG

A	Jugendliche Erwachsene
T	8 – 20

Nicht nur der Inhalt, auch die Verwendung von Tageszeitungen (und Illustrierten) kann sehr vielseitig sein.
Der Spielleiter bringt einen Stapel alter Zeitungen mit.
Was können wir damit machen?

Gemeinsam werden zum Beispiel folgende Spiele durchgeführt:

- Wie viele Spieler passen auf eine Zeitungsseite?
- Zeitungsseiten werden zu Puzzles zerschnitten und wieder zusammengefügt.
- Es werden gleich große Gruppen gebildet, die dicke, ungeordnete Zeitungen wieder richtig zusammenlegen müssen.
- Titelblätter werden collagiert oder durch Übermalen verfremdet.
- Ein Text wird durch Fotomontagen in seiner Aussage verändert.
- Kleinstnachrichten werden ausgeschnitten und von Sprechern als „Tages-schau"-Nachrichten gesprochen.
- Mit Hilfe von Stecknadeln wird in Gruppen für einen Mitspieler aus einer normalen Tageszeitung ein Kostüm angefertigt.

Spielintention:
Die Zeitung als vielseitiges Spielmaterial erfahren

Material:
Alte Tageszeitungen oder Illustrierte, Scheren, Kleber, Buntstifte, Stecknadeln

170 ZEITUNGSREDAKTEUR

A	Jugendliche Erwachsene
T	8 – 20
Z	15 Min.

Jeder Spieler erhält eine Zeitungsseite und einen Filzschreiber. Innerhalb von 2 Minuten sollen auf dieser Seite 20 Wörter angestrichen und dann an den Nachbarn weitergereicht werden. Aus den angestrichenen Wörtern soll dieser dann eine kurze Geschichte entwickeln. Bindewörter dürfen eingeflochten werden. Für das Schreiben der Geschichte erhält jeder Spieler 5 Minuten Zeit.
Im Anschluss daran findet im Stuhlkreis die „Dichterlesung" statt.

Spielintention:
Fantasie, Kombinationsfähigkeit

Material:
Pro Spieler eine Zeitungsseite, Filzschreiber und Papier

171 WERBEAGENTUR

Der Spielleiter hat bunte Werbeanzeigen ausgeschnitten. Um die Fantasie der Spieler nicht zu beeinträchtigen, wurden die Namen der Produkte aber vorher überklebt oder mit Deckweiß überpinselt.

Die Spielgruppe wird in mehrere Kleingruppen aufgeteilt. Jede erhält gleich viele Anzeigen, große Papierbogen, Filzschreiber und Klebstoff. Aufgabe jeder „Werbeagentur" ist es, für bereits bestehende Produkte, die noch keinen Markennamen haben, Anzeigenentwürfe zu erstellen. Natürlich sollten diese völlig anders lauten als alles, was bisher schon von der „Konkurrenz" angeboten wird.

A	*Jugendliche Erwachsene*
T	*8 – 20*
Z	*30 Min.*

Spielintention:

Originelle Einfälle verwirklichen

Material:

Pro Spielgruppe 5 bis 10 möglichst ganzseitige Annoncen, je 1 Bogen Tonpapier, Filzschreiber, Alleskleber

172 BILDGESCHICHTE

Die Spieler kommen im Stuhlkreis zusammen. In der Mitte liegt ausgeschnittenes Bildmaterial aus Tageszeitungen und Illustrierten. Es werden Kleingruppen gebildet, die sich jeweils ein Bild heraussuchen, zu dem sie sich eine Geschichte ausdenken und aufschreiben. Nach einer festgelegten Zeit werden die Bilder und Geschichten vorgestellt und − falls gewünscht − besprochen.

A	*Alle*
T	*8 – 20*
Z	*10 Min.*

Spielintention:

Fantasie, Fabulieren

Material:

Etwa 20 Bildausschnitte aus Zeitungen oder Illustrierten

173 ZEITUNGSEXPERIMENT

Es werden mehrere Kleingruppen gebildet. Jede von ihnen erhält 3 Zeitungen und den Auftrag, ein Spiel zu erfinden, bei dem die Zeitung die Hauptrolle spielt. Als Experimentier- und Ideenfindungszeit werden 10 bis 15 Minuten festgelegt.

Wenn es die Mitspieler am Anfang noch für unmöglich halten, ein „neues" oder „abgewandeltes" Spiel zu entwickeln, oder wenn sie gar eine Protesthaltung einnehmen, so werden sie schon nach kurzer Zeit sehen, wie schnell sich etwas mit dem vorgegebenen Zeitungsmaterial entwickeln lässt.

A	*Alle*
T	*8 – 20*
Z	*25 Min.*

Spielintention:

Fantasie, Experimentieren

Material:

Alte Zeitungen

174 ZEITUNGSENTE

A	Jugendliche Erwachsene
T	8 – 20
Z	10 Min.

Die „Zeitungsente" als Bezeichnung für eine gedruckte Falschmeldung kennt man seit etwa 1850. „Blaue Enten" für „Lügen" sagte man jedoch bereits im 16. Jahrhundert.

Der Spielleiter bereitet aus den Schlagzeilen oder verschiedenen Kurzberichten einer Tageszeitung einen Artikel vor, in dem viele muntere „Zeitungsenten" planschen. Der Schwierigkeitsgrad kann beliebig variiert werden.

Wer findet die meisten Fehler?

Variation:

Die Spieler müssen die wirklichen (ursächlichen) Geschehnisse anhand des vorgegebenen „Enten"-Artikels rekonstruieren.

Spielintention:

Aufmerksamkeit, Konzentration

Material:

Vorbereitete „Enten"-Artikel

175 BILDTEXTER

A	Jugendliche Erwachsene
T	5 – 15
Z	20 Min.

Die Spieler sitzen am Tisch und erhalten vom Spielleiter je 3 ausgeschnittene Zeitungs- oder Illustriertenbilder ohne Text.

Jeder Mitspieler hat die Aufgabe, zu diesen Bildern jeweils einen Text zu entwerfen.

Der Originaltext kann danach zusätzlich vorgelesen werden. Nicht selten wird so deutlich, mit welchen Manipulationsmöglichkeiten Massenmedien arbeiten.

Spielintention:

Zusammenhang und Wirkung von Bild und Text erkennen

Material:

Pro Spieler 3 Zeitungsfotos ohne Bildtext

176 SCHLAGZEILENSALAT

Wer gestaltet den originellsten Zeitungsartikel?
Um diese Frage zu beantworten, werden unter den Spielern alte Tageszeitungen verteilt. Jeder Mitspieler soll aus ca. 8 bis 10 Zeitungsüberschriften einen neuen Artikel (Meldung/Kommentar) zusammenstellen, ohne dabei die einzelnen Überschriften zu verändern!
Die einzelnen Überschriften werden ausgeschnitten, entsprechend geordnet und aufgeklebt, und der so entstandene Artikel anschließend in der Runde vorgelesen.

A	*Jugendliche Erwachsene*
T	*5 – 15*
Z	*30 Min.*

Variation:

1. Es werden keine ganzen Überschriften, sondern nur einzelne Wörter ausgeschnitten und zu Aussagen zusammengeklebt.
2. Der anzufertigende Artikel wird unter ein Thema gestellt; zum Beispiel Wetterbericht, Schönheitswettbewerb, Sportreportage.

Spielintention:
Wortgefühl, Spaß an der Parodie

Material:
Pro Spieler eine Zeitung, Schere, Klebstoff und ein Blatt Papier

177 BILD-MANIPULATION

Um das Bewusstmachen von Manipulationsmöglichkeiten und die Tatsache, dass Sympathie und Antipathie technisch manipulierbar sind, geht es bei diesem Spiel.
Es werden Kleingruppen von 3 bis 5 Mitspielern gebildet, die je 8 gleiche Großaufnahmen (Porträtaufnahmen), Retusche, Retuschierpinsel und Material für die Fotomontage erhalten. Jede Gruppe bekommt zwei Arbeitsaufträge:

A	*Jugendliche*
T	*10 – 20*
Z	*30 Min.*

1. Die Gruppe soll die abgebildete Person so negativ wie möglich darstellen.
2. Die Gruppe soll die Person so positiv wie möglich darstellen.

Die veränderten Fotos werden gemeinsam besprochen, verglichen und im Gespräch ausgewertet.

Spielintention:
Bewusstmachen technischer Manipulationsmöglichkeiten (Sympathie/Antipathie), kritisches Betrachten von Abbildungen

Material:
Illustrierte, Retusche, Retuschierpinsel, Klebstoff, Scheren

178 COMICS-SPIELE

A	Jugendliche
T	5 – 10
Z	20 Min.

Comics spielen im Alltagsleben aller Altersgruppen eine wachsende Rolle. Man kann über Comics sprechen, sich ihre formalen und inhaltlichen Schemata bewusst machen, widersprechende Effekte verdeutlichen und versuchen zu klären, welche Motivationen von Comics ausgehen, was die Leser so fasziniert...

Comics sind aber auch eine originelle Grundlage für kreatives Spielen, wie die folgenden 10 Spielvorschläge zeigen.

1. Handlungsmotive und Figuren werden aus Comics ausgeschnitten und zu einer neuen Geschichte zusammengesetzt.
2. Comic-Strips-Elemente werden mit anderem Bildmaterial vermischt, wobei neue, lustige Effekte zustandekommen.
3. Eine neue Geschichte entsteht, indem Einzelelemente aus verschiedenem Bildmaterial ausgeschnitten und durch eigene Zeichnungen ergänzt und ausgeschmückt werden.
4. Völlig neue Bildergeschichten werden erfunden, eigene Ideen ohne Vorlage realisiert. Die Spieler zeichnen Figuren. Es können, je nach Talent, auch Strichmännchen sein.
5. Mit bekannten Figuren verschiedener Comics werden neue Geschichten erfunden.
6. Zum Anfang und Ende einer Comic-Geschichte wird ein neues Zwischenstück erfunden.
7. Comic-Geschichten werden in Prosa wiedergegeben (Aufteilung in Kleingruppen bis 4 Personen, die Ergebnisse werden vorgelesen).
8. Die Sprechblasen werden neu formuliert.
9. Pantomimen-Comics erhalten einen Text.
10. Eine besonders originelle Einladung zu einem Fest ist das Verschicken einer Comic-Seite mit leeren Sprechblasen. Die Gäste sollen daraus eine Geschichte machen und sie zur Feier mitbringen. Die Geschichten werden vorgelesen.

Spielintention:
Fantasie, Spaß am Parodieren und Verändern von Bild und Text

Material:
Comic-Hefte, Papier, Deckweiß, Scheren, Filzschreiber und Klebstoff

COLLAGEN UND „READY-MADE"-SPIELE

SPIELVORSCHLÄGE:

179 COLLAGEN

Die Collage ist eine Erfindung der Maler des Kubismus, einer modernen Kunstrichtung, die von Cezanne ausging und seit 1907 unter anderem von Picasso, Braque und L. Feininger vertreten wurde. Diese entdeckten Zeitungspapier und Tapeten als Bildmaterial, schnitten interessante Motive aus und fügten sie zu einem Bild zusammen. Die Klebebilder wurden dann mit Pinsel und Farben weiterbearbeitet.

A	Alle
T	6 – 15
Z	90 Min.

Für Collagen lassen sich die verschiedensten Materialien verwenden. Heute werden nahezu alle Materialien und Gegenstände zu Collagen verarbeitet; zum Beispiel Steine, Holz, Textilien, zerlegte Wecker und Radios, Metall, gesammelte Naturmaterialien. Als Befestigungsunterlage werden Stoff, Holz- oder Styropor-Platten benutzt.

Hier einige Beispiele, die sich gut in Kleingruppen von 3 bis 4 Teilnehmern durchführen lassen:

1. Eine Collage wird unter ein bestimmtes Thema gestellt, zum Beispiel Großstadt, Zukunft, Träume, Menschen, Wünsche, Werbung.
2. Für die Anfertigung einer Collage werden nur Bilder (oder: nur Schriften) verwendet.
3. Aus realistischen Abbildungen soll ein abstraktes Bild gestaltet werden. Die Collage wird zusätzlich bemalt.
4. Zu einem Thema werden zwei Collagen erstellt: Pro&Contra.

Für die Fertigstellung der Collagen wird jeder Gruppe genügend Zeit gelassen. Die fertigen Ergebnisse werden gemeinsam besprochen und eventuell als Raumschmuck oder Denkanstoß im Gruppenraum, Jugendzentrum oder Gemeindehaus angebracht.

Spielintention:
Fantasie, verschiedene Materialien sinnvoll miteinander verbinden

Material:
Bildmaterial aus Illustrierten und Kalendern; Scheren, Klebstoff, Karton (oder Tonpapier im DIN-A2-Format), Filzstifte

180   ZEITUNGSCOLLAGE

A	Alle
T	6 – 15
Z	30 Min.

In Kleingruppen von je 3 Personen werden Figuren oder Formen aus Zeitungspapier ausgerissen oder ausgeschnitten. Erlaubt ist, was gefällt (z. B. abstrakte Formen, Tiere, Blumen, Wolken). Die ausgeschnittenen Figuren werden auf einem Packpapierbogen oder auf einer Tapetenfläche arrangiert und mit Tapetenkleister festgeklebt.
Im Anschluss erhält das Bild von der Gruppe einen Titel.

Variation:

Das fertige Bild wird in die Mitte eines Stuhlkreises gelegt. Hierzu wird eine kleine Geschichte erfunden und erzählt. Spielintention: flächiges Gestalten

Material:

Zeitungen, Packpapier (bzw. Tapete), Scheren, Kleister, eventuell Farbstifte für Umrandungen

181   WERBUNG

A	Jugendliche
T	6 – 15
Z	30 Min.

Die Werbung will bei uns Bedürfnisse wecken und uns bestimmte Produkte „schmackhaft" machen.
Je zwei Spieler erhalten die Aufgabe, aus Bildern und Überschriften zu diesem Thema eine Collage anzufertigen. Die Bilder sollen ausgeschnitten und mit neuen Texten versehen werden, damit neue Aussagen entstehen und zum Beispiel der Sinn beziehungsweise Unsinn mancher Werbetexte deutlich werden.

Variation:

Illustrierte, Frauen- und Jugendzeitschriften bieten zahlreiche Themen, die sich zu Collagen verarbeiten lassen; zum Beispiel „Bravo" und Stars oder „Bravo" und Lebenshilfe.

Spielintention:

Kritische Auseinandersetzung mit der Werbung

Material:

Illustrierten-Inserate, Klebstoff, Scheren und Tonpapier (DIN-A2)

182   STOFFCOLLAGE

A	Alle
T	5 – 15
Z	60 Min.

Die Teilnehmer werden in Kleingruppen aufgeteilt. Jede Gruppe erhält eine farbige Unterlage (z. B. einen einfarbigen Stoffrest, Naturkarton oder einfarbige Jute).
In freier Gestaltung – ein Thema kann sich die Gruppe selbst stellen – schneiden die Teilnehmer aus bereitgelegten Stoffresten Figuren und Formen aus und befestigen sie mit Klebstoff auf der Unterlage.

Mit dem Kleber sollte sehr sparsam umgegangen werden, da er sonst durch den Stoff dringt.

Mit drei Schleifen kann die fertige Stoffcollage auf einer Holzleiste aufgehängt werden.

Spielintention:
Kooperation

Material:
Fester Karton (DIN-A2), Stoffreste (gemischte Stoffe, Brokat-, Spitzen- und Tüllreste), Scheren und Klebstoff; ggf. Nadel und Faden zum Annähen der Schleifen

183 DECOLLAGE

Bei der Decollage werden keine Stücke aufgeklebt, sondern aus einem größeren Stück herausgerissen oder -geschnitten. Die so entstandenen Löcher unterklebt man mit farbigem Papier (bzw. mit Tonpapier, Zeitung oder Stoff). Die unterklebten Flächen können dann selbst wieder mit Löchern versehen und nochmals andersfarbig unterklebt werden.

A	Alle
T	5 – 15
Z	30 Min.

184 READY-MADE

Der französische Künstler Marcel Duchamp erfand 1913 das Ready-Made. Er nahm ein Pissoir-Becken, kippte es um 90 Grad, stellte es in einer Kunstaustellung auf ein Podest und nannte es Fontäne.

Bei unserem Ready-made werden Teile eines Gegenstandes aus ihrem Zusammenhang genommen und zu einem neuen Gebilde komponiert. So können zum Beispiel serienmäßig von der Industrie hergestellte Gegenstände (z. B. ein Radio) in ihren Teilen neu angeordnet, eigenständigen ästhetischen Wert bekommen. Auch aus Naturmaterialien kann ein Ready-Made entstehen. Wichtig ist dabei, dass mit dem „Kunstwerk" etwas zum Ausdruck gebracht wird. Die Spieler erhalten den Auftrag, sich 8 Gegenstände unterschiedlicher Materialbeschaffenheit zu besorgen. Dieses kann zum Beispiel bei einem Spaziergang geschehen, wenn sich die Gesamt- oder Kleingruppe geeinigt hat, Naturmaterialien oder Sperrgut-Gerümpel zu sammeln. Ist das Material vorhanden, werden aus den gefundenen Gegenständen gemeinsam „Ready-made"-Kunstwerke gebaut. Für die Zusammenfügung der einzelnen Objektteile dürfen Hilfsmittel wie Draht, Klebeband und Nägel benutzt werden. Die entstandenen Kompositionen werden besprochen und als Raumschmuck aufgestellt.

Variationen:

1. In einem Raum befinden sich einfache Stühle. Sie sollen von jeweils 3 Spielern innerhalb von 15 Minuten zu einem Thron umgestaltet werden. Dafür erhält jede Dreier-Gruppe vom Spielleiter Krepppapier, Alufolie und Klebeband. Jeder Thron erhält einen Namen.
2. Aus Teppichresten, Wellpappe, Holzstücken, Strohhalmen und Styropor sollen Hütten oder Baumhäuser gebaut werden.
3. Ein Gerümpel-Bild soll in Gemeinschaftsarbeit angefertigt werden. Als Materialien werden benötigt: alle möglichen Abfallprodukte, Korken, Dosen, Flaschenverschlüsse, leere Garnspulen, Teile aus alten Weckern und Radios. Themen könnten zum Beispiel sein: Traumbilder, Fantasielandschaft, Fantasietiere, Masken oder Blumen.

Spielintention:

Teilnehmer werden aktiviert, sich künstlerisch zu betätigen; Fähigkeiten im bildnerischen, räumlichen und sprachlichen Bereich werden erprobt, gemeinsame und persönliche Entscheidungen werden getroffen.

Material:

siehe Spielbeschreibung

185

OBJET TROUVÉ

A	Jugendliche
T	6 – 15
Z	60 Min.

Das „Objet trouvé", ein zufällig gefundenes Abfallprodukt, bildet die Grundlage für die Materialcollagen und Montagen des Kubismus, Dadaismus und Surrealismus (z.B. Max Ernst).

In unserem kreativen Material-Spiel werden Gegenstände des täglichen Gebrauchs (z.B. Küchengeräte) durch den „Künstler" aus ihrem ursprünglichen Verwendungsbereich gelöst und zum Kunstwerk umgestaltet. Dabei interessiert nicht mehr die praktische Verwendungsmöglichkeit, sondern ausschließlich die ästhetische Aussage.

Aufgabenvorschläge beziehungsweise Anregungen für Kleingruppen:

- Macht aus dem Inhalt eines „gelben Sackes" ein großes „Wohlstandsverpackungsmüllobjekt".
- Baut einen Garten oder eine Landschaft. Entscheidet selbst, ob das Gebilde flach wie ein Plan, bunt oder plastisch wie das Modell eines Architekten gestaltet wird.
- Baut ein Riesenobjekt (einen Drachen, ein Monster).
- Stellt aus möglichst wenig Material ein großes Gesicht her.
- Denkt an die Kunst des japanischen Blumensteckens „Ikebana". Macht aus allen vorfindbaren Materialien Blumen – auch aus Zivilisationsmüll – und bindet sie zu einem großen Strauß.

Die Aufgaben lassen sich beliebig variieren. Für die Umsetzung erhalten die Teilnehmer ausreichend Zeit. Ein größeres Objekt kann auch über einen Zeitraum mehrerer Treffen entstehen und im Endergebnis als Raum- oder Gebäudeschmuck Verwendung finden.

Spielintention:

Fantasie, Gebrauchsgegenständen eine neue Bedeutung geben

Material:

Gegenstände des täglichen Gebrauchs, zum Beispiel (nicht mehr benötigte) Küchengeräte und Geschirr; Draht, Klebeband, Klebstoff; Werkzeug, weitere Gegenstände siehe Spielverlauf

186   PICASSOSPIEL

Der Spielleiter legt in der Mitte des Spielkreises das folgende Material aus: Einen großen Bogen Tonpapier, Stoffreste, Prospekte, Zeitungen, Bast, Kordel, Buntpapier, Watte, Strohhalme. Als Hilfsmittel liegen Scheren und Klebstoff bereit.
Jeder Spieler kann sich etwas vom vorhandenen Material nehmen und dieses fantasievoll auf das Tonpapier kleben. Der nächste setzt das „Werk" seines Vorgängers fort. Wenn das Material-Gemälde fertig ist, sucht die Gruppe gemeinsam einen Namen dafür.

A	Jugendliche
T	8 – 12
Z	20 Min.

Spielintention:

Vorgegebenes aufgreifen und erweitern, sich auf den andern einstellen

Material:

Siehe Spielbeschreibung

187   PATCHWORK

Wandbilder können in der Gruppe geplant und als Gemeinschaftsarbeit ausgeführt werden.
Beim Patchwork werden gemusterte Stoffe in verschiedene Formen zerschnitten und wieder so zusammengeklebt, dass sich ein neues Muster ergibt. Dabei sollte auf den Helldunkel-Kontrast geachtet werden. Als Klebeunterlagen eignen sich Stoffbahnen oder Papierbogen im DIN-A3-Format.
Eine Patchwork-Gruppe sollte etwa 3 bis 5 Teilnehmer umfassen.

A	Jugendliche
T	6 – 10
Z	60 Min.

Spielintention:

Kooperation, flächiges Gestalten

Material:

Pro Kleingruppe ein Tonpapierbogen (DINA3), verschieden gemusterte Stoffe, Scheren und Klebestoff

188   PAPIER-MOSAIKE

A	Alle
T	1 – 20
Z	60 Min.

Mosaike (Einlegearbeiten) aus Glas und Stein kannten bereits die Griechen und Römer in der Antike. Eine der berühmtesten Mosaikarbeiten befindet sich in der Kirche San Vitale in Ravenna.
Unser Mosaik-Spiel hat mit der Kunst der alten Römer aber weniger zu tun. Ein Bogen Tonpapier (Tapete oder Packpapier) wird auf den Tisch oder Fußboden gelegt. Farbige Versandkatalog- oder Illustriertenseiten werden in kleine Schnipsel gerissen oder geschnitten. Auf das Tonpapier werden jetzt Umrisse einer geplanten Mosaik-Figur gemalt. Die Figur wird dünn mit Kleister bestrichen, die farbigen Schnipsel werden aufgeklebt.
Die Spielgruppe sollte in Kleingruppen von 3 bis 4 Spielern aufgeteilt werden.

Spielintention:
Flächiges Gestalten, Gefühl für Form und Farbe

Material:
Versandkatalog beziehungsweise mehrere Illustrierte, Tonpapier (bzw. Tapetenstück oder Packpapier), Klebstoff, ggf. Scheren

189   STYROPOR-KUNST

A	Jugendliche
T	6 – 15
Z	120 Min.

Wahre Styropor-Berge türmen sich als Verpackungsabfall von Fernsehapparaten, Kühlschränken, Waschmaschinen, Radios, Kameras und Küchengeräten.
Die Spielgruppe teilt sich in Kleingruppen von 3 bis 4 Spielern auf. Mit etwas Formgefühl und Fantasie werden die vorgegebenen Elemente zu Skulpturen arrangiert. Mit Wasserlack bemalt oder mit Lack besprüht, wirken die Elemente besonders attraktiv. Vertiefungen im Styropor können mit Moltofill-Masse gefüllt werden, in die dann blitzende Teile aus dem Kramkasten (z. B. Steine, Perlen, Knöpfe, Flaschenkorken usw.) „eingegipst" werden. Nach dem Trocknen nehmen die „Styropor-Künstler" noch Verfeinerungen mit dem Pinsel vor.

Spielintention:
Fantasie, ästhetisches Empfinden, Formgefühl

Material:
Styropor-Verpackungsmaterial, Klebestoff, Spachtelmasse (Moltofill), allerlei Kleinkram, Wasser- beziehungsweise Sprühlack

190 BÜROKLAMMER-GOLF

Der Name des Spiels sollte nicht darüber hinwegtäuschen, dass es sich um ein Freizeitspiel handelt, auch wenn es an fast allen Orten allein gespielt werden kann.

Eine Büroklammer hat man stets zur Hand. Wir biegen sie zu einem kleinen Golfschläger (s. Abb.), formen kleine Papierkügelchen zu Golfbällen und bauen aus Kugelschreibern, Radiergummis und anderem Büromaterial kleine Hindernisse und Bahnen.

A	Alle
T	1 – 5

Spielintention:
Spiele aus vorhandenem Büromaterial entwickeln

Material:
Pro Spieler eine Büroklammer; Büromaterial

191 WUNDERTÜTENSPIEL

Jeder Teilnehmer erhält vom Spielleiter einen verschlossenen Briefumschlag. Sein Inhalt: Vier Karteikarten (DIN A 6), zwei Pfeifenreiniger, 8 Büroklammern, 2 Gummibänder und ein Bleistift. Aufgabe jedes einzelnen Spielers ist das Erfinden eines Solo-Spiels innerhalb eines festgelegten Zeitraums. Danach stellt jeder das erfundene Spiel vor.

A	Jugendliche
T	8 – 12
Z	30 Min.

Spielintention:
Fantasie, Ideen entwickeln

Material:
Siehe Spielbeschreibung

192 EIER-OBJEKTE

Die Spielgruppe hat Eierkartons besorgt, um hieraus dekorativen Wandschmuck herzustellen.
Eierkartons wirken sehr plastisch und können durch Bemalen mit Deckfarben und Bekleben mit Buntpapieren interessant gestaltet werden.

A	Alle
T	5 – 15
Z	60 Min.

Variation:
Die Eierkartons werden mit Plakatfarben angestrichen. In den Vertiefungen werden Gegenstände, zum Beispiel Glaskugeln, Perlen, Teile aus einem alten Wecker oder Radio befestigt.

Spielintention:
Form- und Farbgefühl entwickeln

Material:
Eierkartons, Buntpapier, Deckfarben

SPIELE MIT DER DIGITALKAMERA

Die Fotografie ist ein ideales Mittel der Selbstdarstellung. Der kreative Mensch betrachtet die gleichen Dinge wie andere auch, jedoch sieht er sie oft mit anderen Augen. Seine Wahrnehmungsfähigkeit ist differenzierter.

Mit Hilfe des Objektivs und des auswählenden Blickes des Fotografen kann ein Gespür für Wirklichkeit entwickelt werden, das zum Beispiel bei der Nahaufnahme „in den Kern der Dinge dringt". Fotografieren kann wesentlich mehr als „knipsen" sein.

SPIELVORSCHLÄGE:

193   TABLE-TOP-BILDER

A	*Jugendliche Erwachsene*

Die Fotografie kann nicht nur ein Motiv wiedergeben, sondern auch Stimmungen und Gefühle ausdrücken. Der berühmte Fotograf Andreas Feininger (1906–1999) verstand die Fotografie als „Komposition", wenn er von wirkungsvollen Bildern sprach.

Wer seine Fantasie gern spielen lassen und sich einmal in der Regieführung versuchen möchte, findet in der Table-Top-Fotografie, einem Zweig der Nahaufnahme, viel Spielraum. Mit geringem Aufwand werden auf einem Tisch oder auf einer Platte Objekte zu kleinen Stillleben arrangiert, zum Beispiel Spielzeug, Konsumabfälle, (Schachteln, Dosen, Verpackungen), Naturmaterialien usw. Die Aufnahmen können eine ganz persönliche Note erhalten: Wasser lässt sich zum Beispiel durch Verwendung von Folie oder Cellophan simulieren; Schneewirkung erhält man durch Watte oder feinkörniges Salz. Dem Einfallsreichtum des Fotografen sind keine Grenzen gesetzt.

Um eine besondere Wirkung zu erhalten, sollten nicht zu viele Gegenstände auf einem Foto abgebildet sein.

Material:
Digitalkamera (möglichst Spiegelreflexkamera), Blitzlicht oder Fotoleuchte, beliebige kleine Gegenstände; ggfs. PC und TV-Gerät für die Wiedergabe

194　　　　　　　　　　　FABELHAFTE FOTOWELT

Alltäglichen Dingen kann man dank ausgefeilter Digital-Fotografie auf die Haut rücken. Da sehen Zapfen einer Kiefer wie Gebilde von einem anderen Stern aus, da werden die Samenkapseln des Löwenmauls zu Fabelwesen, Eierkartons zur Kraterlandschaft.
Aus Nah- und Makroaufnahmen kann ein reizvolles Quiz entstehen. Auf Fotopapier abgezogen und gerahmt sind sie ein origineller Raumschmuck und als Fotokarten geben sie vielleicht Anreiz, dazu eine Geschichte zu erfinden.
Nahaufnahmen (Macro) mit sehr guten Ergebnissen sind schon mit Digitalkameras ab 60 Euro möglich.

A	*Jugendliche Erwachsene*

Variationen:
Macro-Aufnahmen mit dem Beamer an Decken oder Wände projiziert, können zusammen mit Musik einen Disco-Abend stimmungsvoll untermalen oder ein lebendiger Beitrag für ein Fest sein.

Spielintention:
Blick für Details, Gefühl für Ästhetik

Material:
Digitalkamera (evtl. Spiegelreflex), PC, CDs, Beamer, Musik

195　　　　　　　　　　　STADT-QUIZ

Rechtzeitig schon einige Tage vor der Durchführung eines Motto-Spielabends werden die Teilnehmer gebeten, etwa 10 bis 15 selbst geschossene Fotos vom eigenen Wohnort auf CD mitzubringen. Diese Aufnahmen sollten keine üblichen Postkarten-Motive mit den obligatorischen lokalen Sehenswürdigkeiten sein, sondern aus besonderem Blickwinkel, vielleicht auch etwas verfremdet, verkleinert oder vergrößert, die Betrachter zum scharfen Blick herausfordern. Die mit Namen versehenen Foto-CDs werden vom Spielleiter, der Laptop und Beamer bedient, den Mitspielern vorgeführt. Wer errät, um welchen Ort in der Stadt, welches Detail eines Gebäudes, einer Sache, einer Straße es sich handelt? Wer sein eigenes Bild erkennt, sagt natürlich nichts.

A	*Jugendliche Erwachsene*
T	*10 – 30*
Z	*30 Min.*

Spielintention:
Spaß am Raten, Kenntnisse über die eigene Stadt, die unmittelbare Wohngegend bewusst wahrnehmen, neue Sichtweisen, Staunen, Spaß am Raten

Material:
Vorbereitete Foto-CDs, PC oder Laptop mit Beamer beziehungsweise TV-Gerät mit DVD-Player

196

LICHTSPIELEREIEN

A	Jugendliche Erwachsene

Um „zauberhafte", wie vom Computer erzeugte Bilder, geht es bei diesem Spiel. Dafür benötigen wir einen völlig abgedunkelten Raum, eine Digitalkamera und eine Taschenlampe.
Die Kamera wird auf eine feste Unterlage (z. B. Fußboden) gelegt. Die Wirkung, besonders bei Farbaufnahmen, ist umso besser, je höher die Lampe aufgehängt ist. Das Licht schwingt dann langsam und beschreibt Kreisbögen.
Die angefertigten Lichtspielereien können als origineller Beitrag für ein Fest oder als „Light-Show" für einen Disco-Abend gedacht sein.

Spielintention:
Experimentieren mit der Technik, Überraschungseffekt

Material:
Digitalkamera, Taschenlampe, langer Faden zum Aufhängen der Taschenlampe

197

MOTIVE UND THEMEN

Für Einzel- oder Gruppenreportage auf Freizeiten oder für eine gezielte Foto-Aktion bieten sich zahlreiche Motive an:

Menschen	- im Ausland, bei der Arbeit, Kinder, alte Menschen
Abend	- beleuchtete Straßen, Schaufenster, Lichtreklamen
Garten	- Blumen, Sträucher, Stauden, Gräser, Blüten (Nahaufnahmen)
Aquarien	- bei diesen Aufnahmen muss man ohne Blitzlicht arbeiten, um Reflexionen zu vermeiden; ggf. mit einer Zweitlampe experimentieren
Haustiere	- Zoomen, zum Beispiel bei Aufnahmen an der Futterstelle
Zoo	- genügend Zeit nehmen, Tiere erst beobachten, dann auf den Auslöser drücken; interessante Aufnahmen bei der Fütterung
Sport	- Schnappschüsse, Bewegungsabläufe einfangen, zum Beispiel Hochspringer, Reiter, Läufer, Motorsport
Sonne	- glutroter Ball am Himmel, verschleiert, am Meer
Jahreszeiten	- zum Beispiel Winter, Sonne in den Morgen- und Abendstunden, Schneeaufnahmen, Eiskristalle

Kirchenfenster	- experimentieren mit der Beleuchtung
Wochenmärkte	- Schnappschüsse, zum Beispiel vom Bananenverkäufer
Jahrmärkte	- Karussells, Buden
Kinder	- beim Spielen, auf dem Spielplatz, ausgelassen, fröhlich, traurig
Landschaften	- Details können mehr aussagen als die Totale; Gewitter, Wiesen, Frösche, Ernte, Wolkenberge, Wetterumschwung
Reisen	- persönliche Eindrücke (an Ersatzfilme und die kühle Aufbewahrung denken)
Nahaufnahmen	- Schmetterlinge, Blumen, Zweige, Kleintiere, Haushaltsgegenstände (Table-Top-Aufnahmen)
Porträtaufnahmen	- Das „Aufnahmeobjekt" durch Gespräch ablenken, günstige Gesichtsausdrücke einfangen, kein Frontallicht; auf die „Schokoladenseite" des Gesichts achten. Lichtsäume an Haar, Stirn, Nase und Kinn machen das Gesicht interessant.
Gruppenbilder	- im Nostalgie-Look, in der Hollywoodschaukel, im Planschbecken, auf der Treppe, auf Trittleitern, in Verkleidungen, mit und ohne Masken
Feuerwerke	- fantastische Spielereien sind möglich

Die Digitalkamera bietet ihrem Benutzer unzählige kreative Gestaltungsmöglichkeiten. So werden zum Beispiel Abstraktion und Verfremdung durch ungewohnte Beleuchtung, extreme Annäherung oder Entfernung vom Motiv erreicht. Geisterbilder entstehen durch Überschattungseffekte (eine Person geht durch eine andere hindurch) und mit Hilfe eines guten Bildbearbeitungsprogramms können wir am PC alle Bilder verfremden, nachbereiten und verbessern.

187

SPIELE MIT FARBEN

SPIELVORSCHLÄGE:

198   MALEN NACH MUSIK

A	Alle
T	5 – 20
Z	10 Min.

Musik wird als Bewegung erlebt, die zum Beispiel im Tanz zum Ausdruck kommt. Der Rhythmus lässt sich auch als Form und Farbe empfinden und ausdrücken. In jeder Altersgruppe lassen sich „Klangbilder" herstellen, in denen Rhythmen und Klänge ausgelebt und sichtbar gemacht werden.

Jeder Spieler erhält einen großen Malbogen (oder ein Stück von der Tapetenrolle), der mit angerührtem Kleister eingestrichen wird. Als Stimulanz wird vom CD-Player eine rhythmusbetonte Musik gespielt. Nun bekommt jeder Spieler zwei (beliebige) Erdfarben, die auf der Malunterlage mit den Fingern vermischt und vermalt werden. Dabei überlassen sich die Spieler ganz dem Rhythmus der Musik.

Variationen:

1. Statt Erdfarben werden direkt auf den Kleister mit Wasserfarben Muster oder Streifen gemalt. Nach dem Trocknen kann das Bild mit farbloser Schuhcreme eingerieben werden. Es erhält so einen besonderen Glanz.
2. Das Spiel lässt sich auch mit nur einer Farbe durchführen, wobei mit alten Gabeln, Kämmen oder Teigrädchen Muster eingezeichnet werden.
3. Es lassen sich auch Geräusche aufmalen, die von einer Kassette abgespielt werden, zum Beispiel Sturm, brausende Wellen oder Regen.

Spielintention:
Lockerung, Entspannung, Gefühl für Rhythmen

Material:
Pro Teilnehmer einen großen Malbogen (DIN-A2) oder ein entsprechend großes Tapetenstück, Kleister (Glutofix), Erdfarben, Wasserfarben, Pinsel, Schuhcreme, alte Gabel, Kamm oder Teigrädchen; CD-Player, Musik-CDs

Für das Malen nach Musik eignen sich zum Beispiel folgende Musikstücke:

- Vivaldi: Vier Jahreszeiten
- Smetana: Moldau, Die verkaufte Braut (Polka, Furiant)
- Zamfir: Improvisationen für Pan-Flöte und Orgel
- Tschaikowsky: Walzer aus der „Streicherserenade 1"
- Francis Lai: Bilitis
- Simon & Garfunkel: Greatest Hits
- Santana: Love Devotion Surrender
- P. Bachelet/Herve Roy: Emmanuelle

- Händel: Wassermusik-Suite
- Beatles: verschiedene Sammelausgaben
- Stevie Wonder: Hotter than July
- Michael Jackson: Heartbreaker
- Kitaro: alle Stücke

199 VERSCHWOMMENE KONTUREN

Für dieses Spiel erhält jeder Teilnehmer saugfähiges weißes Papier, Wasser, zwei Pinsel und Tuschfarben. Mit dem Pinsel wird das Blatt befeuchtet und anschließend mit dem anderen Pinsel mit Wasserfarben (viel Farbe, wenig Wasser!) bemalt. Bei dieser Nass-in-Nass-Malerei verschwimmen die Konturen zu reizvollen Motiven.

A	Alle
T	5 – 20
Z	30 Min.

Die Themen werden frei gewählt oder gemeinsam von der Gruppe festgelegt. Die fertiggestellten Bilder werden zum Schluss in der Gruppe betrachtet und besprochen. Themenvorschläge für die Nass-in-Nass-Malerei:

Sonnenuntergang, am Meer, feuchtes Laub, Feuer, Autoscheinwerfer im Nebel, Karussell, Unterwasserbilder, Weltraum, Träume, Blumenfelder, Schmetterlinge

Spielintention:
Gestalten, Atmosphäre schaffen

Material:
Saugfähiges weißes Malpapier, Wasser, Tuschfarben, zwei Pinsel pro Teilnehmer, Wassergefäße

200 KLECKSOGRAPHIE

In der Psychologie nutzt der Rohrschach-Test das Phänomen des Klecksbildes, bei dem durch Pusten und anschließendes Falten reizvolle Figuren entstehen, die verschiedene Möglichkeiten der Deutung offen lassen.
Jeder Teilnehmer hat vor sich einen Papierbogen liegen, auf den er einen Tropfen Tusche kleckst. Durch das Falten des Papiers in der Mitte entsteht eine symmetrische Figur, die durch Pusten, mit einem Pinsel oder mit einer Feder behutsam weiter ausgestaltet werden kann, ohne dass der Charakter der „Kiecksographie" zerstört wird. Diese Technik ist für Überraschungen offen und reizt sowohl Kinder als auch Erwachsene.

A	Alle
T	5 – 15
Z	15 Min.

Variation:

Konturen werden eingezeichnet und die Figur wird ausgeschnitten. Mit mehreren Figuren können die Teilnehmer eine (Gemeinschafts-) Collage herstellen.

Spielintention:

Überraschungseffekt

Material:

Malpapier, Wasser, Tuschfarben, Pinsel, Schreibfeder

201 ZWEIERPUSTEBILD

A	Alle
T	5 – 15
Z	15 Min.

Ähnlich wie bei der „Kiecksographie" handelt es sich auch hier um ein unterhaltsames Mal- und Interpretationsspiel.

Je zwei Teilnehmer sitzen am Tisch. Schwachsaugendes Drucker-Papier und Tusche stehen bereit. Ein oder mehrere Tropfen Tusche werden auf die Mitte des Papiers getropft und vorsichtig mit einem Strohhalm von verschiedenen Seiten verpustet. Es entstehen Figuren mit krakeligen Ausläufen und bizarrem Charakter, die Anregung für Interpretation und Deutung in der Gruppe bieten.

Spielintention:

Überraschungseffekt, Spaß am Deuten

Material:

Druckerpapier, Tusche oder Skriptol (farbige Tuschen für Zwischentöne), Strohhalme

202 SCHNURBILD

A	Alle
T	2 – 10
Z	30 Min.

Die Teilnehmer sitzen an Tischen. Jeder Spieler erhält eine ca. 80x80 cm große Pappe und eine etwa 1 Meter lange Schnur, die in 4 gleich große Teile zerschnitten wird. Ein erstes Schnurstück soll auf die Pappe geklebt werden, wobei es den Einzelnen überlassen ist, ob sie hierbei gegenständlich oder abstrakt vorgehen. Nun wird die Pappe an den Nachbarn weitergegeben, der ein weiteres Schnurstück sinnvoll ergänzend dazu klebt. Die Pappen werden solange weitergereicht, bis die Spielgruppe der Meinung ist, dass zufriedenstellende Bilder entstanden sind. Die Schnurbilder eignen sich als Druckstöcke für Gruß- und Gratulationskarten und für Friese (Verzierungen). Der Pappdruckstock wird mit Druckfarbe (Japan-Aqua) eingewalzt, Papier wird aufgelegt und angerieben.

Variation:

Statt einer Schnur werden beliebige andere Gegenstände aufgeklebt.

Spielintention:

Originalität, Gestalten, Kooperation

Material:

Pro Spieler eine Pappe (ca. 80 x 80 cm), 1 Meter Schnur, Kleber, Schere
Zum Drucken: Japan-Aqua, ggf. Walze, Papier

203   MATERIALSTEMPEL

Es lassen sich auch andere Gegenstände auf Holzklötze kleben, wie Knöpfe, Büroklammern, getrocknete Blätter usw. Wer seinen Stempel nicht mit Farbe bestreichen möchte, kann sich ein Stempelkissen anfertigen. Hierfür wird ein entsprechend großer Schraubdeckel benötigt, in den wir einen glatten Wollstoff oder Filz legen und gut mit Farbe tränken.

T	1 – 10

Spielintention:

Originalität

Material:

ca. 5x5 cm große Holzklötze, beliebiges Kleinmaterial (z. B. Büroklammern, Knöpfe, Münzen, getrocknete Blätter)

204   STYROPORSTEMPEL

Beim Stempeln und Drucken mit Hartschaumplatten (Styropor) kann entweder mit einem scharfen Messer ein Muster in den Hartschaum eingeschnitten oder mit Plastikklebstoff ein Motiv „eingeätzt" werden. Dafür wird der Klebstoff, vorsichtig dosiert, mit einem Pinsel auf die Flächen aufgetragen, die später sichtbar sein sollen. Der Hartschaum wird dabei vom Kleber weggefressen. Zum Drucken wird Japan-Aqua oder Plaka-Farbe benutzt.

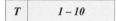

T	1 – 10

Spielintention:

Originalität

Material:

Hartschaumplatten (Styropor), Plastikkleber, Schneidemesser, Japan-Aqua beziehungsweise Plaka-Farbe, Pinsel

205 SCHNURSTEMPEL

T	1 – 10

Für das Drucken mit Schnurstempeln benötigen wir einen oder mehrere ca. 5x5 cm große Holzklötze, auf die mit Alleskleber in beliebiger Anordnung Schnurstückchen aufgeklebt werden. Anschließend werden sie mit Farbe bestrichen, wobei für jede Farbe ein eigener Stempel anzufertigen ist.

Spielintention:
Fantasie, Originalität

Material:
Mitteldicke Verpackungsschnur, ca. 5x5 cm große Holzklötze, Druckunterlage (Papier, Stoff). Für das Bedrucken von Stoffen wird eine spezielle Stoffdruckfarbe benutzt.

206 HERBSTLAUB

A	Alle
T	1 – 10

Die Teilnehmer sammeln abgefallene Blätter. Sodann wird versucht, die Farben der Blätter mit Deckfarben nachzumischen. Diese werden dann auf die Laubblätter aufgetragen und mit der Hand auf das vorher mit einem Schwamm oder Lappen grundierte Papierblatt abgedruckt. Es entstehen aparte Papiere, die sich zur Dekoration, als Geschenkpapier oder Grußkarten verwenden lassen.

Spielintention:
Gefühl für Komposition und Farbzusammenstellung

Material:
Getrocknetes Laub, Deckfarben, Pinsel, Schwamm, Tuch, Papier, Wasser

207 DRUCKEN MIT PERSÖNLICHER NOTE

A	Alle
T	1 – 10

Beim freien Drucken geht es um persönliche Ideen des Gestaltens. Die einfachsten Methoden sind sicherlich noch aus der Kindheit bekannt, nämlich Finger-, Daumen- oder Fußabdruck.
Diese höchsteigenen „Druckwerkzeuge" werden mit einer möglichst leuchtenden Farbe bemalt. Bevor nun Tücher, T-Shirts, Hand- oder Gästetücher verziert werden, machen wir einen Probedruck auf einem weißen Papierblatt oder Tapetenrest.
Ein Druckmuster mit unverwechselbarer Note ist entstanden. Freunde können sich gemeinsam auf einer Stoffvorlage verewigen.

Spielintention:
Kreativität

Material:

Permanent-Farben, reichlich Zeitungspapier zum Abdecken, Flach- und Spitzpinsel, Schablonierpinsel, weißes Papier, Stoffe zum Bedrucken

208   SANDMALEREI

Für die Sandmalerei wird in alte Konservendosen, die bis zur Hälfte mit Sand gefüllt sind, etwas Pulverfarbe gegeben. Mit Tapetenkleister vermengt, entsteht aus dieser Mischung ein mittelzähflüssiger Sandbrei. Nun werden verschiedene Sandfarben in dünner Schicht im Sinne eines Bildgegenstandes auf einen festen Karton oder eine Sperrholzplatte aufgetragen. Der Trockenprozess dauert ca. 24 Stunden. Danach ist das Bildobjekt unbegrenzt dauerhaft. Ein origineller Schmuck für den Gruppenraum oder das eigene Zimmer ist entstanden.

A	Alle
T	1 – 10

Spielintention:

Experimentieren

Material:

Feiner Sand (Strandsand ist besonders geeignet), Pulverfarben, Tapetenkleister und eine feste Unterlage (z. B. Sperrholzplatte)

209   WACHSREIBESPIEL

Für dieses alte, jedoch immer wieder spannende Materialspiel sitzen die Teilnehmer an Tischen. Jeder erhält einen Bogen Zeichenpapier und eine weiße Kerze.
Das Zeichenpapier wird auf eine strukturierte Fläche gelegt (z. B. auf Holz, Blätter oder Maschendraht) und mit der Breitseite der Kerze abgerieben. Dann wird mit Wasserfarbe über das Papier gestrichen. Die Farbe läuft von den mit Wachs beriebenen Stellen ab und man erhält einen negativen Abdruck der Unterlage. Die Ergebnisse sind verblüffend.

A	Alle
T	1 – 10

Spielintention:

Experimentieren, Überraschungseffekt

Material:

Zeichenpapier (DIN A 2), weiße Kerzen, Tuschfarben, Pinsel; Wasser

210

GRUSSKARTENFABRIKATION

A	Alle
T	1 – 10

Auch im SMS-, Twitter- und Facebook-Zeitalter soll es noch Menschen geben – und es werden wieder mehr –, die Wert auf selbst gestaltete, handgeschriebene Grußkarten legen.

Und so setzt sich unsere Gruppe zusammen, um gemeinsam originelle Grußkarten herzustellen. Die Teilnehmer sitzen an Tischen.

In der ersten Spielphase werden Vorschläge zum Themenkreis (z. B. Glückwunsch-, Einladungs-, Grußkarten) und zur Art der Bebilderung (z. B. Filzschreiber, Collage, Scherenschnitt, Schabloniertechnik) erörtert.

In der zweiten Phase werden die verschiedenen Herstellungsmöglichkeiten der Bebilderung durchgeführt.

Beispiele: Besonders schnell und einfach lassen sich natürlich Motive mit einem Filzschreiber zeichnen. Für das Herstellen einer größeren Kartenauflage (z. B. für einen Basar) eignet sich besonders die Schabloniertechnik. Dabei wird mit einer Schneidefeder aus festem Zeichenpapier das Motiv herausgeholt. Die so entstandene, fertig geschnittene Schablone wird nun auf die Karte gelegt und sorgfältig mit Temperafarbe übertupft. Es kann auch um die herausgeschnittene Figur herumgetupft werden.

Die Künstler in der Gruppe wagen sich vielleicht sogar an die klassische Linolschnitt-Methode. Sie ist zwar etwas mühevoller, ermöglicht jedoch eine Auflage in beliebiger Höhe.

Als Einzelstücke lassen sich auch von geschickten Händen Scherenschnittkarten herstellen, wobei das Motiv aus schwarzem oder getöntem Papier positiv herausgeschnitten wird.

Da sich die genannten Techniken nicht für Schriftsätze eignen, muss ein bestimmtes Feld auf der Karte für den Text ausgespart werden. Hierfür eignet sich besonders ein Filzschreiber.

In einer dritten Spielphase können alle Teilnehmer lustige Texte entwickeln, sodass ein und dasselbe Motiv unterschiedliche, originelle Aussagen erhält. Jeder Teilnehmer nimmt am Ende der „Kartenfabrikation" genügend Exemplare mit nach Hause, die liebevoll gestaltet und mit einem persönlichen Text versehen auch 2013 und später garantiert besser beim Empfänger ankommen, als jeder mal so locker dahin getippte Online-Gruß.

Spielintention:
Ideen verwirklichen, Gestalten

Material:
Papierbogen zum Üben, pro Spieler ca. 10 Briefkarten (DIN-A6), Filzstifte, Pinsel, Temperafarbe, schwarzes und getöntes Papier, Scheren, Schneidefeder, Linoleumreste, Schneidemesser, Japan-Aqua (für Linoldruck), ggf. Walze zum Einfärben

211 FLASCHENMALEREI

Auch im Plastikflaschen-Zeitalter gibt es noch Cola-, Bier-, Wein- oder Likörflaschen aus Glas mit recht eigenwilligen Formen, ebenso Gläser für Senf, Marmelade, Pulverkaffee oder Babynahrung, die meist im Mülleimer landen.

A	Alle
T	1 – 10

Durch Bemalen mit Deka-Color oder einer ähnlichen Farbe entstehen nette und nützliche Geschenke. Aufgetragen wird die Farbe mit flachen Borstenpinseln von etwa 5 bis 10 mm Breite. Für Säuberungsarbeiten stellen wir Waschbenzin oder Terpentin-Ersatz bereit. Helle Flaschen können vor dem Bemalen eine Grundierung erhalten, die vor jeder weiteren Bemalung unbedingt einen Tag trocknen muss. Die Wahl der Farben und Muster ist jedem Einzelnen selbst überlassen. Zu bedenken ist lediglich, dass nur neben eine völlig getrocknete Farbe gemalt werden kann, sonst laufen die Farben ineinander. Wer nicht so viel Geduld hat, lässt die Farben verlaufen und freut sich über den Effekt. Die fertigen Produkte können als Vasen, Kerzenhalter oder kleine Stehlampen verwendet werden, die Senf- oder Einweckgläser können zum Krims-Krams-Behälter, Betthupferigias oder Utensilienbehälter für Schreibmaterial werden; kleine Gläser dienen als Tee- oder Gewürzgefäße.

Spielintention:
Spaß am Verändern des vorgegebenen Materials, Gestalten

Material:
Flaschen verschiedener Form und Größe, Gläser, Glasbehälter, Glasfarbe (z. B. Deka-Color), Pinsel mit flacher Borste (5–10 mm breit), Waschbenzin, Lappen, Bleistift zum Vorzeichnen

212 SPIELHANDTUCH

Jeder Teilnehmer hat ein altes einfarbiges Handtuch mitgebracht. Es gilt nun, dieses in ein Spieltuch zu verwandeln, das später in den Ferien und am Strand keine Langeweile aufkommen lassen soll.
Mit Wäschefarbe wird ein Mühle-Dame-Spiel auf das Handtuch gemalt.
Am Strand können wir es ausbreiten und mit selbstgesuchten Steinen oder Muscheln Mühle oder Dame spielen.

A	Jugendliche
T	1 – 10

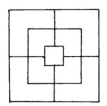

Material:
Alte, einfarbige Handtücher, Pinsel, Wäschefarbe

213   MARMORIEREN

A	Jugendliche
T	1 – 5

Die immer wieder begeisternde, traditionelle Marmorier-Technik ge-
hört in jede Kreativ-Werkstatt. Unsere Teilnehmer sitzen am Tisch.
Jeder von ihnen hat vor sich mehrere Papierblätter (DIN-A4). In der
Mitte des Tisches steht eine viereckige Plastikschale, die etwas größer
als das zu bedruckende Papier ist. Die Schüssel ist etwa 3 cm hoch mit
Wasser gefüllt, in dem ein Löffel Tapetenkleister aufgelöst wird.
Auf einer Glasplatte verdünnen wir mit etwas Terpentin Ölfarben.
Vorsichtig werden nun bunte Farbtröpfchen auf die Oberfläche des
Kleister-Wassers gegeben und mit einem Kamm oder spitzen Holz-
stock zu Schlieren ineinander gezogen.
Jetzt wird das Papier auf die Wasseroberfläche gelegt, leicht ange-
drückt und wieder herausgezogen. Die Papiere werden hängend ge-
trocknet. Die so entstandenen interessanten Papiere lassen sich viel-
seitig verwenden (z. B. als Geschenkpapier, zum Einschlagen von
Büchern oder Bekleben von Schachteln).

Spielintention:
Experimentieren mit Farbe

Material:
Tapetenkleister, Ölfarbe, Terpentin, Lappen, Feinpost oder Zeichenpapier,
Wasserbehälter (rechteckig), Wasser, Wäscheklammern zum Trocknen der Papiere

214   THEMEN FÜR BILDNERISCHES GESTALTEN

A	Alle

– Fantasiegebilde
– Ich
– Gefühle
– Wünsche
– Spaziergang
– Träume
– Kino-Welt
– Konsumwelt
– Menschen meiner Umgebung
– Stadt
– Dorf
– Wiese
– Frühling
– Mars-Ausflug
– Museum
– Werbung und Konsum
– Schrottplatz
– Zauberwelt

– Meeresgrund
– Hinterhöfe
– Natur
– Industrie
– Garten
– Supermarkt
– Kleiderstoffe
– Strand
– Sonntag
– Schickeria
– Platzkonzert
– Kinder
– alte Menschen
– Meeresgrund
– Parkbank
– Essen
– Umweltschutz
– Märchen

BRETTSPIELE VARIIEREN UND NEU ERFINDEN

Trotz unzähliger Konsole-Spiele erfreuen sich nach wie vor Klassiker wie „Monopoly", „Cluedo", „Scrabble", „Mühle", „Dame", oder „Mensch ärgere Dich nicht" und viele mehr großer Beliebtheit, wenn es darum geht, nicht mit seelenlos-virtuellen, sondern mit echten, mit lebendigen Spielpartnern, erfüllende Geselligkeit, Spaß und soziale Kontakte im Spiel zu erleben.

Wirklich neue Spielideen aber gibt es nur wenige. Die meisten neu herausgegebenen Gesellschaftsspiele sind Variationen alter Spielvorlagen, die vorwiegend vom Urprinzip des Würfelspiels ausgehen. Aus alten Spielen wurden durch Varianten immer wieder zum Teil recht reizvolle neue Spiele entwickelt. Brettspiele selbst zu machen, bringt sehr viel Spaß und ist zugleich ein kreatives Spielangebot.

Bei Studierenden der Sozialpädagogik habe ich im Fach „Didaktik des Spiels" wiederholt sehr originelle Ideen bei der Entwicklung von Brettspielen beobachten können. Wenn auch stets bekannte Spielstrukturen auftauchten, so gab es doch Spielvariationen, die übersichtlich aufgebaut und lebhaft im Spielfluss waren. Ähnlich waren die Ergebnisse bei der Arbeit mit Jugend- und Erwachsenengruppen.

A	*Jugendliche Erwachsene*
T	*4 – 20*
Z	*120 Min.*

Die Teilnehmer werden in Kleingruppen zu je vier Personen aufgeteilt. Sie erhalten den Auftrag, innerhalb von zwei Stunden ein Brettspiel zu entwickeln. An Material und Hilfsmitteln werden pro Gruppe ein großer Papierbogen (DIN-A2), Papier zum Skizzieren der Regeln und des Spielplans, Filzschreiber, unbeschriftete Kärtchen (DIN-A7), eine Schere, Setzsteine und zwei Würfel ausgegeben.

Die Arbeitsergebnisse werden in der eigenen Gruppe durchgespielt und dann von anderen Teilnehmern ausprobiert.

Die festgelegte Zeit und die Sozialform der Kleingruppe erweisen sich als besonders motivationsfördernd. Allerdings lässt sich auch beobachten, dass oft die Aussagen besonders durchsetzungsfähiger Teilnehmer übernommen wurden, ohne dass es sich dabei immer um besonders originelle Ideen oder produktive Lösungswege handelt.

Insgesamt ist das Entwickeln eigener Gesellschaftsspiele eine Aktivität, bei der sachliches und soziales Lernen gut miteinander verbunden werden können.

Kriterien zur Gestaltung von Brettspielen

Welche Anforderungen sind an ein Brettspiel zu stellen und wie gehe ich beim Entwickeln eigener Spiele vor?

1. Am Anfang steht die – möglichst originelle – Spielidee, aus der sich das Thema entwickelt (z. B. sollen altbekannte Spiele wie „Mühle", „Dame" oder „Mensch ärgere Dich nicht" variiert werden).
Die Variante eines bekannten Spiels muss sich von der bekannten Grundform absetzen.

2. Einfälle zum Spielverlauf werden gesammelt und ein vorläufiger Spielplan-Entwurf wird skizziert. Er kann vorher festgelegt oder auch während des Spiels entwickelt werden. Dabei ist zu klären, welche Ideen sich am leichtesten realisieren lassen.
Für den Spielplan gilt der Grundsatz: Übersichtlichkeit und Zweckmäßigkeit in Form und Gestaltung.

3. Die Regeln für den Spielverlauf werden aufgestellt. Sie sollten

   – verständlich, anschaulich und bildhaft, d. h. „einleuchtend" sein,
   – Spannung aufbauen,
   – für einen lebhaften Spielfluss sorgen,
   – in der einzelnen Spielrunde Abwechslungsreichtum zeigen,
   – Beeinflussungs- und Entscheidungsmöglichkeiten beinhalten,
   – zum Aufpassen auffordern.

   Die Einhaltung der Regeln muss leicht nachprüfbar sein.

4. Die bestehenden Regeln werden am skizzierten Spielplan ausprobiert und ggf. überarbeitet oder verfremdet.
Es tauchen Fragen auf, die wir im Spielprozess überprüfen:

   – Ist der Spielaufbau anschaulich?
   – Ermöglichen die Regeln ein wechselseitiges Einwirken auf den Partner? Findet Kommunikation statt?
   – Bietet das Spiel Veränderungsmöglichkeiten?
   – Ist die Spieldauer überschaubar?

5. Eine überarbeitete Spielvorlage wird angefertigt. Die Spielbarkeit lässt sich besonders gut überprüfen, indem wir unser Spiel von Personen ausprobieren lassen, die an der Planung nicht beteiligt waren. So erfahren wir auch, ob das Spiel für andere Aufforderungscharakter hat.

6. Die Erfahrungen der „Testspieler" werden berücksichtigt. Eventuell wird das Spiel noch einmal auf Unklarheiten im Regelverlauf oder in der Spielplangestaltung hin überprüft und die Spielvorlage erweitert oder gekürzt.

7. Die Spielregeln werden aufgeschrieben und ein fester Spielplan wird angefertigt.

Die Anfertigung von Brettspiel-Plänen

Spielunterlage

Tonpapier, weißer oder getönter Karton und Holz eignen sich besonders gut als Spielunterlage; sie kann aber auch aus Stoff oder einer
Kunststoffplatte bestehen.

Setzfelder und Spiellinien

Die Grundlinien lassen sich am einfachsten mit einem sofort trock-
nenden Filzstift aufzeichnen. Für Spielwege, die sich unterscheiden
sollen, werden verschiedene Farben benutzt. Als Setzpunkte haben
sich selbstklebende Markierungspunkte als sehr geeignet erwiesen.
Sie sind in verschiedenen Größen (8, 13 und 19 mm) und Farben im
Schreibwarenhandel erhältlich. Zahlen und Symbole können entweder mit dem Filzschreiber aufgetragen oder mit Folien aufgerieben
werden.

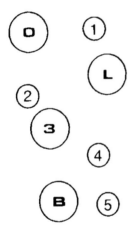

Illustration und Ausschmückung

Ein Spiel macht natürlich auch Spaß, ohne dass der Spielplan viel
schmückende Illustration aufweisen muss. Ein Zuviel kann zudem Verwirrung schaffen und von den Spielwegen ablenken. Für die optische
Unterstreichung aber können, je nach Maltalent, eigene Ausschmü-
ckungen mit dem Filzstift vorgenommen oder Schmucketiketten, Fotos
beziehungsweise Illustriertenabbildungen aufgeklebt werden.

Haltbarkeit

Der Spielplan lässt sich durch das sorgfältige Überkleben mit selbstklebender Klarsichtfolie dauerhaft machen. Durch das Aufkleben auf festen Karton wird der Plan noch haltbarer.

Das Übertragen eines Spielplans auf eine Holzunterlage geschieht in der Regel durch Aufmalen mit Ölfarbe. Die Spielfelder und -wege werden vorgezeichnet und dann mit Hilfe von Klebeband und Schablonen sauber ausgemalt.

Spielsteine

Für die meisten Spiele werden Würfel und Spielsteine benötigt, die in Spielwarengeschäften erhältlich sind. Individueller sind selbst hergestellte Setzsteine, zum Beispiel mit Plakafarben bemalte kleine Steine, zurecht gesägte Setzsteine aus Holz, die mit farblosem Lack eingesprüht werden, Muscheln, Bohnen oder kleine Steine.

Eventuell müssen „Ereigniskarten" hergestellt werden. Dafür sollte man kleine Karten anfertigen.

SPIELVORSCHLÄGE:

215

SPIELE OHNE REGELN

A	*Jugendliche Erwachsene*
T	*4 – 12*
Z	*120 Min.*

Die Teilnehmer sitzen an Tischen und erhalten vom Spielleiter einen der unten abgebildeten Spielpläne, der entsprechend vergrößert auf einen Plakatkarton oder Tonpapier (DIN-A2) übertragen wird. Außer dem bestehenden Spielplan sind nur Setzsteine und eventuell Würfel vorgegeben.

Aufgabe der Gruppe ist es nun, innerhalb von zwei Stunden ein Spielthema, Spielziele und Spielregeln zu erfinden. Der Spielplan dient in erster Linie als Anregung. Er kann abgewandelt und verändert werden.

Hier einige Spielplan-Anregungen:

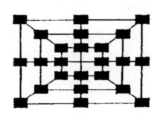
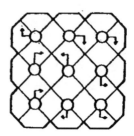

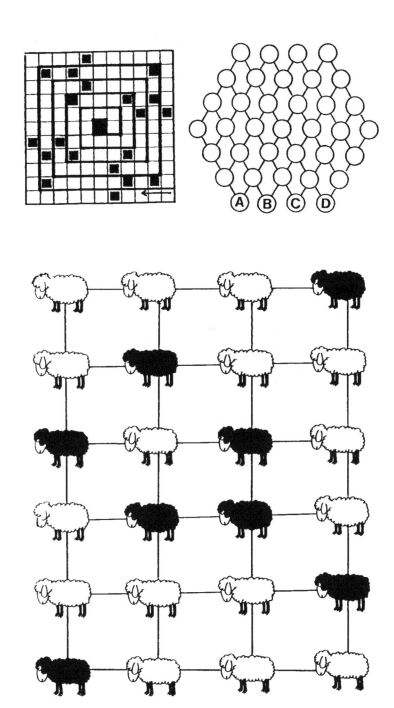

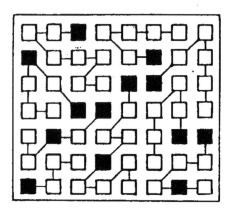

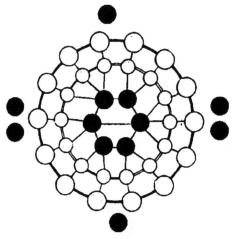

Die entstandenen Spiele werden in der eigenen Gruppe und im Austausch mit den anderen Gruppen auf ihre Spielbarkeit hin überprüft. Über die Entstehung der einzelnen Spiele wird gemeinsam gesprochen.

Beobachtungshilfe:

Wie war die Reaktion auf die Aufgabenstellung? Wer setzte die Ziele? Wie wurden die Regeln entwickelt? Wie wurde Einigkeit erreicht? Wie weit wurde der vorgegebene Spielplan berücksichtigt?

Spielintention:

Entwickeln und Durchsetzen von Ideen, Entscheidungen treffen, Kooperation mit anderen

Material:

Pro Gruppe (3 bis 4 Personen) einen Plakatkarton oder Tonpapier-Bogen (DIN-A2), einen der vorgegebenen Spielpläne, Filzstifte, Schreibpapier, Setzsteine (Anzahl nach Wunsch der Spielgruppe), Würfel

4 MITSPIELAKTIONEN

Definition und Funktion

Bei Mitspielaktionen geht es hauptsächlich um das Miteinander von Spielern, Gruppen und Zuschauern.

A	*Alle*
T	*unbegrenzt*

So versuchte etwa ab 1980 die aus den USA stammende New-Games-Bewegung besonders Jugendlichen und Erwachsenen wieder die elementare Bedeutung des Spiels in Erinnerung zu rufen und dem Spiel wieder einen Platz im normalen Alltag einzuräumen. Die Betonung liegt bei den „Neuen Spielen", an denen manchmal zur gleichen Zeit mehrere tausend Menschen teilnehmen, auf dem Gemeinschaftserlebnis. Mitspielangebote können zum Beispiel Freizeittheater, Spielfeste, Spielaktionen, Stadt- und Orientierungsspiele und Erlebnistouren sein. Sie erstrecken sich in der Regel über einen längeren Zeitraum, zum Beispiel über einen ganzen Nachmittag, Abend oder über ein Wochenende.

Die Ziele von Mitspielaktionen sind

- Selbstorganisation von Freizeit,
- Erproben neuer, ungewöhnlicher Interaktions- und Kommunikationsformen,
- gemeinsames Handeln,
- kreative Ausschöpfung von Fertigkeiten und Fähigkeiten,
- Freude, Erfolgserlebnisse, Geselligkeit, Unterhaltung,
- Auseinandersetzung mit der Umwelt.

Der Spielleiter legt gemeinsam mit allen an der Organisation beteiligten Helfern das Motto der Mitspielaktion fest, grenzt den Spielrahmen ab und legt Zeit und Ort fest. Je nach Veranstaltungsart verteilt er gemeinsam mit den anderen die Aufgaben beziehungsweise Rollen und sorgt für die Beschaffung der notwendigen Materialien und Hilfsmittel. Bei der Durchführung berät er, regt an, motiviert und gibt Hilfestellung.

SPIELFORMEN

Freizeittheater

„Freizeit" bedeutet nicht nur arbeitsfreie Zeit, sondern auch freie Zeit für schöpferische Eigenaktivität und engagierte zwischenmenschliche Beziehungen.

A	*Jugendliche Erwachsene*

Theater machen bedeutet spielen und anschauen. Es ist mehr als die Massenkommunikationsmittel Film und Fernsehen, da Theater auch immer eine soziale Versammlungsform von Menschen ist.
Freizeittheater geht von der Gruppe der Schau-Spieler und vom Publikum aus. Der Unterschied zwischen beiden Gruppen löst sich auf. Auf der Grundlage von Rollen und fiktiven Situationen verwirklichen sie szenisches Spiel.

Veranstaltungsformen des Freizeittheaters

Die Spielaktion ist die offenste Form des Freizeittheaters. Außer einigen Grundregeln, dem Spielraum und Spielmaterialien, wird dem Publikum für seine Improvisationen nichts vorgegeben.

Beim Mitspieltheater sprechen die Spieler das Publikum direkt an. Dafür hat die Spielgruppe charakteristische Szenen und Szenenfolgen ausgearbeitet, die jedoch für die spielerische Mitwirkung des Publikums noch Wahlmöglichkeiten und Lücken offen lassen.
Patentrezepte für gutes Mitspieltheater gibt es nicht. Die Darsteller fordern die Zuschauer auf, einfache Rollen und Funktionen zu übernehmen, und gehen auf Reaktionen, Vorschläge und Zwischenrufe ein. Die Bereitschaft des Publikums, sich auf ein Mitspiel einzulassen, hängt von der eigenen Gelöstheit, dem Mut und den Spielerfahrungen der Spielgruppe ab. Ebenso wichtig ist das Niveau des Programms. Es sollte möglichst eine Beteiligung aller zulassen. Für das Mitspieltheater gilt:

- Den Zuschauer nicht überfordern, ihm nicht zu viel zumuten;
- die Aufgaben sollen klar umrissen sein;
- gegenseitige Wertschätzung aufbringen, sich nicht auf Kosten des Publikums lustig machen, Zuschauer sollten auch nicht beleidigen, herabsetzen oder stören;
- dem Publikum mitteilen, dass es Spaß bringt, mitzuspielen.

Mitspieltheater kann in einem großen Raum oder im Freien stattfinden. Entschließt sich eine Spielgruppe zur Aufführung im Freien, so müssen u. a. folgende Vorüberlegungen angestellt werden:

- Was soll wo gespielt werden?
- Wem gehört das Gelände, auf dem gespielt werden soll?
- Die Spielerlaubnis muss beim Eigentümer und dem Ordnungsamt eingeholt werden.
- Ist das Spielgelände für Darsteller und Publikum mühelos erreichbar?

– Welchen Umfang haben die Requisiten? Werden Transportmittel benötigt?
– Stehen die erforderlichen Anschlüsse für technische Geräte (Beleuchtung/Musik, eventuell Verstärker-Anlage) an Ort und Stelle zur Verfügung?

Die Theaterwerkstatt versucht, interessierten Teilnehmern Einblick in verschiedene Möglichkeiten der Theaterarbeit zu geben. Dazu gehört an erster Stelle das Sammeln eigener Erfahrungen beim Theaterspielen unter Anleitung verschiedener Theatermacher. Über den Zeitraum mehrerer Wochen und Monate hinweg wird kontinuierlich an einem Tag in der Woche oder an Wochenenden gearbeitet.

Themenschwerpunkte können sein:

– Theater und Bewegung
– Theater und Text
– Theater und Musik
– Theater und Raum
– Theater und Maske

Im Anschluss an jedes Projekt kann eine Werkstattaufführung stehen, die die Arbeit der jeweiligen Gruppe demonstriert. Oft besteht bei den Teilnehmern am Ende der Projekte der Wunsch, in einer festen Theatergruppe weiterzuarbeiten und die erlangten Kenntnisse und Fähigkeiten zu vertiefen.

Das Zielgruppentheater ist für bestimmte Gruppen (z.B. Migranten, Senioren, Umweltschützer, Gewerkschafter) gedacht, die über Improvisationen zum problemorientierten Rollenspiel angeregt werden sollen, um aktuelle Probleme aufzugreifen, über ihre Situation zu reflektieren und sich mit ihr spielerisch wie ernsthaft auseinanderzusetzen.

Einladung zum Mitspielen

So oder ähnlich kann eine Einladung aussehen, mit der eine Spielgruppe zum Mitmachen wirbt:

Wir laden herzlich ein zum Freizeit-Theater

Wann? _____

Wo? _____

Wer? _____
(Spielgruppe - Namen der Spieler und des Spielleiters/Anschrift)

Was wird geboten?
Kein faszinierendes Schauspiel – keine passive Berieselung –
keine Stargage!
Sondern: Spaß und Geselligkeit – Freiraum für Improvisation
            – Stegreifspiel und Spielanlässe – Denkanstöße und
            Besinnlichkeit

Was bringt Ihr mit?
Euch selbst und einen lieben Bekannten, bequeme und strapazierfähige Kleidung, Zeit, Lust, Neugier und Experimentierfreude

Was werdet Ihr tun?
Ihr werdet euch kennenlernen. Ihr werdet euch als kreative
Spieler entdecken. Ihr werdet spontan und erfinderisch sein. Ihr
werdet mit anderen zusammenspielen. Ihr werdet Theater
spielen.

Wie geht es los?
Zur Lockerung, Aufmunterung und Ermutigung habt Ihr ab ...
Uhr für etwa zwei Stunden Gelegenheit, in Kleingruppen
gesellig zu spielen. Bei einem kleinen Imbiss können Kontakte
zu den Mitspielern geknüpft werden. Dann beginnt die eigentliche Spielaktion in der Gesamtgruppe.

                              Wir freuen uns auf EUREN Besuch!
                              Unterschrift(en)

SPIELFESTE UND SPIELAKTIONEN

Ziele und Inhalte

Spielfeste und Spielaktionen wollen Aktivität, kreative Betätigung und Freude am gemeinsamen Spielen und Gespräch wecken. Spaß, gute Laune, ungezwungenes Miteinander und das Kennenlernen neuer Spiele gehören ebenso zur Zielsetzung.

A	Alle
T	unbegrenzt

Die Inhalte von Spielfesten können Kooperations- und Bewegungsspiele, Parodien und Sketche, Musikspiele, Geschicklichkeitsspiele und Materialaktionen sein. Je nach Thematik und Platzangebot liegt der Schwerpunkt eines Spielfestes mehr im Bewegungs- oder Materialbereich. In der Praxis haben sich Mischformen als besonders vorteilhaft erwiesen.

Spielfeste können mit 20, aber auch mit 2.000 und mehr Teilnehmern durchgeführt werden. Sie sind eine gute Möglichkeit, die Bewohner eines Stadtteils oder einer Gemeinde zusammen- und näher zu bringen. Bei einem großen Spielfest, das am 18. Juni 1978 in Essen stattfand, beteiligten sich 2.500 Menschen an einem gemeinsamen „Schoßsitzen" und stellten gleichzeitig mit dem Spiel einen Weltrekord auf, der zumindest in Deutschland bis heute (2011) nicht gebrochen wurde. Große Spielfeste wie im Herrngarten in Darmstadt ziehen jährlich über 10.000 Besucher an. In Bad Homburg spielen 1.000 Junge und Alte miteinander! In Trier verwandelt sich seit Jahren die Innenstadt in ein riesiges Spielparadies und in Groß-Gerau finden, wie zuletzt 2010, Internationale Spielfeste statt − Lichtblicke im Zeitalter häufig ausfallender Sport- und kreativer Spielangebote an Schulen.

Je nach Größe des Spielfest-Vorhabens werden entsprechend viele Spielleiter benötigt. Während bei Kindern ein Verhältnis von 1:20 angebracht ist, kann ein Spielleiter für etwa 150 Erwachsene ausreichen. Von der Teilnehmerzahl wiederum hängt es ab, ob das Spielfest auf einem Gartengelände, in einer Halle oder auf einem großen, zentral gelegenen Gelände (Park, Sportplatz, Grünzone, Spielwiese) stattfindet.

Von der Münchner „Spielstraße" zur Kieler „Spiellinie"

Nicht nur Vereine, Jugendringe, Volkshochschulen, Freizeit- und Seniorenclubs oder Spielinitiativen können Veranstalter von Spielfesten sein, auch Stadtväter und Kommunen können mit relativ geringem Aufwand Spielmöglichkeiten schaffen.

Es bieten sich Parks und wohnungsnahe Grünflächen an; an den Wochenenden auch ungenutztes Schulgelände und verwaiste Parkplätze.

Da sich die Organisatoren von Spielfesten in der Regel einen guten Namen machen, bleibt auch die Werbewirksamkeit dieser Veranstaltungen für die durchführenden Städte und Gemeinden nicht aus.

Das Programmangebot richtet sich nach den personellen und finanziellen Möglichkeiten des Veranstalters, wobei in nahezu allen deutschen Städten genügend Übungsleiter und Animateure aus den Bereichen Sport und Jugendarbeit zur Verfügung stehen.

Ein bundesweit bekanntes Beispiel ist die „Spiellinie", die alljährlich im Sommer zur „Kieler Woche" Groß und Klein in die Stadt an der Förde lockt. Die große Spielaktion an der Kieler Uferpromenade wird seit 1974 mit starker Beteiligung durchgeführt. Um die 200 Akteure regen mit Workshops und Spielen zu kreativer Beteiligung an. Sie lassen bauen und bauen selbst Fantasiegebilde aus Pappmache, gestalten Masken aus Leim und nassen Zeitungen, basteln und formen Figuren aus Holz, Stein, Ton und Styropor. Straßenmusikanten und kostümierte „Gaukler" beleben die bunte Szenerie.

Vorbild der Kieler „Spiellinie" war die „Spielstraße", die 1972 auf dem Münchner Olympia-Gelände unzählige Menschen faszinierte.

In einer Kleinstadt wird man natürlich von anderen Dimensionen ausgehen müssen als in München oder Kiel. Ausschlaggebend sollten ja nicht Superlative sein, sondern der Wille und die Bereitschaft der Stadtväter, etwas Ähnliches im kleineren Rahmen zu veranstalten und zu einer dauerhaften Einrichtung werden zu lassen.

Planung und Vorbereitung

Der Erfolg und somit die Beteiligung am Spielfest hängen sehr wesentlich von einer guten Planung und Vorbereitung ab. Hierzu gehören auch die klare Aufgabenteilung unter den einzelnen Spielleitern und ihr gezielter Einsatz. Besonders bei Spielfesten müssen die Spielleiter in der Lage sein, auf Menschen zuzugehen und sie zu ermutigen, aktiv und kreativ zu werden.

Die Planer müssen sich über die nachstehenden Fragen Klarheit verschaffen:

- Welchen Umfang soll das Spielfest haben? Soll es unter einem bestimmten Motto stehen?
- Welche Kosten entstehen? Ist die Finanzierung geregelt?
- Wie viele Helfer werden benötigt?
- Was muss alles vorbereitet werden?
- Welche Vorbereitungszeit ist notwendig?

– Welche Spielflächen (draußen/drinnen) stehen zur Verfügung?
– Welches Material muss (wann, wo) vorhanden sein?
– Gibt es Alternativen (Schlechtwetterprogramm)?
– Soll das Spielfest mit einem gemeinsamen Spiel eröffnet
  werden? Wie lange soll das Fest dauern?
– Wann und wie wird welches Spiel begonnen und beendet?
– Sind Genehmigungen einzuholen? (Ordnungsamt/Anlieger)?
– Wie soll für das Spielfest geworben werden?

Das Spielangebot

Bei der Zusammenstellung des Spielprogramms ergeben sich folgende Überlegungen:

– Die Spielangebote sollen Originalitäts- und Aktivitätscharak-
  ter haben und Abwechslung, Flexibilität und Vielfalt bieten.
– Die Spiele und Aktivitäten müssen leicht und schnell verstanden werden und ohne großen Aufwand an Hilfsmitteln und
  Bekleidung durchführbar sein.
– Spiele und Materialien mit hohem Aufforderungscharakter
  zusammenstellen, um möglichst allen Bedürfnissen und
  Fähigkeiten der Spieler gerecht zu werden.
– Eine breite Spielpalette anbieten, an der sich zumindest
  zeitweise alle Altersgruppen beteiligen können. Die Praxis
  zeigt, dass Kinder spontan mitmachen, während sich Jugend-
  liche eher von bestimmten Aktivitäten zurückziehen, beson-
  ders wenn sie sich vor vielen Zuschauern produzieren sollen.
  Die Erwachsenen bevorzugen Aktivitäten, die Gelegenheit
  zum Reden und Kontakte knüpfen geben.
– Die Spiele sollen ein ungezwungenes Miteinander ermöglichen, also eine nach außen hin sichtbare gute Atmosphäre
  schaffen.
– Die benötigten Materialien und Hilfsmittel werden in einer
  Checkliste erfasst zum Beispiel Bälle, Bettlaken, Luftballons,
  Autoschläuche, große Pappkartons, Turnmatten, Fallschirm,
  Maltapeten, Malwände, Filzschreiber, Schminke, usw.
– Für sportliche Spiele sollen nur einfache Geräte eingesetzt
  werden.

SPIELVORSCHLÄGE:

In den vorangehenden Kapiteln findet sich eine Fülle geeigneter Angebote für Spielfeste. Für die Einstiegs- und Schlussphase, aber auch zur Auflockerung, eignen sich besonders die folgenden Spielangebote:

216 GORDISCHER KNOTEN

A	Jugendliche Erwachsene
T	12 – 30

Als gordischer Knoten wurden die verknoteten Seile zwischen Deichsel und Joch eines dem griechischen Gott Zeus geweihten Streitwagens bezeichnet. Der Legende nach sollte derjenige, der den Knoten lösen kann, Herrscher über Asien werden. Alexander der Große zerhieb ihn mit dem Schwert. Bei unserem Spiel geht es um ein weit bescheideneres, wenn auch für die Teilnehmer sehr wertvolles Ziel: die Kontaktaufnahme. Die Spieler bilden einen Stehkreis und geben einander die Hände. Der beziehungsweise die Spielleiter machen auch mit und lassen einen scheinbar unentwirrbaren Knoten entstehen. Die Hände dürfen dabei nicht losgelassen werden. Durch Durchschlüpfen und Darübersteigen, mit etwas Geschick und Strategie, löst sich der Knoten wieder in einen Kreis auf.

Spielintention:
Kontakt mit anderen, Kooperation (auf seine Mitspieler behutsam eingehen)

217 AUFSTAND

A	Jugendliche Erwachsene
T	ab 2

Je zwei Spieler sitzen Rücken an Rücken am Boden. Die Arme sind eingehakt. Wenn kein allzu starker Größenunterschied besteht, dürfte es nicht zu schwer sein, gemeinsam aufzustehen. Jetzt wird ein Spieler hinzugefügt und das Ganze zu dritt versucht. Immer mehr Spieler werden hinzu geholt – so viele wie möglich. Welche Gruppe stellt den Rekord im „Massenaufstand" auf?

Spielintention:
Entstehen einer Spielgruppe, Kooperation

218 SCHOSSSITZ-SPIEL

A	Jugendliche Erwachsene
T	20 – 2.500

Ursprünglich hieß dieses Spiel einmal „Kaiserin Eugenies Zirkel". Die Soldaten der französischen Herrscherin (1826–1920) haben sich der Chronik nach durch das „Schoßsitzen" bei einer Rast auf einem nassen Feld trocken gehalten.
Um diese wunderschöne Sitzkette von Lebewesen zu schaffen, bildet man zuerst einen Kreis und gibt sich die Hände. Jetzt wird zusammen-

gerückt, dass die Spieler Schulter an Schulter stehen. Dann dreht sich jeder nach rechts und schaut auf den Rücken des Vordermannes. Alle Spieler setzen sich nun gleichzeitig sanft auf die Knie des Mitspielers hinter sich.

Jetzt kann man sich mit seinem Vordermann unterhalten oder gemeinsam versuchen, ein Lied zu singen. Vielleicht gelingt es der Spielgruppe auch, sich als Tausendfüßler langsam fortzubewegen.

Das Spielende wird dem Zufall überlassen.

Spielintention:
Gruppenerlebnis

219 „OLÜMPIADE"

Schon die Schreibweise kündigt an, dass es hier zwar sportlich, jedoch alles andere als tierisch ernst zugeht.

Während bei den Spielen aus der „New-Games-Bewegung" der 1970er-Jahre die Kooperationsspiele im Vordergrund standen, werden bei der „Olümpiade" lustige Wettspiele zu olympischen Disziplinen erklärt.

An der Vorbereitung sind alle beteiligt: Spielleiter, Akteure und Helfer (Schiedsrichter/Materialbeschaffung).

A	Alle
T	30 – 200
Z	120 Min.

Spielvorschläge:
An den „Olümpia"-Wettspielen können sich alle Altersgruppen beteiligen; sie sind als Einzel-, Zweier- oder Mannschaftswettkampf durchführbar.

220 DREIBEINLAUF

Es wird paarweise, jedoch nur mit „drei" Beinen zum Ziel gelaufen. Dafür wird je ein Bein beim anderen Spieler angebunden.

221 KNOTENSPIEL

Jede Gruppe erhält eine 6 Meter lange Schnur, an der innerhalb von 2 Minuten möglichst viele Knoten angebracht werden müssen. Wer wird bester „Knoter"?

222 EIERWERFEN

Nicht mit einem echten Ei, sondern mit einem Tischtennisball wird gespielt. Aus einer Entfernung von ca. 2 Metern müssen die Spieler den Ball in einen leeren Eierkarton werfen.

223 — ZEITUNGSLAUF

Eine offiziell noch nicht anerkannte, dafür aber sehr lustige Disziplin. Zwei Mannschaften werden gebildet. Hintereinander wird Aufstellung genommen. Jeweils die ersten Läufer jeder Gruppe haben eine Zeitung zwischen die Knie geklemmt, die sie nach dem Lauf zu einer Wendemarke und zurück ihrem Hintermann überreichen müssen. Wer seine Zeitung während des Laufes verliert, muss an den Start zurück.

224 — KEKSPFEIFSTAFFEL

Zwei gleich starke Mannschaften werden gebildet. Jeder Spieler einer Mannschaft erhält einen trockenen Keks. Auf „Achtung-Fertig-Los!" steckt nun der erste Spieler den Keks in den Mund, isst und versucht dabei zu pfeifen. Nach dem Pfiff des Vorderen, steckt der nächste seinen Keks in den Mund und so weiter. Wo befinden sich die schnellsten „Kekspfeifer"?

225 — STUHLKUNST

Jede aus 5 bis 6 Spielern bestehende Mannschaft erhält Krepp-Papier, Schnur, Klebeband und Alufolie. Innerhalb von 10 Minuten soll aus einem Stuhl ein „Thron" für die „Olümpia-Sieger" hergestellt werden. Jede Gruppe gibt ihrem Stuhl einen Fantasienamen. Am Ende der „Olümpiade" kann auf den Stühlen die Siegerehrung vorgenommen werden.

226 — ANGELN

Aus einem Planschbecken müssen schwimmende Styropor-Stückchen geangelt werden. Am Ende der Angelschnur und an den Styropor-Stückchen sind Angelhaken befestigt.

227 — STUHLBEINKEGELN

Als Kegel werden alte, abgesägte und angemalte Stuhlbeine verwendet. Die Kegel müssen mit einem Stoffball umgeworfen werden.

228 — FASSROLLEN

Ein leeres oder (für kräftigere Teilnehmer) mit Wasser gefülltes Fass wird im Einzel- oder Zweikampf über eine bestimmte Strecke gerollt.

229   ZEITUNGSSPIRALE

Wer schneidet aus einer Zeitungsseite die längste Spirale heraus? Natürlich darf sie nicht ab- beziehungsweise durchreißen.

230   SCHUH-SKI

Auf zwei ca. 15 cm breite und 1,50 m lange Bretter werden drei Paar große Filz- oder alte Hausschuhe genagelt.
Drei Teilnehmer schlüpfen nun hintereinander in die Schuhe und müssen eine bestimmte Strecke hin- und herlaufen.

231   SIEGEREHRUNG UND PREISE

Wie schon gesagt, steht bei der „Olümpiade" nicht das harte Ringen um den Sieg im Vordergrund, sondern der Spaß am gemeinsamen Spiel. „Dabei sein ist alles", heißt das altbekannte Motto. Die Preise sind einfach, dafür originell.

Zwei Möglichkeiten der Preisverteilung bieten sich an:

a) Alle Spieler erhalten einen bunten Papp-Orden und eine Urkunde, die an den Spielspaß erinnern.
b) Die Preise befinden sich in einem großen Sack und müssen von den Teilnehmern gezogen werden. Alle Akteure erhalten einen Preis.

Neben Papp-Orden und Urkunden bieten sich kleine Aufmerksamkeiten und selbstgefertigte Geschenke als Preise an, zum Beispiel Briefbeschwerer aus runden, mit Plakafarbe angemalten Steinen; bunt beklebte Streichholzschachteln; kleine Bilder oder Anhänger aus Moltofill; Utensiliengefäße für Bleistifte aus bemalten und verkleideten Dosen; bemalte Flaschen und Gläser; Kugelschreiber; kleine Notizblöcke und Krimskrams.

Die Veranstalter der „Olümpiade" können auch sehr persönliche Preise vergeben, die auf Zettel geschrieben und in Briefumschlägen ausgegeben werden, zum Beispiel „Wir helfen dir (Ihnen) beim Großreinemachen", „Wir laden dich (Sie) am .... zum Essen ein", „Wir laden dich (Sie) zu einem Autoausflug ein", „Wir gehen mit dir (Ihnen) ins Kino (Museum/ Konzert/Theater)".

BUNTE FESTE UND PROGRAMME

A	Alle
T	20 – 50
Z	180 Min.

Partys, Feten und Feste für Kinder, Jugendliche und Erwachsene gibt es viele. Von privaten Gartenpartys und Kinderfesten einmal abgesehen, bieten sich jahreszeitlich bedingte Themen an. Wenn diese aber immer nach dem gleichen Schema ablaufen, verlieren sie an Attraktivität und drohen langweilig zu werden.

Bei einem bunten Festprogramm erhalten die Teilnehmer zum Beispiel die Auflage, in einem Kostüm zu erscheinen oder sich auf bestimmte Aktivitäten, Spiele und Darbietungen einzustellen.

Themen, die für ein lebendiges Treiben sorgen, sind zum Beispiel

- Hippie-Mode der 1970er Jahre
- Auf Schloss Dracula
- Mittelalterliches Fest
- Pyjamafete
- Kreativ-Party
- Strandfest
- Amerikanische Show

- Weltraumfete
- Quizfete
- Fasching
- Nostalgieparty (1925)
- Orientalisches Fest
- Straßenfest

(Weitere Themenvorschläge finden Sie unter „Freizeit-Ideen"). Das Thema bestimmt weitgehend die Programminhalte und nicht zuletzt den Ort:

- Garten
- Park
- Wiese
- Straße
- Innenhof

- Schulgelände
- Jugendzentrum
- Turnhalle
- Scheune

Wie beim Spielfest und der Spielaktion, müssen auch hier die Vorbereitungen rechtzeitig getroffen werden.

Der Festausschuss setzt sich als Team zusammen und bespricht die wichtigsten Organisations- und Programmpunkte:

Essen/Trinken

- Papierdecken
- Pappbecher und -teller
- Plastikgeschirr
- Papierservietten
- Was soll es geben?
- z. B.: Salate, Würstchen, Frikadellen, Kuchen/Kekse/Knabberzeug/Waffeln, Getränke (Bowle, Bier, Erfrischungsgetränke) Gerichte mit Fantasienamen
- Soll gegrillt werden? Gibt es etwas aus der „Gulaschkanone"?
- Selbstbedienung (ja/nein)

Ort/Raum

Soll das Fest in einem Raum oder im Freien stattfinden?

- Ist die Stromversorgung im Freien zu bewerkstelligen?
- Papierkörbe und Aschenbecher aufstellen
- für Sitzgelegenheiten sorgen
- Tischanordnung wählen
- Wird eine Bühne benötigt?

Dekoration

- Vom Thema abhängig, zum Beispiel Lampions, Krepppapier, Girlanden, Tapetenreste, Pappen, Kartonpapier; Hilfsmittel: Tesaband, Klebstoff, Farben, Pinsel, Filzschreiber, Nadeln, Draht, Reißbrettstifte, Scheren

Einladung

- Der spezielle Charakter des Festes soll aus dem Titel deutlich werden,
- Ort, Zeit, Veranstalter mit Absender und Telefon,
- evtl. Teilnehmerzahl angeben.
- Ist spezielle (Ver)Kleidung erwünscht?
- Evtl. Hinweise zum Programm geben,
- sollen bestimmte Utensilien/Gegenstände mitgebracht werden?

Programm

In Betracht kommen die meisten Spielformen und Spielvorschläge dieses Buches. Sie können als Einzelaktivitäten oder in mehreren Spielen zusammengefasst als ein „Programmpaket" angeboten werden. Als bunte Programme bieten sich zum Beispiel an ein „Show-Abend", eine „Modenschau", ein „Gruselkabinett" oder ein „Quiz-Nachmittag".

SPIELVORSCHLÄGE:

232

SHOW-ABEND

A	*Jugendliche*
T	*50 – 200*
Z	*90 Min.*

Als Gruppen- oder Großveranstaltung lassen sich Show-Abende nahezu überall durchführen: im Jugendzentrum, auf Freizeiten, Seminaren und Tagungen, in Heimen, Schulen und Vereinen. Die Show wird von einer Gruppe oder einem von ihr gewählten Team geplant. Nachdem feststeht, wann, wo und vor beziehungsweise mit welchem Publikum die Show stattfindet, erläutert die Planungsgruppe das Programm:

- – Was wollen wir anbieten?
- – Wie lange soll die Veranstaltung dauern?
- – Welche Programmhöhepunkte soll es geben?
- – Wer übernimmt bei der Show welche Rolle(n), Aufgabe und Funktion?
- – Welche Musik setzen wir ein? CD-Player oder eigene Band?
- – Wie soll geworben werden?

Eine Show kann recht abwechslungsreich ablaufen.

Etwa so:

Musik – der Showmaster erscheint – Ballettparodie (3 bis 5 Spieler) – gespielter Witz – Duett (Opernparodie) – Pantomime – musikalische Einlage – Mini-Talk mit einem sehr „prominenten" Gast – Gesangsparodie (Punk-Song) – „Mach-mit-Spiel" mit dem Publikum – eine Band spielt auf selbstgebauten Instrumenten oder artfremden Materialien (Waschbrett, Töpfen, Gießkanne) – es folgen drei „Black-Outs" – ein „Reporter" geht ins Publikum und macht eine Nonsens-Umfrage – noch einmal Ballett – ein sehr ungeschickter Magier tritt auf und macht so ziemlich alles falsch – Gesangsparodie (z. B. auf Heino) zum Playback – Sketche – Quiz mit Publikumskandidaten (oder als Parodie auf die „Wer wird Millionär?"-Quizsendungen des Fernsehens) und anschließender groß aufgezogener „Super-Sonder-Preisverteilung" – Finale mit allen Beteiligten.

233

MODENSCHAU

A	*Alle*
T	*20 – 200*
Z	*20 Min.*

Zur Auflockerung oder als Höhepunkt eines Festes eignet sich besonders die Durchführung einer originellen Modenschau.
Vorgeführt wird entweder auf Brettern und Kisten oder auf Tischen, aus denen zuvor ein Laufsteg gebaut wurde. Als Verzierungen dienen bemalte Makulaturpapiere, Stoffe und Blumen aus Krepppapier.

Es gibt verschiedene Möglichkeiten der Kostümierung. Zum einen können verschiedene Gruppen gebildet werden, in denen ein Model oder Dressman ausschließlich mit vorher bereitgelegten Materialien (z. B. Krepp- oder Zeitungspapier) hergerichtet wird.

Man kann zum anderen aber auch bereits in der Einladung zu einem Fest die Teilnehmer darum bitten, entsprechende Kleidungsstücke, Stoffreste und Utensilien mitzubringen, die durch Verfremdung ein „verrücktes" Kostüm oder „Modellkleid" ergeben sollen.

Die Akteure können sich in einem Nebenraum oder in einer abgeschirmten Ecke einkleiden. Das Publikum sitzt vor dem Laufsteg.

Besonders reizvoll wird die Modenschau durch eine für Atmosphäre schaffende musikalische Untermalung und die lebhaften Kommentare eines Moderators oder abgehobenen Modeschöpfers.

Je mehr Teilnehmer beschäftigt sind, umso größer wird der Spaß für alle.

Variation:
Die Modenschau kann auch als „Miss"- oder „Misterwahl" durchgeführt werden.

Spielintention:
Fantasie, Originalität

Material:
Beliebige Kleidungsstücke, Stoffe, Umhänge, Hüte, Brillengestelle, Tücher, Krepppapier, Zeitungen

Hilfsmittel:
Nadeln, Klebstoff; Tische/Bretter/Kisten/Makulaturpapier für den Laufsteg; evtl. CD-Player mit passender Musik

234 GRUSELKABINETT

Aus dem Jugendzentrum entsteht ein Geisterhaus. Dafür wird in zwei bis drei Räumen ein „Gruselkabinett" eingerichtet. Auf großem Packpapier (Tapetenrollen oder Makulaturpapier) werden Gespenster, Vampire und andere monströse Gebilde gemalt, anschließend ausgeschnitten und an langen Fäden an den Decken befestigt.

| A | *Jugendliche Erwachsene* |

Mit einer Taschenlampe werden die Gäste von einem Expeditionsleiter durch das abgedunkelte Geisterhaus geführt. Entsprechende Geräusche vom CD-Player, Lichteffekte und Kommentare des Expeditionsleiters steigern die Spannung.

Nachdem sich die Gäste ein wenig mit den Geistern angefreundet haben, gibt es an der „Gruselbar" Erfrischungsgetränke, die von einem „draculösen" Barkeeper serviert werden und natürlich einen ebenso schauerlichen Namen tragen können. Wie wär's mit einem „Raupen-

Mix" oder einem „Kröten-Shake"? Im Geisterhaus kann natürlich auch getanzt werden. Das „Gruselkabinett" kann Bestandteil eines Festes sein oder Einzelaktion.

Spielintention:
Verwirklichung von Einfällen, Spaß, Spannung

Material:
Packpapier (Tapetenrollen /Makulaturpapier), Farbe, Krepppapier in verschiedenen Farben, Bettlaken, Klebeband, Reißbrettstifte, Pinsel; CD mit „Geisterstimmen" und Musikaufnahmen, Musikanlage

QUIZ

| A | Alle |

Der vom englischen „question" (= Frage) abgeleitete Begriff bezeichnet ein Frage- und Antwortspiel, für das sich aus allen Lebensbereichen Fragen zusammenstellen lassen.

Hier einige Beispiele:

– Natur und Mensch	– Sport	– Weltraum
– Tier und Planzen	– Film und Theater	– Geschichte
– Land und Leute	– Politik	– Technik
– Literatur und Kunst	– Show	– Wissenschaft

Je nach Zusammensetzung der Teilnehmergruppe reicht der Schwierigkeitsgrad von „Baby"- bis zu „Mammut-Fragen". Beim Quiz ist nicht die Frage allein entscheidend, sondern auch die Form, in der sie gestellt wird:

Normalform:
Wer schrieb die Erzählung „Unterm Rad"? (Hermann Hesse)
Entweder-Oder-Form:
Wo befindet sich das Holstentor, in Kiel oder in Lübeck? (Lübeck)
Versteckform:
Wie bei der theoretischen Führerschein-Prüfung ist die richtige Lösung eine von mehreren (3 bis 5) vorgegebenen Antworten.
Steckbrief:
Von einer bekannten Persönlichkeit, einem Land oder einer Sache wird eine Beschreibung in Steckbriefform gegeben.
Ergänzungsform:
Zitate, Sprichwörter und Redensarten, die nur unvollständig vorgegeben werden, sind zu ergänzen, zum Beispiel: Wer den Teufel zum Freund hat, (kommt leicht in die Hölle).

Die Fragen müssen sorgfältig durchdacht und vorbereitet sein. Dabei sind sie dem Publikum anzupassen. Fragen, die sich alle sehr leicht lösen lassen, machen das Quiz langweilig. Zu schwierige Fragen aber können entmutigen und so das Quiz für die Teilnehmer peinlich werden lassen.

Drei Quiz-Beispiele, die sowohl im kleinen Kreis als auch vor Publikum durchgeführt werden können:

235   ZEITUNGSQUIZ

Die Teilnehmer werden in Kleingruppen zu je 4 bis 5 Spielern aufgeteilt. Jede Gruppe erhält eine Zeitung. Der Spielleiter stellt nun 10 Fragen, die sich nur beantworten lassen, wenn die richtige Stelle in der Zeitung gefunden wird. Welche Gruppe löst die Quiz-Aufgaben zuerst?

T	8 – 20
Z	10 Min.

Spielintention:

Aufmerksamkeit, Reaktion

Material:

Zeitungen, Zettel mit vorbereiteten Fragen, Schreibzeug

236   WAS BIN ICH?

Selbst junge Leute haben schon einmal von Deutschlands ältestem Kult-Fernseh-Ratespiel „Was bin ich?" gehört, bei dem es darum geht, dass ein aus 4 Personen bestehendes Rateteam den Beruf eines Gastes erfragt.

T	6 – 12
Z	30 Min.

Der Reihe nach formulieren die Berufe-Rater ihre Fragen so, dass sie nur mit einem Ja oder Nein beantwortet werden können. Für jede Nein-Antwort erhält der Befragte einen Punkt. Nach spätestens 10 Neins ist das Spiel beendet.

Wenn wir in der Gruppe „Was bin ich?" spielen, werden wir nicht auf echte Berufsvertreter zurückgreifen können, sondern ein Mitspieler legt sich einen Beruf zu (bzw. zieht eine vorbereitete Spielkarte mit Berufsbezeichnung) und bemüht sich, die ihm gestellten Fragen korrekt und sachlich richtig zu beantworten.

Vor Beginn einer Spielrunde macht der Befragte eine für seinen Beruf charakteristische Handbewegung und sagt, ob er selbständig oder als Lohn- beziehungsweise Gehaltsempfänger tätig ist.

Variation:

Nicht ein Beruf, sondern ein Prominenter muss erraten werden (Politiker, Wissenschaftler, Sänger, Schauspieler, Sportler). Hier muss zum Beispiel nach der Nationalität, Auftritten, Tätigkeiten usw. gefragt werden.

Spielintention:
Spaß am Raten, Aktualisierung von Wissen

Material:
Vorbereitete Zettel mit Berufsbezeichnungen und kurzem Hinweis zum Berufsbild;
Karten mit den Zahlen 1 bis 10

237 SIEBZEHN FRAGEN

T	5 – 8
Z	10 Min.

Ähnlich wie bei „Was bin ich?" geht es bei diesem Spiel um das Erraten einer Sache.
Es wird mit allgemeinen Fragen begonnen, die ein Spieler einem oder mehreren Mitspielern stellt. Um zum Ziel zu kommen, wird immer mehr eingekreist. Zum Erraten dürfen höchstens 17 Fragen gestellt werden. Geantwortet wird nur mit ja oder nein.

Spielintention:
Konzentration, Spaß am Raten

Stadt- und Orientierungsspiele

A	Jugendliche Erwachsene
T	15 – 30
Z	180 Min.

Bei Fußgänger- oder Fahrradrallyes, die durch eine Stadt oder übers Land durch mehrere Orte führen, sollte stets der Akzent auf einem spaßbringenden Ablauf liegen. Muße und Verweilen-Können müssen wichtiger sein als „falscher Ehrgeiz" und übermäßiges Leistungsdenken.
Orientierungs- und Geschicklichkeitsrallyes sind eine beliebte und zugleich gesellige Spielform. Allerdings sind hierfür etwas Ausdauer, Courage und die Lust am Lösen von Rätseln erforderlich. Das Gelingen einer Rallye hängt nicht nur von spielfreudigen Teilnehmern, sondern insbesondere von der guten Vorbereitung und den allgemein verständlichen Erklärungen durch die Spielleitung ab. Die maximale Zeitdauer, die Länge der Rallyestrecke und der Umfang der zu lösenden Aufgaben richten sich nach dem Alter der Teilnehmer und der gewählten Fortbewegungsart (zu Fuß, per Fahrrad oder mit dem Auto). Bei der Planung ist auch die Jahreszeit zu berücksichtigen. Bei der Aufteilung in Gruppen hat sich eine ungerade Zahl als besonders positiv erwiesen. Sie hilft, Einzelpersonen zu integrieren. Damit kein Leistungsgefälle entsteht, sollte keine Einteilung nach Alter, Geschlecht oder Fähigkeiten vorgenommen werden.

Spielintention:
Geselligkeit und kooperative Gruppenatmosphäre

SPIELVORSCHLÄGE:

238   STADTRALLYE

T	15 – 30
Z	120 Min.

Der Spielleiter und 2 bis 3 Assistenten, die selbst nicht an der Rallye teilnehmen, haben etwa 15 bis 20 Aufgaben auf einem Bogen zusammengestellt und je nach Anzahl der Mitspieler (pro Gruppe 3 bis 5 Personen) vervielfältigt.

Im Abstand von 5 bis 10 Minuten starten die verschiedenen Gruppen. Sie erhalten einen Brief mit der Aufgabenstellung.

Zur Kontrolle der zu erfüllenden Aufgaben können vorher Streckenposten eingerichtet werden oder ein Schiedsrichter geht mit.

Am Ziel, es kann der Ausgangspunkt, ein Jugendheim, Café, Schwimmbad oder Sportplatz sein, wird die Reihenfolge der eintreffenden Gruppen festgehalten und die Punktezahl aus den richtig gelösten Aufgaben errechnet.

Für kleine lustige Preise ist gesorgt. Eventuell kann ein Imbiss oder ein gemeinsames Kaffeetrinken die Rallye abschließen.

Hier einige Aufgabenvorschläge, die je nach örtlichen Gegebenheiten entsprechend spezifiziert werden müssen:

– Wie viele Stufen hat der Aussichtsturm?
– Welche Autonummer hat der Leiterwagen der örtlichen Feuerwehr?
– Wo befindet sich in der … Straße ein Hydrant?
– Wie viele Fenster hat das Haus Nr. … in der … Straße?
– Wann wurde das Rathaus (die Kirche) erbaut?
– Wie viele Spielplätze gibt es in unserer Stadt?
– Welche Spielgeräte stehen auf dem Spielplatz in der ... Straße? Welche Mängel weisen sie auf?
– Wie viele Bänke stehen entlang der Uferpromenade?
– Wie lautet die Überschrift auf der Titelseite der … Zeitung (Illustrierten) am Kiosk in der … Straße?
– Was kostet ein Kännchen Tee im Café …?
– Wann fährt freitags der letzte Zug nach …?
– Wie heißt der Bürgermeister (Leiter der Stadtbücherei, Pastor, Polizeidienststellenleiter)?
– Wie lautet die Inschrift am Denkmal auf dem Marktplatz?
– In welchem Baustil wurde das Haus Nr. … in der … Straße erbaut

Den Teilnehmern können Skizzen und Fotos mitgegeben werden, die nur Details von Gebäuden enthalten, die die Teilnehmer zu suchen haben.

Es können bei einer Rallye auch noch andere Aufgaben gestellt werden; zum Beispiel:

- In einer Plastiktüte Wasser aus dem Fluss (See, Marktbrunnen) mitbringen;
- 3 Gräser mitbringen;
- als zusätzliche Schwierigkeit bekommt jede Gruppe ein rohes Hühnerei mit auf den Weg, das während der Stadtrallye transportiert werden soll bis etwa in der Mitte des Aufgabenzettels steht, dass das Ei nur in gekochtem Zustand ins Ziel gebracht werden darf. Damit nicht gemogelt wird, werden die Eier gekennzeichnet;
- die Teilnehmer sollen versuchen, etwas Großes oder Kleines von irgendjemandem geschenkt zu bekommen (Privat- oder Geschäftsleute) und sollen eine Quittung mitbringen, aus der die Schenkung hervorgeht.

Spielintention:
Kennenlernen der eigenen Umgebung, Teamarbeit, Kontakte knüpfen innerhalb der Gruppe

Material:
Pro Spieler eine Kopie der Aufgabenstellung und ein Schreibstift

239   ORIENTIERUNGSSPIEL

A	Jugendliche
T	15 – 30
Z	120 Min.

Dieses Spiel eignet sich besonders für Freizeiten und Ferienlager. Am Start werden kleine Gruppen (5 Personen) gebildet und mit Wanderkarte und Kompass ausgerüstet.

Nachdem sich jede Gruppe die beschriebene (eingezeichnete) Strecke genau angesehen hat, steuert sie auf das unbekannte, jedoch im Plan markierte Ziel zu.

Unterwegs müssen bestimmte Orte berührt werden, zum Beispiel eine Bank, eine Brücke, Hütte, Eiche, ein Holzstapel, Bach usw. An den markierten Plätzen versteckte kleine Zettel oder Gegenstände sowie Streckenposten geben die Garantie dafür, dass die Stellen auch gefunden wurden.

Am Ziel (Zeltplatz, Wiese oder Grillplatz) steht für alle etwas zu essen und zu trinken bereit. Es kann eine Punkte- und/oder Zeitwertung vorgenommen werden. Die Sieger erhalten einen Scherzorden oder eine kleine Überraschung als Preis.

Hinweis:
Das Spiel muss durch ortskundige Helfer gut vorbereitet werden!

Spielintention:
Kennenlernen der Umgebung, Spannung

Material:
Pro Gruppe eine Wanderkarte mit eingezeichneter Wegstrecke und Zielangabe, ein Kompass und Schreibzeug

240   FOTO-EXPEDITION

Bei diesem Orientierungsspiel handelt es sich um eine Abwandlung der Fußgänger- oder Fahrradrallye. Die Teilnehmer werden in Kleingruppen (3 bis 5 Personen) aufgeteilt und erhalten zu Beginn Fotos (in Kopie) beziehungsweise Ansichtskarten von 10 Gebäuden und Plätzen der Stadt. Jedem Motiv wird ein Text mit Aufgabenstellung beigefügt.

T	*15 – 30*
Z	*120 Min.*

Ein Beispiel:

Bild vom Amtsgericht

Text: „Wenn man hinter diesem Gebäude in die erste rechte Straße einbiegt, trifft man auf neun alte Fachwerkhäuser. Wie viele von ihnen tragen Inschriften und wie lauten sie?"

Bei etwa 10 Fotomotiven benötigt man für die Foto-Expedition einen ganzen Nachmittag. Welche Gruppe erledigt die gestellten Aufgaben am besten?

Hinweis:
Dieses Spiel eignet sich auch besonders zum Kennenlernen eines Ferienortes.

Spielintention:
Kennenlernen der Umgebung, genaue Wahrnehmung

Material:
Pro Gruppe 10 Fotos beziehungsweise Postkarten mit vorbereiteten Aufgabenzetteln, Papier und Schreibzeug

Ideen sammeln – Kreativ-Party

241   DAS BRAINSTORMING

Auf der Suche nach kreativen Einfällen entwickelte der amerikanische Werbefachmann Alex E. Osborn in den frühen 1950er Jahren das „Brainstorming" als besonders ergiebige und einfache Methode der Ideenfindung.

A	*Jugendliche Erwachsene*
T	*5 – 12*
Z	*30 Min.*

Das Brainstorming, es lässt sich etwa mit „Ideensturm" oder im weiteren Sinne mit „Denken ohne Debatte" übersetzen, wird nach festgelegten Regeln durchgeführt:

– Jede Idee ist willkommen und kann geäußert werden.
– Die Ideen aller Spieler sind gleichwertig.
– So viele Ideen wie möglich – auch „verrückte" – werden produziert.
– Jede Kritik oder Bewertung ist verboten!

Das Brainstorming ist eine echte Gemeinschaftsleistung. Die ideale Gruppenstärke liegt bei 5 bis 12 Teilnehmern.
Die Dauer eines Brainstormings liegt bei 15 bis 45 Minuten. Alle geäußerten Ideen werden schriftlich festgehalten.

Der Spielleiter beziehungsweise Moderator einer Brainstorming-Gruppe achtet auf die Einhaltung der Spielregeln:

– Alle sollen zu Wort kommen.
– Alle geäußerten Ideen werden aufgeschrieben.

Er bricht das Brainstorming ab, wenn keine Einfälle mehr von den Teilnehmern kommen.
Wenn auch am Anfang die Ideen noch zaghaft kommen mögen, so werden sie schon bald nur so sprudeln und alle werden Spaß daran haben.

Nach dem Brainstorming wird ausgewertet:

– Sind die Ideen verwendbar oder undurchführbar?
– Müssen sie verändert, abgewandelt oder weiterentwickelt werden?
– Lassen sich die Vorschläge zurzeit nicht, später jedoch verwenden?

Spielintention:
Fantasie, schnelle und effektive Ideenfindung

In der Idee leben heißt das Unmögliche behandeln, als wenn es möglich wäre.

Goethe

SPIELVORSCHLÄGE:

242   KREATIV-PARTY

Eine Kreativ-Party kann zweierlei sein.
Zum ersten kann eingeladen werden, um bestimmte Aktivitäten und Spiele durchzuführen, wie sie in diesem Buch beschrieben werden.
Zu einer Kreativ-Party kann aber auch mit dem Schwerpunkt der „Ideenfindung" eingeladen werden. Als Material werden Tapetenrollen, Tonpapier und Filzschreiber bereitgelegt. Für die Teilnehmer der Kreativ-Party, die nach dem Prinzip des „Brainstorming" durchgeführt wird, stehen Erfrischungsgetränke bereit. So kann zum Beispiel das Programmangebot für einen Verein oder ein Jugendzentrum in regelmäßigen Abständen auf einer Kreativ-Party erstellt werden.
Aus einem einmaligen Zusammenkommen kann – wenn genügend Teilnehmer Spaß daran finden – ein Ideen-Club werden, in dem man sich mit dem Entwickeln und Realisieren von Ideen beschäftigt. Einladungen werden geschrieben, Plakate gemalt, im Jugendzentrum oder Verein und in der Presse wird auf den Ideen-Club aufmerksam gemacht.

T	10 – 30
Z	120 Min.

Spielintention:
Eigene Ideen formulieren und mitteilen; Abstimmung der Einzelinteressen; Kooperation

Material:
Tapetenrolle und Tonpapier, Filzstifte, Erfrischungsgetränke und Knabbereien für die erfolgreichen „Ideenfinder"

243   UNIVERSELLER KUGELSCHREIBER

Die Spieler stellen sich vor, ihr einfacher, billiger Kugelschreiber sei als Schreibgerät nicht einsetzbar, da die Mine leer ist. Innerhalb von zwei Minuten soll jeder aufschreiben, wie er den Kugelschreiber anderweitig verwenden kann.
Wer hat die meisten kreativen Ideen in einer Minute? In den ersten Sekunden wollen die meisten Mitspieler ihren leeren Kuli vielleicht sofort wegwerfen um nicht mehr nachdenken zu müssen, aber dann sprudelt es nur so an Ideen. Lösungsbeispiele: Lötkolben, Papierlocher, Q-Tipp-Ersatz, Mustermacher, Pflanzstock, Zahnstocher, Rührgerät, Tastatur-Reiniger, Eierpiekser, Rückenkratzer, Klöppel, Stricknadel, Abroller für Nähgarn, Luftröhrenstecher, Nadelbehältern, Geheimfach ...

A	Alle

Material:
Für jeden Papier und Schreibzeug

244   FREIZEIT-IDEEN

Ein besonders effektiver Weg, Ideen zu entwickeln, kann der gedankliche Austausch mit anderen sein. Kleine Gruppen und Teams können zusammen so viel Energie erzeugen, dass ihre Ideen Flügel bekommen. Auf die Frage „Mit welchen Freizeitangeboten erreiche ich Jugendliche und Erwachsene?" erhielt eine Gruppe Studierender der Sozialpädagogik vom Autor die Aufgabe, in einem vierzigminütigen „Brainstorming" Ideen für Freizeitangebote zu sammeln.

Die aus 12 Personen bestehende Gruppe wurde in 3 Kleingruppen aufgeteilt. Jede Kleingruppe erhielt einen Bogen Tonpapier, 4 Filzschreiber und den Hinweis, dass zunächst alle ihre Ideen aufschreiben und vorstellen können, ohne dass eine Beurteilung stattfindet.

Dann sprudelten die Einfälle. Am Ende der ersten Spielphase nach etwa 10 Minuten wurden die Tonpapier-Bogen eingesammelt und der Gesamtgruppe zur Diskussion (zweite Phase) vorgelegt. Mögen auch nicht alle Ideen realisierbar sein, so erweist sich das Ergebnis von über 300 Freizeitanregungen als wahre Fundgrube zur kreativen Freizeitgestaltung. Die Freizeitideen wurden in der zweiten Spielphase in 19 Bereiche unterteilt.

1. Feste unter einem bestimmten Motto

Tropentag	Kreativ-Party
Spaghettiparty	Dritte-Welt-Tag
Schlafanzugparty	Gruselabend
Mondscheinfest	Kaminabend
Bunter Abend	Steinzeitwochenende
Sommerfest	Römerfest
Mitternachtsparty	Wikingerfete
Mister „Männerbein"	Kur- und Gesundheitstag
Tag der Haare	Fest mit Eltern
Tag der Schuhe	Fest mit Senioren
Mumienfest	Gespensterparty
Gartenfest	Zeitungsparty
Strandfete mit Lagerfeuer	Herbstfest
Zukunftsfete „Im Jahr 2025"	Laternenfest
Hexenfete	Wald- und Wiesenfest
Ganovenball	Schottenparty (Sparparty)
Buschfest	Obstfete
Schneeparty	Osterfeuer
Maifeier	Lampionfest
Nachbarschaftsfete	Weihnachtsfeier
Lumpenball	

2. Feste und Aktionen

Tag der offenen Tür
Grillabend
Lagerfeuer mit Musik
Spielabend
Hitparade durchführen
Talentschuppen (Musik/Theater)
Aufräumparty im Jugendzentrum
Spielen wie „Anno dazumal"
  mit altem Spielzeug spielen
Abenteuertag für Kinder
eine überdimensionale Maschine
  bauen aus Seilen, Pappe und
  Styroporteilen
den größten Schneemann der Welt
  bauen
Schnitzeljagd veranstalten
Wie viele Leute passen in einen
  alten „Golf"?

Nachtwanderung
Picknick
Spiele ohne Verlierer
Spiele ohne Grenzen
Stiefelweitwurf
Ostfriesenabitur
Modenschau
Kinderspielnachmittag
Flohmarkt
Straßenfest
Lagerolympiade
Lagerzirkus
Wasserolympiade
Trödelmarkt
Quiznachmittag
Basar
Comic- und Spielzeug-
  Tauschaktion

3. Musikalische Angebote für Gruppen

Musik mit Rhythmus-
  Instrumentarium
Musik mit Haushaltsgeräten
Musik mit Wassergläsern
Musik mit Schuhen
Musik mit Zeitungen
Musik mit selbstgebauten
  Instrumenten
selbst ein Konzert geben

Liedertexte verändern oder
  selbst schreiben
Disco veranstalten
Hitparade spielen
Gitarrenkurs
Musikschule besuchen
Singkreis gründen
Konzertbesuch
Gründung einer Band

4. Arbeitsgemeinschaften

Bastelnachmittage
Tanzkurse (Standardtänze,
  arabische Bauchtänze,
  afrikanische Busch-
  tänze)
Zeichenkurse
Hörspiele selber machen
Spielzeug bauen
Squaredance

Foto-Arbeitsgemeinschaft
Gesprächstraining
Ausstellungen zu bestimmten
  Themen
Verschönerung des
  Jugendzentrums/Vereinshauses
Aerobic/Gymnastik/Breakdance
Mitarbeit bei einer
  Hilfsorganisation

5. Seminare

Rhetorik	Entspannungstechniken
Perfekte Digital-Fotos	Traumreisen
Autogenes Training	Erste-Hilfe-Kurs
Yoga	Bildbearbeitung am PC

6. Sport

Wandern	Jogging
Fahrradturnier	Kegeln
Volleyball	Bowling
Handball	Minigolf-Turnier
Tischtennis	Paddeln
Volkstanz	Rudern
Rock'n'Roll	Tretboot fahren
Jazzgymnastik	Windsurfen
Schwimmen/Schwimmkurs	Segelfliegen
Sportabzeichen machen	Volkslauf
Reiten	Volkswanderung
Angeln	sportliche Turniere veranstalten,
Segeln	bei denen es nicht allzu ernst
Surfen	zugeht
Schlittschuhlaufen	Squash spielen
Kraft-Training	

7. Darstellende Spiele/Theater

Pantomime	Rollenspiele
Sketch	gegenseitiges Schminken
Scharaden	Verkleiden mit nostalgischen
Clowngruppe	Kleidern
Straßencafé – Straßenfest –	Mitspielaktion in der
Straßentheater	Fußgängerzone

8. Werkstatt für Reparaturen/handwerkliche Angebote/ technisches Werken

Fahrrad	selbst	Basteln mit Glas, Holz, Metall
Mofa	pflegen	Holzschnitte/Linolschnitte
Seifenkiste selbst bauen,	und	Plakate herstellen
Motorrad / Roller	reparieren	Drucktechniken erlernen
Auto		alten Fernseher zum Aquarium
Metallarbeiten		umbauen
Minigolf selbst bauen		Fantasiegebilde konstruieren
Schiffsmodelle bauen		Marionetten bauen

9. Textiles Werken und hauswirtschaftliche Aktivitäten

Makramee

Häkeln

Stricken

Holzarbeiten

Ikebana (Blumenstecken)

Töpfern

Basteln mit Naturmaterialien

Steckarbeiten

Applikationen

Puppenhaus bauen

Geschenke selbst machen

Biodynamischer Anbau
  von Gemüse

Brot selbst backen

kochen, backen, mixen

Wolle färben, spinnen, weben

Stoffmalerei

Taschen herstellen

Kleidung nähen

Webrahmen selbst bauen

Wachsbatiken

Lederarbeiten

Teppich knüpfen

Klamotten aus Zeitungen
  herstellen

aus alten Stoffen und Draht
  Lampenschirme basteln

10. Rallyes

Fußgänger-, Fahrrad-, Autorallye

Stadtrallye

Überlandrallye

Fotorallye

Erkundungsrallye

11. Politik

Teilnahme an Diskussionen

Ausstellungen zu politischen
  Themen besuchen

Filme ansehen mit anschließender
  Diskussion

Medien untersuchen (Zeitung,
  Fernsehen, Film)

selbst eine Zeitung machen

12. Spiele

Spieletreff einrichten

Spielesammlung

Planspiel

Gesellschaftsspiele

Spielfest planen und durchführen

Spiele erfinden und verändern

Interaktionsspiele durchführen

Brettspiele herstellen

13. Kurse/Interessengruppen

Steno

Erste-Hilfe-Kurs

Selbsterfahrungstraining

Yoga

Effektive PC-Nutzung

Nachbarschaftshilfe

Überlebenstraining
Emaille- und Kupferarbeiten
Glasmalerei
Meditation

Kosmetik
Kerzen ziehen
Töpfern

14. Besuche und Besichtigungen

Zirkus
Zoo
Konzerte
Museen
Theater
Betriebe

Jugendzentren
Zeitungsverlag
Rundfunk- oder Fernsehstudio
Stadtverordneten-Versammlung
Landtagssitzung
Gerichtsverhandlung

15. Wettbewerbe

Sammelwettbewerb
Preisausschreiben
Malwettbewerb
Fotowettbewerb
Schneckenwettrennen
Lügengeschichten erfinden
Spielplatz entwerfen

Ideensammel-Wettbewerb
Sängerwettstreit
Dichterwettbewerb
eigenes DSDS-Casting veranstalten
Filmmusik komponieren
sportliche Wettbewerbe
Getränkenamen für neues
  Mineralwasser erfinden

16. Ideale Orte, Ideen zu kriegen

Liegestuhl oder Decke auf dem
  Rasen
beim Aufwachen in der Nacht
beim Lesen
bei Kopf- beziehungsweise
  Traumreisen
in der Badewanne, beim Duschen
auf einer Bank beim In-die-Luft-Gucken

beim Aufstehen
auf dem stillen Örtchen
während einer langweiligen
  Konferenz
beim Joggen
im Zug oder Reisebus

17. Freizeiten

Freizeitmappe mit Angeboten in
  der Umgebung erstellen
Schifffahrt
Urlaubsalbum erstellen
Stadtranderholung

Gruppenfahrt
Studienfahrt
Zelten
Ferienspielplatz in den
  Sommerferien einrichten

Ferien-Pass-Aktion durchführen
Jugendkulturwoche veranstalten
Bunten Nachmittag für Senioren
  veranstalten
Abenteuerspielplatz einrichten

Freizeittheater
Anti-Urlaubsmuffel-Urlaub
  anbieten
eine Fahrt ins Blaue
  veranstalten

18. Veranstaltungen selber machen

eigenes Fernsehprogramm machen
  (Video)
Freizeitkompass erstellen
Tonbildreihe erstellen
Klön- und Plaudernachmittag
Info-Disco/Musik und Talk
Motto-Fete veranstalten
Naturbeobachtungen

Exkursion in die Umgebung
Irgendetwas sammeln und
  Tauschtreffpunkt einrichten
Spielzeugkiste
Spielzeugbörse veranstalten
bei Schnee einen Iglu bauen
Käsefondue-Abend

19. Nachbarschaftshilfe

Babysitten
bei der Gartenarbeit helfen
Haus-, Hof-, Gartenfest

Tierpflege
Patenschaften
Einkaufen

Das Ergebnis zeigt: In Kleingruppen kann man nicht nur stressfrei Ideen einbringen, sie erweisen sich auch als Ideenwerkstatt besonders effektiv. Das „Brainstorming" beweist sich immer wieder als geeignete Methode, die Kreativität zu steigern. Der Nobelpreisträger Linus Pauling brachte die Qualität des Brainstormings für das Sammeln von Ideen auf den Punkt mit dem Satz: „Der beste Weg, eine gute Idee zu haben, ist, viele Ideen zu haben."
Ideen sind der erste Schritt. Solange sie in unserem Kopf bleiben, sind sie Gedanken, die anregend sein können, jedoch nichts verändern. Sobald wir etwas gut und gründlich durchdacht haben, kann der zweite Schritt stets nur konkretes Umsetzen und aktives Handeln bedeuten. Und genau dabei will Ihnen dieser „Werkzeugkasten" immer wieder gerne helfen.

Ich kann mir nicht vorstellen, wie jemand, der nicht schreibt, malt oder sonstwie schöpferisch tätig ist, überhaupt leben kann.
                                        Graham Green

ANHANG

Spieleregister

Literatur

Autor

SPIELEREGISTER

LITERATUR

Auhagen, A.E. (Hrsg.): Positive Psychologie. Anleitung zum „besseren" Leben; Beltz, Weinheim und Basel 2004

Becker, D.: Das Haus des Pantomime Künstlers: Ein Arbeitsbuch für Pantomime; Monsenstein und Vannerdat, Münster 2005

Beer, D.: Kreativität: Ein Diskurs Oldenbourg, Grin, München 2010

Bidlo, T.: Theaterpädagogik: Einführung; Oldenbourg, München 2006

Boos, E.: Das große Buch der Kreativitätstechniken; Compakt, München 2007

Böttger, G./Reich, A.: Soziale Kompetenz und Kreativität fördern; Cornelsen, Berlin 2000

Broich, J.: ABC der Theaterpädagogik; Schibri, Uckerland 2007

De Bono, E.: De Bonos neue Denkschule, Moderne Verlagsgesellschaft, München 2005

Eastway, R.: Kreatives Denken, Evergreen, Köln 2009

Gronemeyer, A. u.a. (Hrsg.): Kinder- und Jugendtheater in Deutschland. Perspektiven einer Theatersparte; Alexander, Berlin 2009

Hagl, E.: Theaterpädagogische Projekte und Lernkultur; VDM, Saarbrücken 2009

Hoffmann, C./Israel, A. (Hrsg.): Theater spielen mit Kindern und Jugendlichen, Juventa 4. Aufl. 2008

Holm-Hadulla, R.M.: Kreativität - Konzept und Lebensstil; Vandenhoeck & Ruprecht, Göttingen 3. Aufl. 2007

Ikler, U.: Experiment trifft Kreativität; Frech, Stuttgart 2011

Jenisch, J.: Szenische Spielfindung: Gruppenspiele und Improvisationen; Maternus, Köln 5. Aufl. 2006

Kliebisch, U.W./Weyer, D.: Selbstwahrnehmung und Körpererfahrung. Interaktionsspiele und Infos für Jugendliche, Verlag an der Ruhr, Mülheim 2001

Knitsch, N.: Die Kraft des Theaterspiels. Theaterpädagogik; Verlag Grundlagen und Praxis, Leer 2009

Krempien, C./Thiesen, P.: 50 bildnerische Techniken; Cornelsen, Berlin 5. Aufl. 2009

Leitha, D.: Kreativität - Sinn, Ziel und Formen des Praktizierens; Grin, München 2010

Meyer, K.-A.: Improvisationen als flüchtige Kunst; Schibri, Uckerland 2009

Möller, O.: Grosse Handpuppen ins Spiel bringen; Oekotopia, Münster 2007

Otto, E.: In-Szene-Setzen. Werkstatttexte aus der Theaterpädagogik, Band 7; LIT, Berlin 2007

Pausewang, F.: Dem Spielen Raum geben; Cornelsen, Berlin 1997

Pfeiffer, M./List, V.: Darstellendes Spiel. Schülerbuch 11.-13. Schuljahr; Klett, Stuttgart 2009

Plath, M.: Biografisches Theater in der Schule; Beltz, Weinheim und Basel 2009

Reiners, A.: Praktische Erlebnispädagogik; Ziel, Augsburg 2004

Roth, G.: Bildung braucht Persönlichkeit - Wie Lernen gelingt, Klett-Cotta, Stuttgart 2010

Schindler, S.: Das Spiel mit Handpuppen; Wissenschaftsverlag Mainz, Aachen 2000

Schroeder, H.: Theaterspielen mit Kindern; ALS, Dietzenbach 1995

Senftleben, S.: Theater als Raum; Schibri, Uckerland 2010

Stöcklin-Meier, S.: Was im Leben wirklich zählt; Kösel, München 11. Aufl. 2003

Taube, G.: Kinder spielen Theater; Schibri, Uckerland 2

Thiesen, P.: Arbeitsbuch Spiel - Für die Praxis in Kindergarten, Hort, Heim und Kindergruppe; Bildungsverlag Eins, Köln 6. Auflage 2009

Thiesen, P.: Befreiende Spiele für Jugendliche und Erwachsene - Über 200 kreative Muntermacher für Körper, Geist und Seele; DGVT, Tübingen 2011

Thiesen, P.: Drauflosspieltheater. Ein Spiel- und Ideenbuch für Kindergruppen, Schule und Familie; Beltz, 5. Aufl. 2010

Thiesen, P.: Camelbert und Cole Dosa. Die allerbesten Nonsensspiele für Schule, Jugendarbeit und Erwachsenenbildung; Beltz, Weinheim und Basel 2000

Thiesen, P.: Freche Spiele. Starke Spielideen gegen Frust und Lustverlust in Schule, Jugendarbeit und Erwachsenenbildung; Juventa, 3. Aufl. 2006

Thiesen, P.: Ideenmischmaschine. Unzählige Stegreifspiele für Schule, Jugendarbeit und Erwachsenenbildung; Beltz/Juventa, Weinheim 2001

Thiesen, P.: Das Kommunikationsspielbuch. Für die Arbeit in Schule, Jugend und Erwachsenenbildung; Beltz/Juventa, Weinheim 2002

Thiesen, P.: Das Montagsbuch. Spiele und Ideen gegen das Montagssyndrom; Beltz, Weinheim und Basel 2010

Thiesen, P.: Praktisches Kontakt- und Kommunikationstraining. 160 Spiele zur Selbsterfahrung; DGVT, Tübingen 2011

Thiesen, P.: Psycho-Kick - Das reflexive Interaktionsspiel für Jugendliche und Erwachsene; Lambertus, Freiburg 2011

Thiesen, P.: Schlapplachtheater - Comedy mit Kindern, Jugendlichen und Erwachsenen; Beltz, Weinheim und Basel 6. Aufl. 2010

Tiemann, H.-P.: Klasse(n) Sketche, die begeistern; Kohl, Kerpen 2. Aufl. 2008

Urban, K.K.: Kreativität: Herausforderung für Schule, Wissenschaft und Gesellschaft, LiT, Berlin 2004

Vopel, K.W.: Interaktionsspiele für Jugendliche. Affektives Lernen für 12- bis 21-jährige; Iskopress, Salzhausen 2008

Weidemann, B.: Handbuch Kreativität.
Beltz, Weinheim 2010

Weintz, J.: Theaterpädagogik und Schau-
spielkunst; Schibri, Uckerland 2007

Weissenberg-Seebohm u.a.: Wir spielen
Kasperle-Theater, Freies Geistesleben,
Stuttgart 5. Aufl. 2010

AUTOR

Peter Thiesen, Diplom-Sozialpädagoge und Oberstudien-
rat, war Bezirks- und Stadtjugendpfleger, Lehrbeauftragter
an der Fachhochschule Kiel. Zweites Staatsexamen für
das höhere Lehramt an Berufsbildenden Schulen. Seit
1979 Dozent an der Dorothea-Schlözer-Schule - Fachschule für Sozialpädagogik - in Lübeck. Als Autor und
Herausgeber von 65 Büchern zur Sozial-, Spiel- und
Schulpädagogik hat er sich über Deutschlands Grenzen
hinaus einen Namen gemacht.